中國學術思想 研究輯刊

十一編

林慶彰 主編

第18冊

公孫龍子有關認識問題之研究

李賢中 著

孫子思想研究

鄭峰明 著

花木蘭文化出版社

國家圖書館出版品預行編目資料

公孫龍子有關認識問題之研究　李賢中　著／孫子思想研究
鄭峰明　著 — 初版 — 新北市：花木蘭文化出版社，2011〔民
100〕
目 2+86 面＋序 2+ 目 2+110 面；19×26 公分
（中國學術思想研究輯刊 十一編：第 18 冊）
ISBN：978-986-254-465-5（精裝）
1.(周）公孫龍　2.(周）孫武　3.學術思想　4.先秦哲學
030.8　　　　　　　　　　　　　　　　　100000701

ISBN-978-986-254-465-5

9 789862 544655

中國學術思想研究輯刊
十一編　第十八冊　　　　　　　　ISBN：978-986-254-465-5

公孫龍子有關認識問題之研究
孫子思想研究

作　　者　李賢中／鄭峰明
主　　編　林慶彰
總 編 輯　杜潔祥
出　　版　花木蘭文化出版社
發 行 所　花木蘭文化出版社
發 行 人　高小娟
聯絡地址　新北市永和區中正路五九五號七樓之三
　　　　　電話：02-2923-1455 ／傳真：02-2923-1452
網　　址　http://www.huamulan.tw 信箱 sut81518@ms59.hinet.net
印　　刷　普羅文化出版廣告事業
封面設計　劉開工作室
初　　版　2011 年 3 月
定　　價　十一編 40 冊（精裝）新台幣 62,000 元

公孫龍子有關認識問題之研究

李賢中　著

作者簡介

李賢中

學歷：輔仁大學哲學研究所博士

經歷：輔仁大學共同科副教授、中西文化研究中心主任、輔仁大學公共關係室主任、台灣哲學
學會秘書長、副會長及中國哲學學會常務理事等。

現任：東吳大學哲學系教授
台灣大學哲學系兼任教授

著作：《先秦名家「名實」思想探析》、《哲學概論》、《墨學——理論與方法》、《中國哲學概論》
（〈中國認識論〉〈中國邏輯〉）等、以及墨家哲學、先秦哲學、中國邏輯、中國哲學方法
論等領域期刊論文三十餘篇。

提　　要

　　本書是筆者 26 年前寫成的碩士論文，現在讀起來，雖然在文字表達上略感生硬，但其中的
思想卻是這二十幾年來教學研究的泉源；現在的許多想法早在當時已經萌芽。因此，讀起來倍
感親切。在《公孫龍子》的理解方面，有些部分已不同於當年，但是由於這篇論文當年構思
精密，是一完整的系統，難以更動。因此還是保存原本的面貌呈現；如此，比較筆者之後的相
關作品，也可以看到思想發展的變化線索。這篇論文處理了以下一些問題：

　　1. 人如何認識對象物？

　　2. 認識作用如何可能？

　　3. 認識作用所能達到的程度為何？

　　4. 認識的結果如何表達？

　　5. 怎樣才是正確的表達？

　　6. 概念如何形成？

　　7. 概念具有哪些性質？

　　8. 概念與實在界的關係如何？

　　9. 指向性認識論的形上思想為何？

　　10. 公孫龍子整體的思路脈絡為何？

　　《公孫龍子》的「認知」思想在先秦時期佔有一特殊的地位，他的〈指物論〉是在主客二元
對立的認知結構下，來談指向性的認識過程與認識範圍；從「物莫非指」的普遍肯定，到「而
指非指」的懷疑態度，再在到「指固自為非指，奚待於物而乃與為指」的不可知立場。此與墨
家的素樸實在論、惠施「萬物畢同畢異」的相對論，以及莊子「道通為一」、「有真人而後有
真知」的神祕主義，構成了先秦認識理論的全面系譜。值得我們細細研讀比較。

目次

第一章 緒 論

第一節 研究之目的與範圍

　　認識論在哲學探討中是很重要的一門學問，它不但尋求思想內容如何形成的原因，同時它也為思想內容的真實性提出解答；是吾人了解客觀世界的基礎理論。因為認識論研究的對象是認知行為，涉及認識主體的內在結構與客觀世界的關聯，進而可由認識之結果導向真理與確信。唯有具備了正確的認識理論，其它一切學問的建立才有可能。

　　有關認識論的研究，也像其它人文科學的探討一樣，不能忽略時間進程中各階段的發展，特別是對各思想萌芽初期的創見之研究；因為人類文明的進展有其一貫性的傳承，乃為一連續之整體。而初期創構的理論實影響範限了此一整體的發展方向。我們可以先從西洋哲學史的發展脈絡來看，早期的希臘哲學家已開始討論有關認識的價值問題，如赫拉頡利圖（Heraclitus）及巴美尼德斯（Parmenides）在他們思想中，前者傾向感覺認識，後者則傾向理性認識。之後的蘇格拉底（Socrates）、柏拉圖（Plato）便進一步探討感覺認識與理性認識的真實性，到了亞里斯多德（Aristotle）則採取了綜合的看法，而主張人的認識分兩種：感覺界與理智界的認識，並且肯定透過感覺的認識才有理智的認識，兩者相輔相成缺一不可。由上述對認識問題的基本看法，導生了往後西方對於同一問題或是採感性認識，或是採理性認識，或是肯定其中之一價值，或是折衷兩者，甚或是全盤推翻……等等各種不同的主張，然而，不論持何種意見都無法逃脫早期思想所構作的研討範圍，在已確立的方

向下發展。

在中國對於認識問題的探討，雖然不若西方有其較明確的系統脈絡，但仍然可以找出其中互動的關聯，傳承發展的線索。而屬於中國對認識理論創構的初期，則必須回溯至先秦時代。先秦諸子對於認識問題的主張大都含容在其它思想之中；本來，對於認識問題的直接探討，是一種漸進的覺醒過程，早期人們的思想一般來說都不會懷疑自己的認識能力，而以本身的認識結果即符合認識之對象，於自己內在所呈顯的一切即係事實，這種看法就今日的哲學分類而言即是「天眞的實在論」（Naive Realism），這不論在東方、西方早期的思想皆同。因此，先秦諸子對認識問題的看法寄寓在其它思想中，而不是直接以「認識」做爲考察的對象，也是很自然的事。若想探討他們對「認識」的看法，則必須從含蘊在倫理、政治或形上思想的背後，挖掘出一點蛛絲馬跡。

大致說來，吾人可由他們所欲認知的對象來考究其對認識的主張。在公孫龍子之前對「認識」的看法，有老子的「無名」思想，莊子從之，與孔子的「正名」主張，孟子從之〔註1〕。老子主要所欲「知」的對象乃宇宙萬有之本體，然他認爲此一對象卻非認識能力之「知」所能涉及，《道德經》第十四章云：「視之不見名曰夷，聽之不聞名曰希，博之不得名曰微。此三者不可致詰，故混而爲一。……能知古始，是謂道紀。」此即說明了對道體本身的把握乃非認識能力可及，爲不可思議者。面對此非認知之對象，只能強爲之名，然而可名之名又非常名，故曰：「道常無名」〔註2〕。莊子承老子這種對認識問題的態度與探討的方向，其在〈知北遊〉中以寓言的方式，藉無始曰：「道不可聞，聞而非也；道不可見，見而非也；道不可言，言而非也。知形形之不形乎！道不當名。」其亦否定了認識能力而主張「無名」。

孔子對「認識」的看法則不同，含蘊在其所欲建構的政治理想、倫理秩序中的認識作用，是被積極肯定的，故《論語・子路》篇有「正名」的主張，在其回答子路所問：「爲政奚先？」的問題上，他說：「必也正名乎！」「名」

〔註1〕 參閱虞愚編著《中國名學》一書，本論第二章「中國名學之派別之區分」。及張振東著《中西知識學比較研究》，上篇第一章「儒家的知識學」與第二章「道家的知識學」。

〔註2〕 《道德經》第二十五章：「有物混成，先天地生。寂兮寥兮，獨立而不改，周行而不殆。可以爲天下母。吾不知其名，字之曰道，強爲之名曰大……。」第一章：「道可道，非常道。名可名，非常名。」第三十二章：「道常無名。」

既然可正，就不可能會否定認識之能力，故其以聞、見、學、思為其獲得知識之方法，如《論語・述而》篇云：「蓋有不知而作之者，我無是也。多聞，擇其善者而從之，多見而識之，知之次也。」又〈為政篇〉云：「學而不思則罔，思而不學則殆。」孟子承繼孔子這種對認識的主張，而有更進一步的發揮，其不但肯定人的感覺認識人人皆同，同時也肯定了天賦的良知、良能。〈告子篇〉云：「口之於味也，有同耆焉；耳之於聲也，有同聽焉；目之於色也，有同美焉。」又〈盡心篇〉有云：「人之所不學而能者，其良能也；所不學而知者，其良知也。」

不論老莊否定究極本體的認識能力，或者是孔孟肯定倫理道德的認識作用，都只是先秦認識思想的一麟半爪，不能構成具有系統的認識理論，要了解先秦較有系統的「認識」主張，則必須從一些專門以認識問題為探討對象的思想入手，有關這一部分的資料當以名家思想與墨辯為主。其中墨辯雖有一部分專門探討有關「認識」的問題可取。但其內容甚雜，涉及宗教、政治、道德、邏輯，甚多初步科學的技術等問題。至於名家，根據班固《漢書・藝文志》，其列名家者流凡七人，三十六篇，然今僅存鄧析、尹文、公孫龍三家之書，據考鄧析子、尹文子都是偽作〔註3〕，實僅存公孫龍子六篇而已，而這僅存的六篇除「跡府」為其弟子或後人所編集之外，每篇都直接涉及「認識」問題，並且有其完整的理論體系，為研究中國早期認識問題極重要之資料，因此本文就以「公孫龍子有關認識問題之研究」為題，儘可能系統地解析，展示他的思想，以做為日後研究中國「認識」思想的一個起點。

撰寫本文之目的，除了上述認識問題本身在哲學探討的重要性，及為將來研究完成初步的準備之外，還有以下幾個因素：

（一）在現有的中國哲學整理工作上，先秦各家的研究已有相當的成果，不論儒、道、墨、法，歷代以來註解或引申發揮的著作眾如繁星，而公孫龍子的思想則較少有人觸及，實有待於這方面的努力。

（二）公孫龍子現存的著作，因其文字的艱澀，義理的難解，向來不被重視，歷來對於公孫龍子的批評也是毀多而譽少〔註4〕。然不被重視與毀譽的多寡並不足以否定其價值，既使其中有錯誤之處也應具體地指出其所以然，

〔註3〕 參閱伍非百著《先秦名學七書》，〈尹文子略注序〉及〈鄧析子辯偽〉兩篇。及王啟湘之〈鄧析子校詮〉與〈尹文子校銓〉。

〔註4〕 參閱李華漢撰寫之《公孫龍子研究》，餘論部份，輔大哲學研究所碩士畢業論文，民國 56 年。

而不可因不得其解就棄之不顧。

　　（三）就公孫龍子的理論內容而言，甚異於先秦其它各家所傾向的天真實在論立場。並且，其直接以認識問題為考察對象，實乃哲學史上一轉折之階段，故值得加以探討和比較。

　　至於公孫龍子的原文，根據《漢書・藝文志》說計有十四篇，這也是歷史上最早之正式記載，之後一直到《舊唐書・經籍志》為一卷，到《四庫全書總目提要》則云：「漢志著錄十四篇，至宋時八篇已亡，僅存〈跡府〉、〈白馬〉、〈指物〉、〈通變〉、〈堅白〉、〈名實〉凡六篇為主。至於現存六篇之真偽問題，自清代以來已有多人考辨，且近人何啟民所著《公孫龍與公孫龍子》一書，已整理得十分詳盡、清楚，於此不必重覆。基本上，個人接受龐樸在《公孫龍子研究》中所考辨之結論；以今本《公孫龍子》即為古本《公孫龍子》，並且，現存之六篇原本即如此，並非殘真。其原因是：《公孫龍子》現存之六篇，除〈跡府篇〉是傳略性的記錄之外，其它五篇為一完整不可或缺之理論體系，體系的完整程度和周密程度，是同時代的其他人們所不曾達到的，故我們不必懷疑其書出於後人偽作〔註5〕。關於版本問題則主要根據《正統道藏》（太清顯三）本。〔註6〕

第二節　研究之態度與方法

　　以往對於先秦諸子的研究多從考據、訓詁入手。考據的工夫其作用在於確定某作品是否為該作者所作，是否足以反映該時代的思想。訓詁的目的則在於審察經長遠年代的流傳是否有遺漏錯簡之處，若有則儘可能予以更正，而考據和訓詁的方法又常以歷代史料的比較參證加以確定。這些工作都有其一定的價值，然而依據訓詁對於哲學思想的研究而言，都只是確定資料的準備工作。徐復觀先生在《公孫龍子講疏》中即提到：「治公孫龍子的重點，是在如何能把握到他所運用的思辯的法式；或者可以說，是在如何能把握到他的立論的『理路』，順著他的理路推演下去。而不重在於校勘訓詁。」由此可見，對於公孫龍子有關認識問題的研究，亦應著重於其思想內容的解析，與理論系統的展示。因此，在前節有關研究範圍的確定方面，對於校勘、訓詁、

〔註5〕參閱龐樸著《公孫龍子研究》，考辨部份。
〔註6〕相關版本參閱何啟民著《公孫龍與公孫龍子》，下篇第三，〈見於諸家著錄之今本公孫龍子版本〉所列二十餘種之說明。

考定的過程，即未多花費篇幅予以申說，僅參考近人的研究成果，加以比較之後即直接引用。〔註7〕

至於在思想內容的解析方面，首先是從每一個觀念的分析開始；觀念的分析主要是爲釐清公孫龍子其使用文字、語詞所具有的意義，在方法上可分爲三個步驟：

（一）從現有原文中找出每一重要文字的字源意義及演變過程。如：以目前已發現者而言，中國最早的古文爲殷商之際的刻石、金文、陶文及甲骨卜辭等〔註8〕，而《公孫龍子》其書約成於戰國末年〔註9〕，當時所使用之文字乃周宣王太史籀所作之大篆，其間字義的演變，對《公孫龍子》使用文字的選擇必有影響，故值得考究。

（二）從與《公孫龍子》同時代的其它著作中，考察它們在相同字詞的使用上，所包含的意義有那些。如：公孫龍子爲戰國趙人，約生活於西元前325～250 年，即周赧王在位期間，曾爲平原君客，其生年約與孟子、惠施、莊子、鄒衍諸人同時〔註10〕，吾人即可以這些人著作中所使用相同的字詞，作爲解析公孫龍子參考、比較的線索。

（三）從《公孫龍子》本文的行文脈絡、前後關係，來分析某一字詞所代表之意義，亦即公孫龍子本人是如何操作這些觀念的。如：〈指物論〉的「而指非指」一句，其中出現了兩個相同的字——指。吾人又從〈白馬論〉中「白馬非馬」一句，可確定「非」字含「等同」之否定性意義，「非」既含否定之意義，吾人即可判定其兩相同之意義必然不同。進而可由其它線索來確定「指」的意義。

確定字詞的意義之後，才可探究其思想內容。思想內容的澄清是逐步完成的，此亦可分爲幾個階段。因爲其所使用的文字，以當代該字使用的意

〔註7〕 校勘、訓詁方面主要是參考何啓民著《公孫龍與公孫龍子》。其它有：龐樸、王啓湘、徐復觀、伍非百、蕭登福等人相關的著作。

〔註8〕 根據正中《形音義字典》之中國文字字體演進表所云。

〔註9〕 蕭登福著《公孫龍子與名家》一書云：「我們如從先秦莊、墨書中已常談及堅白、白馬、指物等問題看來，則此書當不至於太晚出。且兩漢的學者已常談到公孫龍子，並稱引其說；那麼其成書必當在戰國末期，最遲不會遲於秦統一前。」

〔註10〕 公孫龍子爲平原君客，周赧王五十八年，信陵君破秦存邯鄲，公孫龍子勸平原君勿以此受封，事見《史記》卷七十六，〈平原君虞卿列傳〉。另約與公孫龍同時諸人，參閱徐復觀著《公孫龍子講疏》，頁 10～11。

義，及參酌歷來的註釋，即可賦予初步的詮釋，而得一較不精確的了解。再則，透過字源的意義、演變、必與原先的了解有所出入，因此必須對原先的解釋加以修正，而得到比較清楚的輪廓。再以此做爲藍本，即可探討《公孫龍子》原文的理路脈絡，考察某一詞句在其表達結構中所代表之意義，進而澄清公孫龍子的思想內容。最後之步驟所以可以理出公孫龍子本人的理路，乃是因爲在確定原文某些字詞意義的過程中，總有些字詞意義的變動性較小，亦較少被修正，故我們可以依這些較爲確定的觀念，藉著前後文的關係來判斷一些原本隱晦不明的觀念，確立其意義。

這些在前後文關係的比較下所呈顯的意義，根據的原理即不矛盾定律，亦即在預設其思想本身爲連貫的整體，前後思路是一致的前提下進行解析的。據此吾人可以完成對公孫龍子思想最較完備的理解。

在分析了公孫龍子的思想內容之後，可依其所探討的問題而規劃出主要問題與次要問題。此乃參考勞思光先生所謂的基源問題研究法。他在《中國哲學史》的序言中提到：「我們著手整理哲學理論時，首先有一基本的了解，一切思想理論，根本上必是對某一問題的答覆或解答，我們如果找到了這個問題，我們即可掌握一這部分理論的總脈絡。」吾人亦認爲唯有找出最根本的問題爲何，其它從屬的問題才能納入系統而說明。問題的探討是以表達爲起點，伸展至思想以至於實在界，此乃探求眞理的一種方法，而吾人相信依這種方法可以更接近事實眞象，因表達中的問答形式，最能反映對象之間彼此的關係。亦即問答形式本身所根據的即因果原理，如果實在界的事物必然依因果原理而變化產生各種關係，那麼當認識主體尋問「爲什麼……？」與回答「因爲……所以……」這種探索方法，就正足以使正確的系統整理成爲可能。亦即因果關係統合著主客各自變化的邏輯結構，在此統一的邏輯結構之下，可以超越主客之間距離，使得研究者能夠處理資料對象。

將思想內容納入問答形式的架構之中，吾人即可依其所欲解決問題的先後次序，找出主要問題與次要問題。所謂主要問題是指在作者動機中，較先發現而欲解決問題，此類問題大都是由現實中所產生的。而所謂次要問題則是指：爲解答主要問題所產生的問題，或主要問題的前行問題。例如：戰國時代，諸子百家，各種學派眾說紛芸，而有名實混亂的問題產生，故公孫龍子於其〈名實論〉中，就有：「如何能達到正確表達？」的問題產生，爲解決此一問題首先必須說明：「正確的表達爲何？」此即爲次要或前行問題，前者

即主要問題。又如為解答何為正確的表達必涉及有關「認識」的問題，於是在其〈指物論〉中就說明了「何為正確的認識？」「認識如何可能？」以及「認識的範圍如何？」……等等問題。由為解決事實的主要問題層層上推，或步步下續，即可透顯出作者的哲學思想。吾人亦可透過這種哲學問題的發展，而系統化地展示其整體哲學理論。

在理論的系統展示之後還須要一反省、批判的步驟，此步驟之所以必要，乃是針對前面在思想內容的解析方法上可能發生的弊病。因為在資料的處理上，對於作者的思想，預設其為前後一貫，且無矛盾的前提是值得商榷的。不矛盾與一致性雖然是一個理論本身得以成立的要求，但這種要求只是理想的；實際上，大多數的人，甚至是被公認的哲學家思想，都很難完全的自圓其說。因此，倘若作者思想本身就有不一致處，在上述的預設下進行解析，就會產生可能的三種困難。其一，某些文字的意義因其思想的不一致而無法確定，連帶影響到無法正確地全面解析作者的本意。其二，若捨棄那些不確定意義的文字，割捨那些不一致的部份，同樣也不能完整的呈顯作者的思想。其三，若對那些意義不確定的部份強加解釋、增補，又可能過於加入自己的想法，導致改造了作者原意。

因此，為補救上述的預設及方法之不足，除儘量避免上述困難之外，在結論的部份必須以其它的觀點加以批判，指出其矛盾與不一致之處，而此批判的工作之所以放在最後，乃因系統展示公孫龍子的思想理論乃本文的主要目的。

節三節　研究之內容概述

透過上節的方法操作，可以從《公孫龍子》現存的五篇思想中括取其主要的概念與涉及的哲學問題，故本節即以問題的舖陳方式，對本文所研究之內容作一概略性之說明。因其哲學思想之發展在於解決事實問題的導源，而從根源問題的解決才能逐層下降至實際問題的處理，所以本節即以導源之後的根源問題做為說明的起點，以下各章安排的須序也依於此，而不同於《公孫龍子》原本各篇之順序。〔註11〕

〔註11〕依《道藏》本之順序乃：〈跡府〉、〈白馬〉、〈指物〉、〈通變〉、〈堅白〉、〈名實〉之序。

　　公孫龍子的思想基本上是爲解決有關認論方法的問題，故於本文第二章首先開始即探討其指向性〔註12〕的認識理論，說明其在〈指物論〉中所涉及的問題，包括：（一）吾人如何認識對象物？在此一問題的處理上，除對認識條件、認識過程的說明外，已經預設著認識作用是可以完成的，亦即肯定吾人可以認識對象物。因此，他又必須解決（二）「認識作用如何可能？」此一問題，進而說明（三）認識作用所能達到的範圍爲何？亦即認識可能達到的程度爲何？而由此認識程度的說明就呈顯出認識主體與對象之性質與關係。此外，本章還包括了一些對上述問題提出解答之後所遭遇的問題。

　　認識包含著表達，因概念或「名」的內含必須在使用、運作中方可確定，所謂的使用或運作不僅是說出或寫出，也包括了思想中以之而進行的思考過程，故認識的結果乃是透過表達而呈顯，並且，表達的正確性及表達的內容皆與認識作用有著密切的關係。認識過程的正確性影響著內容的正確性，故公孫龍子於其〈名實論〉中即探討：（一）概念與對象物之間的關係爲何？以及（二）如何才是正確的表達？（三）如何才能達到正確的表達？此亦涉及在使表達成爲正確的程過中應以什麼做爲標準？並且由上述問題的探討亦須解明（四）表達如何可能？等問題。這些即本文第三章所欲研究的主要問題。

　　在認識與表達如何可能的問題探討中，皆肯定了「變化」，亦即在此變動不居的世界上，吾人應如何認識及表達？公孫龍子則在其〈通變論〉中討論有關：（一）概念在認識上的形成及表達上的使用有怎樣的變化？若兩概念可共同形成一新的概念，那麼（二）如何判斷兩概念的同異、離合？所組成新的概念其內涵爲何？又變化相對於不變而有，那麼（三）在認識與表達的過程中，何者爲不變呢？故本文第四章即以「名」的變化、「實」的變化、「位」的貞定及變與不變的問題，分四節加以探討。

　　認識的結果在思想中形成了概念，並且在第四章第二問中涉及了概念性質與關係的問題，因此本文第五章即以〈白馬論〉爲研究對象，特別探討其中有關概念所涉及之問題，包括：（一）透過認識所產生之概念其性質如何？所產生的概念之間必有所聯繫而形成判斷，而聯繫的標準又視其間的關係而定，故須探究（二）概念與概念之間的關係爲何？以及（三）概念與實在界

─────────────

〔註12〕所謂依向性的認識論，基本上是二極對立的，有認識之主體與被認識之客體，由主體指向客體而認識。

的關係如何？概念是否具有實在性？此乃第五章所欲加以探討的主要問題。

　　承接第五章對概念性質的探討，公孫龍子又返回「認識」及其形上基礎的問題，指出（一）人如何透過感官作用而認識對象物？進而如何獲得普遍的概念？（二）從各官能而來的不同結果，相互比較下反映了對象是如何的存有物？以及其與認識主體的關係為何？（三）對上述問題的解答，產生了如何的形上思想？以作為其整個理論架構的基礎？以上的三大問題即本文第六章所探討的主要問題。並且，〈堅白論〉就公孫龍子的思想而言，他雖然藉著對堅白石此一對象認識過程與結果的說明，實亦包含著他整體思想的一個結論。

　　最後，在第七章的結論部份，將說明（一）公孫龍子整體思路進行的脈絡為何？上述所提出的各種問題其最根源的動機為解決怎樣的問題？（二）透過先秦其它各家的觀點，公孫龍子的思想在先秦時代所佔的地位與價值為何？（三）指出公孫龍子思想本身的問題，以及可能發展的方向。

第二章　公孫龍子有關「認識」的探討

先秦諸子，百家爭鳴，或依恃主觀感受、或秉持上下傳承，在相互激盪的進程中反映時代之遽變。他們試圖找出動亂變遷的原因，為導向各家所自認為是的理想境界。

在相同的時代裡，為何各家各派所提出的見解、學說大不相同呢？究其根本，即在於所「見」之不同，亦即所認識、領略的層面各自相異，因而產生不同的反應與主張。於此，公孫龍子在其〈指物論〉中，即專門探討有關「認識」的問題，並以此論為其整體思想的理論基礎。

基本上，公孫龍子是主張一種強調「指向性」的認識論，所謂「指向性」，即〈指物論〉中，「指」的最主要一種含意。「指」其本義，《說文》云：「指，手指也。從手旨聲。」由於人在認識過程中，常藉手指的動作加以進行，如人指劃著問：「這是什麼？」指劃著答：「那是樹！」於是從手指的動作和作用上，衍生了「指」更豐富的意義。類比地隱含著：在認識過程中，認識主題本身的認識能力、指涉對象的作用、指涉作用所及之對象、所及對象就認識主體而言之性質……等等意義。其實，「指」的意義，可隨著使用此一字眼的作者，他思想領域的深度和廣度，不斷愈趨精微細密地豐富、擴大該字眼的意涵；因此，必須通過公孫龍子對於「指」在其論述中的運作，方可將「指」字較精確地確定其意義。

本章旨在探討公孫龍子對於「認識」的主張，其基本論題即在於「物莫非指，而指非指」，故首節先釐清「指、物」的意義。第二節探究公孫龍子如何證立及說明此基本論題。第三節從「指、物」的形上意義察考基本論題在成立上遭遇的難題。第四節則綜攝立、難兩面，以透顯出「物莫非指，而指非指」真正所要說明的思想。

第一節 「指、物」的意義

指物的意義可以由兩方面進行探討。一是就時空上著眼，亦即從字的起源、形成，以及與公孫龍子生活的時代、環境相當的人對「指、物」的把握，來看「指、物」二字的意義。二是就運作性著眼，亦即就使用「指、物」二字的作用——公孫龍子本身在使用上所賦予「指、物」的意義。也就是進入公孫龍子思想的脈絡中加以探討。

從「指」字的起源上看，現存資料中甲文、金文皆缺；但甲骨文中有「𣥺」（旨）字，其意於卜辭乃以「𣥺」爲田獵對象〔註1〕。另最接近的，由李斯增損大篆所作之小篆，「指」爲「𢬸」，從手、旨聲，本義作手指解。此外，今文《尚書（其文字乃漢隸）·盤庚》有云：「王播告之修，不匿厥指」，其「指」有意向、宗旨之意。〔註2〕

與公孫龍子約略同時的一些作品在使用「指」字的意義有：

《孟子·告子篇》：「軻也，請無問其詳，願聞其指」其「指」爲大指、大意〔註3〕。〈盡心篇〉：「言近而指遠者，善言也。」其「指」爲所含的義指、意義。〔註4〕

《莊子·齊物論》：「以指喻指之非指，不若以非指喻指之非指也……天地一指也。」〈則陽篇〉：「指馬之百體而不得馬，而馬係於前者，立其百體而謂之馬也。」其「指」乃「指而謂之」或「指出」之意。〔註5〕

《荀子·正名篇》：「名足以指實」「制名以指實」，其「指」作動詞用，有指出、指示的意思〔註6〕。〈王霸篇〉：「君者論一相，陳一法，明一指，以兼覆之，兼炤之，以觀其盛者也。」其「指」爲指歸、紀綱之意。〔註7〕

《墨子·經下》：「有指於二而不可逃，說在以二參。其「指」亦「指而謂之」之意。〔註8〕

由上述的考察，「指」字包含了手指、意向、宗旨、意義、指出、指示、

〔註1〕 參見《甲骨文集釋》第五卷，頁1643。
〔註2〕 吳璵《新譯尚書讀本》云：「指爲恉之叚借字，說文謂意也。」
〔註3〕 蔣伯潛《廣解四書》，孟子告子篇。
〔註4〕 同註3，《孟子·盡心篇》。
〔註5〕 伍非百《先秦名學七書》，〈齊物論〉。
〔註6〕 龐樸《公孫龍子研究》，指物論釋「指」。
〔註7〕 楊倞注云：「指，指歸也。一法一指皆謂紀綱也。」
〔註8〕 伍非百《先秦名學七書》，〈墨辯解故〉。

綱要、指而謂之等意義。從詞性上看可類分爲：名詞、動詞、動名詞等，可見「指」的含意甚廣；「指」可謂：對認識活動某一關係過程各個階段，或某幾個階段的指涉。公孫龍子在使用「指」字時，應以這些意義爲基礎，並以之運作而說明認識活動之關係過程，進而顯明此一關係過程究竟的意義。

其次，就「物」字的形成上看，甲文爲「物」，石文爲「物」，按甲骨文物：物從牛、勿聲。本義作「萬物」（説文），因牛爲先民日常所見之大物，故「物」從牛，引申爲凡生於天地之間者皆謂之物〔註9〕。先秦一些使用「物」字的著述有：

《易經・乾卦》：「大哉乾元，萬物資始乃統天」。

《孟子・盡心篇》：「萬物皆備於我」其「物」乃事之意。〔註10〕

《荀子・正名篇》：「故萬物雖眾，有時而偏舉之，故謂之物，物也者，大共名也。」其「物」乃普遍之概念。〈大略篇〉：「志卑者輕物」其「物」乃事。〔註11〕

《墨子・經上》：「名：達、類、私」說曰，名：物，達也。有實必得之名也。」其「物」即達名，亦即荀子所謂：「共則有共，至於無共而後止之大共名」，爲最普遍之概念。〔註12〕

《莊子・則陽篇》：「天地者，形之大者也。」〈達生篇〉：「凡有貌象聲色者，皆物也，物與物何以相遠？」

《列子・湯問篇》：「含萬物亦如含天地含萬物也。」天地亦物。

以上，「物」不但包含生於天地之間者，亦包含了天地；不但包含了有形之萬象，亦包含了無形之事態——即一切存有。於是公孫龍子在〈名實論〉中給「物」所下的定義爲：「天地與其所產焉，物也。」

探討「指、物」在先秦時代的意義可發現：「指」是說明認知活動的概念，而「物」則是常在定義中被確立的概念。明白「指、物」時代背景之意義後，現在以之爲基礎研究公孫龍子對此二字的用法。進而透顯出強調指向性認識論之內涵。

從公孫龍子〈指物論〉的論述、語句脈絡中可以發現兩個足資參考的解析原則：一爲概念本身的多義性或豐富性，例如：「而指非指」之中，同爲「指」

〔註 9〕 高樹藩《正中形音義綜合大字典》。

〔註10〕 趙岐注云：「物，事也。」

〔註11〕 同註10。

〔註12〕 伍非百《先秦名學七書》，〈墨辯解故〉。

之概念，卻以「非」字串聯，若「指」之意義乃同義，則必導致矛盾。二爲多義概念的擴允原則：行文中，後文可省略已述前文的若干字，後文概念之意義可以大於或包含前文概念的意義。如：「非指者，天下而物可謂指乎？」其中「非指者」應爲前文「而指非指」之省文。又如：「天下無指，而物不可謂指也。不可謂指者，非指也。」其中第三句爲第二句之省文。透過此二原則及「指、物」的時代背景意義，可看出「指、物」在公孫龍子論述的意義有：

（一）指涉作用的「能指」，即「物莫非指」的「指」含意之一，意謂認識主體之認識能力。

（二）「能指」去指涉的「所指」，即「而指非指」之第二指，意謂認識之對象物。

（三）「能指」與「所指」互相關聯的「物指」，即「使天下無物指，誰徑謂非指」之「物指」，意謂認識能力及於對象物此一認識之過程關係。

（四）「物指」的結果之性質「兼」，即「且指者天下之所兼」之「指」；相當於墨經上之「盡」，莫不然也。說曰：盡，俱也。亦即普遍概念，達名。其意謂經認識作用所得結果之性質。

（五）「能指」與「兼」的性質「無」，即「指也者，天下之所無也」之指，意謂指涉能力與所得概念乃非時空中之客觀存在。

以上五種「指」之意義，皆爲說明「物莫非指，而指非指」所衍生，而「物莫非指，而指非指」此論題本身，又欲發揮指向一終極認識之作用，此作用意謂著絕對性之「指」，亦即指向性認識論本身所指向者。

其次，「物」的意義包括有：

（一）一切存在者，即公孫龍子在〈名實論〉中對「物」所下的定義：「天地與其所產焉，物也。」包含了各有形、無形之物，及其等之關係、事態等。

（二）物自體，即非指涉能力所可及的原本之物。亦即「天下無指，物無可以謂物」之第一「物」。

（三）爲「能指」所謂之物。即「天下無指，物無可以謂物」之「謂物」相應於「所指」。

（四）物爲「有」，即「物也者，天下之所有也」的「原本之物」相對於「能指」之「無」。此「有、無」乃「物、指」之存有性質。

以下，將以上述這些「指、物」的多重意義，逐節探討公孫龍子的指向性認識論。

第二節　強調指向性的認識論──「物莫非指，而指非指」

〈指物論〉在各註家的註解不同，並且形式之判分亦異，有以為是主、客之對辨〔註13〕、有以為是公孫龍子一氣呵成之思路〔註14〕；前者依據理路之分析，後者本諸原文中並無辨別主客之「曰」字。吾人認為在無確切明證之下，根據原文較為妥當，且凡被前者主張是客方或難者的思想，未嘗不可視為公孫龍子對同一問題的不同思考角度，或同一思路的不同轉折。

其整篇主要陳明之主旨即「物莫非指，而指非指」。首先，考察其如何說明「物莫非指」。公孫龍子乃以反證的方法，反覆申說此論題，共有三處原文：

（一）「天下無指，物無可以謂物。」此說明「物指」為「謂物」的必要條件。所謂的必要條件，即墨辯中的「小故」；有之不必然，無之必不然。故此段之意為：倘若天下沒有「物指」，「物」就無法被稱為「物」。

「物指」乃是能夠關聯於對象的指涉作用，作用的發生必有使其發生的能力，及能力所施及之對象，且此能力亦預設了具此能力之主體，此主體即認識者，所以「物指」之內涵為：一認識主體具備的指涉能力指涉到對象的這種作用。

「物」僅就此二句表面上看，乃無任何意義之符號，因為「物」的意義必須經由「指」才能以被賦予；若天下無指，「物」則無內涵，然而此假定式的語句乃為肯定有「指」，若天下有「指」，則「物」即指涉作用所指向之對象。此對象是「能指」所可把握的，形諸表達即「謂物」。

「謂」即稱謂〔註15〕，乃將認識所得之概念經過分辨後的表達，而表達必在某一認識過程之後方可發生，故「所謂之物」即預設了認識作用的進行，及肯定有未可謂之前的原本之物存在。

〔註13〕認為主客二方對辨者有：傅山、陳澧、龐樸、錢穆、勞思光……等註本。

〔註14〕主張為公孫龍子一氣呵成相連貫者有：謝希深、俞樾、伍非百、王琯、譚作民、金受申、牟宗三、徐復觀、蕭登福……等註本。

〔註15〕相當於《莊子・齊物論》：「今我則已有謂矣，而未知吾所謂之果有謂乎？其果無謂乎？」之「謂」。

　　「原本之物」是幾乎無關〔註16〕於認識與否的，因而無任何本質意義可言，而「所指」則直接關涉著認識作用。我們可以當代的哲學用語來幫助說明；「原本之物」相似於「物自體」〔註17〕，而「所指」相似於表象〔註18〕或現象，「謂物」即「所指」之表達。故天下無指，「謂物」無法成立，對象物就認識者而言亦無法成立，亦即「指」為完成認識作用的必要條件。

　　（二）「天下無指，而物不可謂指也。不可謂指者，非指也？『非指者』，物莫非指也。」此段對指涉作用做進一步的分析，說明「物指」乃認識過程中各階段「謂物」的充足條件，亦即「有之必然，無之未必不然」。其意為：若提出否認「物指」的主張，即有「所指」，而肯定了「物莫非指」。

　　「謂指」之「指」乃認識過程中第二次的指涉作用〔註19〕，其指涉對象為前一次之「謂物」。倘若天下沒有「物指」，則「謂物」也不能成為所謂的「謂物」。如此，豈可否認指涉作用呢〔註20〕？況且「否認指涉作用」此種看法本身，仍舊是一種「謂物」，還是必須透過指涉作用方可有「所指」，亦即有指涉作用必有「謂物」，於是「物指」乃「謂物」之充足條件，進而證立「物莫非指。」

　　由此段可看出指涉作用的過程性，與「謂物」在認識過程中各階段都賴於「物指」，不僅無「物指」不可謂物，而且無「物指」亦不可謂「謂物」、不可謂「謂謂物」……不論延伸多長，皆可以「物莫非指」的形式基礎做為說明。再者，「物莫非指」是無法推翻的，含有自明性，誰若否定它，即是肯定它。

　　（三）「且指者，天下之所兼，天下無指者，物不可謂無指也。不可謂無指者，非有非指也。非有非指者，物莫非指。」此段從「指」的性質說明「物莫非指」如何成立。

〔註16〕「無關」是就原本之物的究竟所是而言，「幾乎無關」是指其間接的相關於「指」，因「原本之物」畢竟也是一種表達，為「能指」所指向。

〔註17〕此名詞首先由康德所用，指不繫於我人認識，即不僅「對我們」而存在的事物，也就是其自身真正存在而與表象對立的存有物。（《西洋哲學辭典》第三八三條）

〔註18〕《西洋哲學辭典》第十七條：「表象，普通說來，直觀所呈現的對象稱為表象。個別情形中，表象所代表的意義不同。最常用的指康德所給予的意義，即與物自體對立的表象。」

〔註19〕第二次的指涉作用是相對於前一次的指涉作用而言，並非是在時間上有絕對的第一次、第二次。

〔註20〕「非指也」之「也」同「耶」。據陳澧公孫龍子注所云。

「指」乃「物指」的結果，即指涉作用所得之「名」，爲普遍概念，可兼指眾物，如白馬、白石之「白」。相當於現今所謂之「共相」〔註21〕。由於「指」呈顯之性質爲普遍的，就其存在狀態而言，乃非客觀世界所可感觸者，普遍概念雖然看不見、摸不著，但從「謂物」觀之，卻不能以爲完成「謂物」的指涉作用不存在。

物爲「有」〔註22〕，「非有」即「無物」。「謂物」之所以必須肯定指涉作用，乃因「無物」不可指涉，無物既然不可指涉，那麼凡是有物皆可透過指涉作用而呈顯。

此段爲解釋「有、無」、「物、指」在認識上的關係，雖然似乎會產生「有」生於「無」，「物」生於「指」的疑難，但非客觀存在的「指」並非完全的虛無，此乃是由「物指」的結果、概念的普遍性來說明「指」與「物」存在形態的不同。而「物莫非指」此一論題亦在這種分辨下被說明。

其次，依「物莫非指」之意，已隱約透顯出「而指非指」，直接說明的原文有二：

（一）「天下無指，而物不可謂指者，非有非指也。非有非指者，物莫非指也。物莫非指者，而指非指也。」

前面已說明「物指」爲「謂物」的必要條件，指涉作用若不發生，物即不能稱爲「謂物」。「謂物」得自指涉作用，指涉能力之所以發生作用，必然非有對象物不可，若無對象物，則因無物存在而不可指涉，故曰：「非有非指」。但物不是「非有」，因此物就必透過指涉作用而呈顯。「物」乃有，「指」乃無，兩者存有形態不同，從「有」之物經指涉作用得「無」之普遍概念，可見指涉過程前後已不相同，因此得知「而指非指」。第一「指」爲「能指」所得之「兼」（普遍概念），第二「指」即「所指」之對象物。

此段基本上是肯定了「物莫非指」的前提後加以演繹，而於續釋中透顯出認識作用的過程性，「而指非指」就是在此認識過程的前後，將認識的對象與認識的結果相比較而說明。

（二）「指非非指也，指與物非指也。」由上述認識作用之過程性的肯定，說明了「而指非指」，此段更轉進一層，以整體指涉作用的觀點來說明「指非

〔註21〕《西洋哲學辭典》第四○○條：「一個概念的內容在多數個體中，重覆自己而能陳述多數個體時，即係普遍概念或共相。」
〔註22〕即〈指物論〉中「物也者，天下之所有也。」

非指」，再以此引申出「非指」的論域。其意即：僅以「指」不足以說明「而指非指」，必須以「指」與「物」的關聯才能說明「而指非指」。

「指非非指」的提出，其用意在於與「物莫非指」的論題對照比較，其實也就是為要分辨「物」與「指」雖然不同，但卻密切相關。「指非非指」乃說明了指涉作用的結果，並非可以否定所指之物而得到；相對於「物莫非指」之「物」亦非否定指涉能力而可獲得。亦即「物」必須肯定「指」才可呈顯，而「能指」亦必須肯定「所指」之對象物，才能發生作用進而獲得普遍概念。於是，「非指」就不是單單「指」所能說明，而必須相對於「物」才能說明「而指非指」，故曰：「指與物非指」。唯有將「指」與「物」一併考察才能做為探討認識理論的基礎，如此來考究「指」、「物」、「非指」等概念，才有意義。

「非指」即「而指非指」之省文，此段說明了「而指非指」的背境或基礎，乃建立在「物」與「指」共同的關係上。

總之，「物莫非指，而指非指」意義即：凡是對象物皆必須透過指涉作用而呈顯。但這被指出而呈顯之物（謂物），已不同於對象物。於其說明此一論題的過程中又含有兩層分辨：一為「謂物」相應於對象物，但不同於對象物（所指）。二為「所指」有其基礎，但不同於其基礎（原本之物）。

第三節　從指、物的存有性質論指向性認識的可能性

「物莫非指，而指非指。」的證立，是對動態的認識過程加以分析而說明。但「分析」意謂著心智將整體——實際整理或某種概念的結構——分離為組成因素的方法〔註 23〕，乃是操作一些已分別限定的概念；而被固定的概念本身是靜態的，已缺少了原本關係中動態的整體性，由分離的、靜態的概念是否可能經由操作來說明整體的、動態的認識過程〔註 24〕？依「指物」的存有區別，這種操作是否可能？本節所要探討的就在於指出〈指物論〉中，對於這兩個問題在「物莫非指，而指非指。」論題上所產生的困難、與說明。

〔註23〕《西洋哲學辭典》第十二條所云。
〔註24〕所謂靜態的概念與動態的認識過程乃是就「變化」的觀點而言。萬物皆有變化，包括著認識主體與對象物的變化，認識主體的認識活動本身是一種變化，由無知到知，對象物的生滅運動亦為變化，但認識主體所認識到的各個概念本身卻被固定而靜止的。

在「物莫非指，而指非指」中的「非指」此概念即產生困難，如原文：「非指者，天下而物可謂指乎？」其中「非指者」乃承接前文「而指非指」，意為：指涉作用及其所得之概念並不等同於對象物，將此兩者加以區別，用這種對所指之對象物的否定來說明的指涉作用即「非指者」；此經否定而區別的「非指」一旦確立之後，天下而〔註25〕物豈可為指涉作用所呈顯？那麼，「物莫非指」又如何可能？

關於這些問題在第二節已做說明，特別是「指非非指也，指與物非指也。」對「非指」的論域及其意義已做詮釋，此處不再重覆。但這裡值得探討的是，由靜態概念說明動態過程的關鍵——「非」的操作性。「非」的意義包含著否定性，而本身亦含肯定性，即肯定其所否定者。其否定性在邏輯意義上又有三種不同的解釋：其一，表繫屬關係之否定，如：「馬非白馬」之「非」。其二，表「類」的否定，如：現有一「白類」，我們可將不屬於此一類一切個體歸入一「非白類」，此「非白」即成一概念。其三，表等同關係的否定，如：「白類」與「黃類」不等，「白非黃」之「非」即是〔註26〕。此處「非指」之「非」乃屬第三種等同關係之否定。就動態認識過程而言，經認識者所把握而固定的概念，與對應於變化過程中的某一部份已有差別；公孫龍子明白此一差異，故以等同之否定性來說明「指」，為的是區別指涉作用的結果與對象物之差異，故曰：「而指非指」。然而這種「否定」的作用又肯定了有一「非指」所可指向的對象物存在，故曰：「物莫非指。」因此，這種指向性的認識是可能的，其操作的方法就在於「非」。

但「非」本身卻是指向著「不定」，如「x」非馬，於此判斷只透露出在馬中無「x」，而「x」究竟是什麼卻不能確定。同樣，「非指」只說明了靜態概念不同於動態實況，而動態實況究竟如何卻又是不確定的。故指向性的認識為可能，卻不完全。

可能卻又不完全的指向性認識由「指、物」的存在形態來看，其為不完全的原因乃在於：「指也者，天下之所無也；物也者，天下之所有也。以天下之所有為天下之所無；未可。」其意為：「能指」之指涉作用是不能客觀實存的「無」，而「物」卻是客觀實存的「有」，兩者存在的狀態不同，故透過

〔註25〕「而」之意為「之」，「的」。如《論語・憲問篇》：「君子恥其言而過其行。」的「而」字。

〔註26〕據勞思光〈公孫龍子指物篇疏證〉所云（《香港崇基學報》第六卷第一期）。

指涉作用而得之結果不能等同於「原本身物」。此思路預設了一原則即：某一層次之存有物不能脫出該層次所屬之範圍。「能指」既然不是客觀實存的，其發生作用所能指出的，也必須是非客觀實存的，亦即認識之結果應與「指」的存有在同一層次——「無」。

那麼，「能指」所指出的爲何呢？其在於：「天下無指者，生於物之各有名，不爲指也。不爲指而謂之指，是兼不爲指，以有不爲指之無不爲指，未可。」其中的「名」即是與「能指」屬同一層次之存有物，乃「所指」之呈顯，由語言或文字符號所代表的、被固定的概念，也就是「謂物」，爲表達之事實，故曰：「物之各有名」。此正是「天下無指」的原因，天下所沒有的，乃是絕對之指（即能夠完全指出原本之物的指涉作用），絕對之指不同於「謂物」之指，這種非絕對之指所以稱爲「謂物」之指，乃是由於「兼」，即指涉作用所得之「名」或「概念」的普遍性所致。因概念爲普遍的，非個別可感觸的「有」，不能指出「原本之物」。但若將「謂物」之指不能指出「有」，就認爲「謂物」之指也不能指出「無」，這是錯誤的。此意即「謂物之指」（能指）雖不能逾越其存有層次而指出「有」，但它仍可以指出與其相同存有範圍中的名或普遍概念。如果將「物莫非指」中的「物」視爲絕對客觀的物自身，那麼此一論題就大有困難了。也由此可知其「物」乃「謂物」，亦即「謂物」莫非由「能指」而指出。

由上述可知，指向性認識是可能的，但卻不完全。並且肯定了客觀、動態的世界不同於概念或語言界；但就語言界和概念界上看，此二者卻可互相轉換，因「指」與「謂」乃同一認識主體的兩面表現；就存有層次言而，所指之物與所謂之物皆屬同一層次——「無」。

公孫龍子透過上述原文，澄清「物莫非指，而指非指」所遭遇到的困難，從「有」「無」「非」等思路上的轉折，說明了認識的動態性及「指」之限制，進而展示了指向性認識的可能性。

第四節　指向性認識的可能程度及其過程

〈指物論〉在公孫龍子簡約的字詞使用下〔註 27〕，許多同字或同詞而異

〔註 27〕蕭登福《公孫龍子與名家》云：「指物論全文二百七十個字，卻僅由三十多個不同的字彙加以排列組合而成，而其中「指」「物」「莫」「非」四字更是反復使用，以致有同一個字用了四、五十次之多者。」

義的概念，甚易令人混淆；因此，本節指出一些線索來說明。公孫龍子如何使用各概念，並找出其推論的基礎及形式，進而說明指向性認識過程所可達到的程度。最後指出公孫龍子「物莫非指，而指非指」立意的究竟所在。

　　基本上公孫龍子認為「原本之物」不是「謂物」之指所能指出的，但「原本之物」有可呈顯的一部份與指涉能力及其所得的存有形態相同，因而可使「能指」去把握它，所謂的「把握」乃是認識主體將「物之各有名」固定，並不能顯示出其原本之動態，因此，「原本之物」就不是「謂物之指」所能指出的。而吾人所了解的「名」又都是因「謂物之指」而來。

　　在二、三節的探討中，我們從基本論題的證立、困難及澄清中已可肯定：指向性認識是活動的，含有過程性；是可能認識的，卻又不完全。依照這些瞭解可幫助我們明白公孫龍子在使用一個概念時，如何確定其意義。概念（名）對應於認識主體的指涉作用，而指涉作用的指向又對應於原本之物可呈顯的部份；於是，概念內涵澄清就在於關係的相對性，而同一組關係可以有無數觀察的角度，所以同一概念從不同觀察的角度就會呈顯出因對應而被強調出的內涵，如果將每一被強調的內涵獨立成一個概念來看，就會產生歸屬於同一類的序列概念。〈指物論〉中的「指」與「物」即是如此，例如：

　　（一）「使天下無物指，誰徑謂非指？」其意為：「非指」之概念乃是就「物指」來談的，亦即相對於指涉能力與所指之物的關連，「非指」或「而指非指」的意涵才能呈顯，而不能單就「指」或單就「物」來談「非指」。

　　（二）「天下無物，誰徑謂指？」同樣，「指」概念的內涵乃是相對於「物」而言的，有「物」才可談「指」，故可說「物莫非指」而不能反過來說「指莫非物。」

　　（三）「天下有指無物指，誰徑謂非指？徑謂無物非指？」若單單有「指」但卻不與「物」發生關連──物指，「非指」的內涵與「無物非指」即「非有非指」的內涵皆不可談。

　　從以上各主要概念相對的關係來看，「物指」是整個指向性認識的基礎，亦即物與指相關聯所構成的動態關係，為認識之基礎。若單就「物」「指」兩概念來看，「物」在「指」先，認識作用必須先肯定「物」的存在，故「指」的內涵必須相對於「物」來說明。

　　此一認識的基礎──「物指」，不但是指涉作用之結果──「謂物」的必要條件，同時也是「有之必然且無之必不然」的充要條件。然而在公孫龍

子的推論形式中，絕大多數是運用墨辯中所謂的「小故」，即「無之必不然」的必要件條加以說明，於是很自然表現出反證的形式。例如在〈指物論〉中單單是「天下無指」做爲推續的前提就出現了三次之多〔註28〕，分別爲反證「物莫非指，而指非指」此一基本論題。此外，還有「天下無物」、「天下無物指」等句，充分說明了公孫龍子的推論形式乃依「無之不必然」的條件句。

由於其多探這種推論形式，使得歷代許多研究公孫龍子思想的人，認爲他是玩弄文字遊戲或在詭辯，因爲「必要條件」的完整意含是：「有之不必然，無之不必然」，單單證明出「無之不必然」未必能推論出「有之必然」。其中的關鍵就在於「物指」這種指涉作用既肯定了對象物，亦肯定了認識的主體，而公孫龍子在推演的過程中不斷轉換其觀點；「謂物」可以是認識的結果，也可以是另一次指涉作用所指涉的對象，因此不易掌握。然而其不但證立了「無之不必然」，同時他也說明了若否定「物指」，此否定本身必有「所指」，此「所指」即肯定了「物指」，唯有如此方可有「所謂之物」，故亦證出「有之必然」的充足條件。

除了由推論形式上探討指向性的認識之外，亦可由公孫龍子的思想結構加以研究，亦即探討他是使用怎樣的思想範疇來統合眾多的概念？根據原文的解析可以找出公孫龍子思想背境中的兩組範疇：

（一）有、無。

（二）物、指、名。

此兩組範疇層次各有不相同，但卻又立體交疊著，其中「物」「指」「名」各統合著一群序列概念，而各序列概念又互相關聯，龐雜的結構呈現了整個指向性認識之過程與其內涵。試說明如下：

（一）從「有」「無」此一組範疇可顯示認識的可能性與不完全。有「有」的範疇中包含著「物」（原本之物），「物名」雖然緊附於「原本之物」上，且屬於「物」之部份性質，但是此「物名」卻歸於「無」的範疇。「有」亦含認識主體，因認識主體亦能視爲被指涉的對象──「物」，也有其歸於「有」範

〔註28〕（1）天下無指，物無可以謂物。

（2）天下無指，而物不可謂指也。不可謂指者，非指也？非指者，物莫非指也。

（3）天下無指而物不可謂指者，非有非指也。非有非指者，物莫非指也。物莫非指者，而指非指也。

疇之部份性質，而在「認識主體」中之「能指」卻屬於「無」的範疇，因「能指」亦爲「認識主體」之部份性質。此可以下面之簡圖表示：

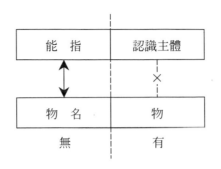

故，所謂的「認識作用」就是發生在兩者——「物」和「認識主體」中，同屬「無」範疇裡各自部份性質的相互作用。「認識作用之爲可能」乃是因爲「認識主體」與「物」皆有互相對應的部份。而所謂「認識的不完全」乃是在於：「無」的範疇並不是「物」或「認識主體」的全部；「無」中的「能指」和「物名」其相互作用再完全，也只是部份的完全，故就對象物與認識主體的整體而言，「認識」仍舊是不完全的。

　　（二）從「物」「指」「名」這一組範疇來看認識的動態性或其過程。第一次的指涉作用從認識主體的「能指」出發而指向「物」，但「物」只從其本身流露出「物名」的部份性質，所以指涉作用所指向的雖是「物」；但所「指到」的卻是「物名」。這一段過程皆納入「指」的思想範疇。指出的「物名」可以表達出來爲「謂物」，此「謂物」的過程就屬於「名」的思想範疇，而「指」與「名」又可歸於「事」或「事態」意義下「物」的思想範疇。其中含一預設，即「無」的「指」與「無」的「物名」雖可轉換，亦即「所指」可爲「謂物」所代表；但爲「無」的「謂物」卻不能符合爲「有」的原本之物。至於「所指」如何被指而可以相符於「謂物」？又「謂物」如何去謂？以及認識的動力問題等，在〈堅白論〉、〈名實論〉中，公孫龍有進一步的說明。在認識進行當中，第一次指涉的結果表達爲「謂物」，此「謂物」可以再度成爲「能指」的指涉對象，此爲第二次的「指」；於是，「能指」所指出的「謂物」其在「名」範疇中即爲「謂謂物」，也就是「謂指」。這種指涉作用可以不斷地進行下去，於是「指」的範疇與「名」的範疇不斷相互作用，產生一動態的認識過程。而所謂的「認識結果」就離「原本之物」愈來愈遠了。我們可以下面認識的過程圖來表示：

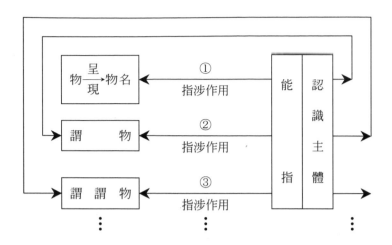

如上述圖說所示，指向性認識只能指向物而不能指到物，能夠有所指，但所指出的是「物之名」，指涉作用是可以不斷繼續的，其作用結果表達為「謂物」，「謂」可以不斷發展，但始終仍在「無」的領域；認識主體有「有」、有「無」，物有「有」、有「無」，指向性的認識就是從「無」到「無」的過程。至此我們終於碰觸到「物莫非指，而指非指」立意的究竟所在：指向性的認識一旦發生，就無法有完全的認識，因為認識必須透過「指」，而透過「指」與原本之物就無法不有距離了！

「且夫指固自為非指，奚待於物而乃與為指？」這是從一個籠罩全局的觀點下來看的；只要指涉作用一發生，這個作用就在它發生的同時否定掉、消失掉該作用所要達到的目標。並且，整篇〈指物論〉不也是一種「指」嗎！既然無法認識到原本之物，又何以能相對於「物」來論「指」呢？亦即人的認識是有限的，真正的「物」為何？乃不可知。這就是〈指物論〉的結論。

第三章　公孫龍子有關「表達」的探討

　　認識的結果必須透過表達而呈顯，公孫龍子探討了「認識」的相關問題之後，必然涉及「表達」的問題。所謂的「表達」即指向性認識論中「謂物」之「謂」的作用。「謂」的作用必須藉「所謂」與「所以謂」的兩端來完成。《墨經‧說上》云：「所以謂，名也。所謂，實也。」公孫龍子於其〈名實論〉中即以「名」「實」兩概念來探討有關「表達」的問題。

　　就「名」「實」字源及演變的意義而言，「名」甲文爲「卬」原與「明」爲同一字，後人借作姓名〔註1〕。金文爲「名」乃口對物稱名之象〔註2〕。小篆「名」說文訓爲「命」云：「名，自命也，從口從夕，夕者冥也，冥不可見，故以口自名。」乃自稱己名之意。由上述可知「名」含有；明、命物、自命等意義。

　　「實」字甲文缺，金文「實」，從貝在宀下，從田，意爲儲玉貝於室，即富足之意〔註3〕。小篆「實」，《說文》云：「從宀，從貫，宀示屋舍，貫爲錢貝之貫：其本義作『富』解。另小爾雅廣詁：「實，滿也」即今言充實或滿足。〔註4〕

　　就「名」「實」使用的意義而言有：

〔註1〕　《甲骨文集釋》，馬敍倫曰：「名與明爲一字，是月向窗子裡進來了之意。」《形音義綜合字典》，李敬齋曰：光也，從戶外有月，會意，『卬』古文爲『戶』字，後人借作姓名字。」

〔註2〕　《正中形音義綜合字典》，引林義光云：「夕即『卬』之變，象物形，口對物稱名之象。」

〔註3〕　《正中形音義綜合字典》，引林義光所云。

〔註4〕　《金文詁林補》，引張政烺所云。

（一）《論語・子路篇》：「必也正名乎。」其「名」爲名分、權分之意。
〔註5〕

（二）《論語・泰伯篇》：「蕩蕩乎民無能名焉」。孟子離婁篇：「名之曰
幽厲」。其「名」意爲指稱。〔註6〕

（三）《荀子・正名篇》：「名也者，所以期累實也。」其「名」即制名
以指實之「名」。〔註7〕

（四）《孟子・梁惠王篇》：「君之倉廩實」。其「實」乃充足之意。〔註8〕

（五）《詩經・大雅・韓奕》：「實墉實壑，實畝實藉」鄭箋云：「實當
作寔，趙魏之東，實、寔同聲。寔，是也。」寔，即今語之「本
質」。〔註9〕

（六）《莊子・逍遙遊》：「名者，實之賓也。」其「實」有「本體」
之意。〔註10〕

（七）《墨子・經說上》：「名：物，達也。有實必得之名也。」「所以謂，
名也。所謂，實也。名實偶，合也。」其「名」爲名詞，「實」爲
事實。〔註11〕

至於「名」「實」在公孫龍子〈名實論〉中則云：「物以物其所物而不過
焉，實也。」又「夫名，實謂也。」此在其指向性認識論中，「名」即「謂物」。
「實」即「所指」。「名」不論是以語言、文字或其它方式表現，皆爲代表「實」
的一種符號。

「名」何以能夠代表「實」？其理論的基礎即在於〈指物論〉中肯定了
認識的可能性；因認識是可能的，如此，被表達的一端──「實」才能夠確
立。如此才能進一步探討「名」如何謂「實」的問題。故本章首節討論「名」
「實」間有怎樣對應的關係？什麼才是正確的表達？其標準爲何？第二節探
討達成正確表達之方法爲何？第三節探究在變化與指向性認識下，其表達的
限制與困難等等問題。

〔註5〕見勞思光《中國哲學史》第一卷。
〔註6〕見高樹藩《正中形音義字典》。
〔註7〕見伍非百《先秦名學七書》。
〔註8〕同註6。
〔註9〕見龐樸《公孫龍子研究》。
〔註10〕同註6。
〔註11〕見王琯《公孫龍子懸解》。

第一節　名與實的關係

　　「表達」是由一種關係所構成的，此關係的兩端即「名」與「實」。「實」是就對象物而言，「名」是就認識的主體而言。在認識的過程中「名」的產生後於「實」。因爲必須透過對對象物的認識之後，才能夠在認識主體中形成概念。於是，「名」之始應溯源於「物指」的認識作用。從指向性認識論的「物莫非指」來看，「名」乃是經指涉作用所得之「謂物」。從「而指非指」觀之，「實」乃「所指」，並不等同於「名」或「原本之物」。

　　公孫龍子承續著〈指物論〉的理路對「實」所下的定義是：「天地與其所產焉，物也。物以物其所物而不過焉，實也。」這段文字也就是對「所指」所下的定義。「天地」爲人類感官所及之極至，故公孫龍子即以天地與其所產的一切作爲認識之對象。就指向性認識論而言，「原本之物」可以呈現出，在人認識能力下所能把握的「表象」，而不逾越其「表象」的界限，此即所謂的「實」。此與董仲舒春秋繁露深察名號篇「名物如其眞，不失秋毫之末」相似，其「實」含有「眞」的意味〔註12〕。「物以物其所物」中第一個「物」即爲「天地與其所產焉」所定義之「物」。第二個「物」乃爲動詞〔註13〕，就人而言是包含了描述、界定的認識作用；就物而言即「原本之物」的呈顯。第三個「物」則爲認識作用所界定的呈顯者。「而不過焉」的「不過」已隱含了指向性認識的預設，即對人認識能力之限度的說明。亦即「實」並不等同於「原本之物」，倘若認識者自以爲能夠及於「物自體」即有所「過」。

　　前章已說明：「謂物」可以代表「所指」。此就〈名實論〉而言，即「名」能夠代表「實」，因它們皆屬於同一層次。並且，皆爲主體的指涉作用與邏輯構作之一體兩面的能力可及。然而「名」如何才能恰當代表「實」呢？爲解決此一問題，公孫龍子首先說明「名」與「實」的正確關係。其云：「實以實其所實不曠焉，位也。出其所位非位，位其所位焉，正也。」其中，第一個「實」即前述由「物」而來，被定義的「實」，第二個「實」爲動詞，即「所指」內涵之完全展露，特別強調可認識內容的「完整性」意義。此內容可從表達爲「名」的含意上來了解。所謂的「不曠」即在「名」的意涵中不減

〔註12〕見徐復觀《公孫龍子講疏・名實論第六》。

〔註13〕見徐復觀《公孫龍子講疏・名實論》云：「以名詞作動詞用，乃古人常用之法；如『衣衣』即是穿衣。此物字乃成就之意。」又龐樸《公孫龍子研究・名實論》云：「第二『物』字，動詞。作形成、體現講。」

損「實」之內容，譬如：若以「白馬為馬」，則「白馬」之名即有所「曠」於「馬」概念之外延，因「馬」之外延尚包含了黑馬、黃馬……等等。同樣，「馬」之名亦有所「曠」於「白馬」概念之內涵，因「白馬」之內涵除了「馬形」之外，還有「色」。故「實以實其所實不曠焉」即「位」的定義。「位」就是「所指」與「名」相符合的正確關係。

此外，從「位」的字源及演變觀之，甲骨、金文皆以「立」為「位」，「位」為「𡘋」字重文，古以「立」通「位」。另從「立」演變為「位」之間，曾出現一「𡉟」字〔註14〕。此「𡉟」字除了取「胃」之音外，吾人亦可從「胃」之字義加以探討。據《金文詁林補》「𢌳」，引饒宗頤曰：「武威漢簡『胃』今本作『謂』，陳直云「少虞劍銘及戰國帛書，皆以『胃』為『謂』。」再考究「謂」字，其石文與小篆略同，小篆「謂」從言、胃聲，本意作「報」解（說文），乃稱論人得其當，事得其宜之詞。又小篆「胃」本作「穀府」解，乃人體中容納五穀，取其精粹，遺其粗穢，以供週身營養者。因「謂」含有稱論人事，及品其精粗之意，故「謂」從言、胃聲〔註15〕。可見「謂」本身即包含著進一步分辨的意義，此義可相應於「實以實其所實不曠焉」之第二「實」，即「所指」內涵的完全展露，有賴於「謂」的進一步分辨。並且，從上述這些線索可知由「立」經「𡉟」轉變為「位」即加入了「謂」的意義，此「位」字，就公孫龍子的使用而言，即含：「由人進一步分辨認識對象，進而建立起一邏輯秩序」之意。此可再由小篆「位」的意義獲得印證。

小篆「𬌆」從人立，乃古代君臣相聚於廟堂之上，各人所著之位置，上下左右皆有一定，不得凌亂，故「位」之本義，許慎《說文解字》作：「列中廷之左右」，故「位」字本身即含有一正確之秩序性。「實以實其所實不曠焉」即為正確的邏輯秩序之表現；亦即「名」由「實」而來，但各不相同，各居其所。「名」乃「所以謂」，即認識主體的表達，「實」為「所謂」，即認識主體所表達的內容，而此兩者具有彼此相當的符合性，即是「位」。

〔註14〕 見《金文詁林補》，引張政烺曰：「𡉟，從立，胃聲，字書不見，當是「位」之異體。金文以「立」為「位」。「立」字出現早，含義多，讀音歧異，不免混淆，故以「胃」為聲符加於「立」字之旁，遂產生此從立，胃聲之形聲字。」另引趙誠曰：「𡉟，從立胃聲，借為位。甲骨、金文以「立」為「位」。〈中山壺〉、〈中山鼎〉銘中有「立」有「𡉟」，可見「立」與「位」已開始分化，不過還沒有定形於「位」，則「𡉟」當是由「立」發展成「位」的中間形態，即過渡形態。「立」有「位」音，從它的中間形態「𡉟」透露了這一消息。」

〔註15〕 參見《正中形音義綜合字典》、《金文詁林補》及《甲骨文集釋》各書所云。

　　然而，人在表達時常會有「名」不符「實」的「非位」情形發生，須要
其它的能力使「非位」扭轉成「位」。因此，使得「名」「實」相符的作用即
是「正」，即其原文：「不出其所位，且位其所位」之意，「不出」與「且位」
乃是認識主體主動的辨識與調整。其調整所依據的標準即「位」，而使其達到
此一標準的方法即是「正」。

　　綜合上述，「名」即是「謂物」之概念，「謂物」乃是就「名」的「命物」
義而言。「實」即為「所指」或「物名」，「物名」乃是就「名」的「自命」義
而言，即物呈顯出為人可把握的現象。「名」與「實」之間正確的關係即在於
「位」，使其關係可為正確的方法則在於「正」。「名」「實」之間正確的關
係，首先必須有正確的認識，使認識所得的結果「不過」，「不過」是針對
「指」與「物」的關係而言。其次，使表達的內容對認識的對象「不曠」，「不
曠」乃針對「名」與「實」的關係而言。如此，即可「名」符其「實」，亦即
所表達的概念符合於對象之「物名」。此乃「名」與「實」的正確關係。

第二節　正確表達的方法與步驟

　　「名」符其「實」乃其二者正確的關係，上節處理了「位」的問題，本
節則進一步探討如何使「名」符其「實」？亦即「正」的問題。

　　「正」字甲文、金文各有多種字形，其意有解作「征」、有解作「征行」、
有解作「正鵠」〔註16〕。小篆「正」，從止一，止謂止於至善，一謂建中立極
之大本……故「正」之本義作「是」解（說文）。綜合上述各解，「正」含有：
朝向一定的方向進行，以達成目標的意思。故就詞性分析應包含著動詞與名
詞。在本章所探討的範圍內，「正」作動詞用，即糾正、使正之意。乃達成「名」
符其「實」的方法。「正」作名詞用，即等同於「位」，乃「名」符其「實」
的正確關係。

　　「正」的方法，首先是「正實」，然後才能「正名」，如原文：「其正者，
正其所實也，正其所實者，正其名也。」因為正確的表達必須先有正確的認
識，確立了「實」，才可以「實」作為檢查表達是否正確的準據。此即：「以
其所正，正其所不正。」第一個「正」即作名詞，其所指的是構成「位」的

〔註16〕李敬齋云：「征也，直往曰正；從止向外，口聲。」王國維云：「正以『征行』
　　　　為本義。」
　　　　林義光以為「本義當為『正鵠』象正鵠形，從正、（轉注）矢所止也。」

先決條件——「實」，亦即「物以物其所物而不過焉」之「實」。第二個「正」作動詞，即糾正。所謂的「不正」即造成「出其所位非位」之「名」。也就是說，必須以正確的認識來糾正錯誤的表達。

正確認識之「實」既然成為糾正「名」的準據，則其本身必須被固定，故曰：「疑其所正。」〔註17〕「疑」即是「定」。從〈指物論〉中吾人已知認識本身是動態的、與不完全的。因此，所謂「正確」的認識，仍然是動態過程中拮取的片斷，隨著變化不斷移轉，若「實」不斷變動，以「名」符其「實」則不可能，故對於每一指涉之「實」須加以固定，如此，糾正表達的準據才可確立。

由於每一「實」的固定，使得各實皆不同，「正名」才可進行。要能使「名」得正，就在於各「名」所符應的「實」有彼此的分別。不但各物有所分別、所認識之「實」有分別，表達為「名」亦有分別，這些區分公孫龍子用兩個普遍的概念來說即是「彼」「此」，故其曰：「其名正，則唯乎其彼此焉。」「實」與「物」須對應，「名」與「實」須對應，其等之所以能夠對應，即在於「物」「實」「名」各自有彼、此的分別，不可以「實」為「物」，以「名」為「實」。「物」與「實」的關聯在於「指」，指物以得「實」在於「不過」；而「實」與「名」的關聯則在於「謂」，以「名」謂「實」則在於「不曠」。因此，「正名」的另一關鍵就是「謂」。

「謂」就上節上述，其本身包含有進一步分辨的意義，「實」乃「所指」，認識者透過彼、此的分辨而取恰當的「名」來代表「實」，即「謂」。但就「表達」的問題而言，「謂」除了代表的功能之外，還涉及溝通的作用，亦即必須使別人能夠了解「名」所謂之「實」。然而實際上常有異名同謂或同名異謂的現象，如帛書老子有云：「兩者同出，異名同謂，玄之又玄，眾妙之門。」於是公孫龍子認為，要完成正確的表達，除了在邏輯構作上必須使「名」「實」各自獨立之外，更重要的是「唯乎」〔註18〕彼、此之「謂」。亦即正確的表達

〔註17〕 胡適於「疑其所正」上，據〈經說下〉，補「不以其所不正」六字，曰舊脫。另馬驌《繹史》本有「以其所不正」五字，伍非百、譚戒甫從之。此乃對「疑」字意未能把握所致。金文「疑」，林義光氏曰：從矢，從止（此字變體，此，所止也）……本義當作「定」。又俞樾云：疑當讀如詩「靡所止疑」之疑。毛傳曰：疑，定也。

〔註18〕 《廣雅·釋詁二》：「唯，獨也。」《集韻》：「唯，專辭也。」《呂氏春秋·貴信篇》高注：「乎，於也。」故「唯乎」乃「專於」之意。

乃由一「名」唯一地對應、代表一「實」才能完成。因此，表達是否正確、有效，即可由是否「唯乎」其彼、此之「謂」而定。此可由〈名實論〉「謂彼而彼不唯乎彼，則彼謂不行。謂此而此不唯乎此，則此謂不行。其以當，不當也，不當而亂也」看出。「行」與「不行」係當時辯者的術語〔註19〕，「行」即表達的適用或成立之意；倘若，以「不行」之「謂」為適宜、恰當，必導致「名」「實」混亂。反之，若以「彼名」謂「彼實」，則「彼謂」的溝通作用必行；以「此名」謂「此實」，則「先謂」的溝通作用必行；如此，使可「行」之「謂」為恰當，就能使「名」得正。故公孫龍子曰：「故彼彼當乎彼，則唯乎彼，其謂行彼；此此當乎此，則唯乎此，其謂行此。其以當而當也。以當而當，正也。」

「名」代表「實」在於「謂」，「謂」要使表達有效，達成溝通的作用則在於「唯乎」其彼、此，「謂」是經由認識者分辨彼、此而產生之持續活動，此一活動的起點是「實」的確立，此一活動之過程即以「唯乎」為原則，換句話說就是：一名一實，名符其實。而此一活動的終點則在於當「名」「實」相符之後，不再變更其「名」所相應之「實」，其「實」所相應之「名」。當然，倘若「實」隨「物」而有所變動時，「名」亦必須隨「實」轉變，不過，這已經是另一種的「謂」。於是：「故彼止於彼，此此止於此，可。彼此而彼且此，此彼而此且彼，不可。」其中「止」乃「名」專用於其「實」且不得移動之意，乃對「唯乎」之意進一步的強調。

公孫龍子雖然以「唯乎」、「止於」等原則來正名，但他仍然肯定萬物是有變化的；他說：「夫名，實謂也。知此之非此也，知此之不在此也，則不謂也；知彼之非彼也，知彼之不在彼也，則不謂也。」以「名」謂「實」乃透過「知」來分辨彼、此。而「知」的基礎為「物指」，然「物指」的認識作用乃非靜態的，因「物」是經常變動不居的，「物」既有所變化，「實」則隨之更動，但「實」若變動無常，則「名」就無法被固定僅謂一「實」。如此，表達似乎不可能；但另一方面，認識者本身亦為「天地所產焉」之「物」，亦不斷變化。因此，認識作用的主客雙方皆為變動者，若能使主、客的變動互相協調，認識與表達即為可能。因為「實」雖變，但以名表達之主體可使「名」隨之而變，亦即變「謂」。從公孫龍子所謂的「非」與「不在」，可知其肯定

〔註19〕如《莊子・齊物論》：「是以聖人和之以是非而休乎天鈞，是之謂兩行。」之「兩行」說；而公孫龍子則倡「唯行」說。

的變化有二：「不在」即荀子正名篇所謂的「物有同狀而異所者」，指時空、位置上的變化。「非」即荀子所稱之「有異狀而同所者」，指性質上的變化。一旦「物」與認識者的變動率不相協調時，亦即「實」無法呈顯，或「名」無法對應上未呈顯之「實」時，則「不謂」。可見表達本身隨著認識的不完全，亦有其限度。正確的表達在於「唯乎」、「止於」彼此之「謂」，同時也包含了不可謂時的「不謂」。

至此，公孫龍子所認為正確表達的方法與步驟已明，其方法即「正」，「正」的目標乃名實相符之「位」。「正」的對象在於「名」之先必須確立、固定「實」，亦即「不過」與「疑」（定）。使「名」得正的關鍵在於構成名實關係的「謂」，亦即「唯乎」與「止於」，如此以名謂實，即可名符其實。綜合上述，約言之即：實隨物變，名隨實轉，一名一實，名符其實。

第三節　在變化與指向性認識下的正確表達

從正確表達的方法與步驟上：以物定實，以實定名的方式。可以發現其中的困難在於：以物定實之「實」乃「物莫非指」之「指」，前章已說明指向性認識是活動性的，無法指出原本之物，而從「此之非此，此之不在此……彼之非彼，彼之不在彼」亦可知所謂的「物」是有變化的，「物」既有變化，那麼何以定「實」？再者，在一名一實的原則下，「實」必須是固定不變的，那麼「實」如何由變而來以至於不變呢？因此，對於這些問題有進一步說明的必要。

「物以物其所物而不過」之「實」，正是指向性認識在表達上所呈顯的結果，即指向性認識作用一旦發生，就會把「所指」固定下來；一個外物的概念一旦形成，它就成一獨立的概念，就如同照像機將風景攝入鏡頭內，洗出來的僅是一張照片，失去了原本風吹、樹搖、花落、水流的動態，於是「所指」也是單一、獨立的，唯有如此，才能夠以「實」定「名」，一名一實；因此，就實在界的原本之物而言，皆應是變動的，而就思想界所形成的概念而言則是不變的。「實」由變而來以至於不變即在於指向性認識的不完全上。認識既不完全，相關的表達也是不完全的。但從「實以實其所實不曠焉，位也」可知所謂正確的表達是相對於被固定的「實」而言，而非相對於「物」而論，倘若以萬物在時空中的變化著眼，則根本無物可「謂」，必須將「實」固定之

後才得以「名」謂「實」。

　　認識與表達在變化之中，公孫龍子所謂的「非」與「不在」即肯定了此點，那麼認識與表達在變化中如何可能呢？除了認識者本身有把變化之物轉爲固定之「實」外，吾人還可以從主客的相對性，及語言、文字本身的作用來看表達的可能性：

　　（一）同步變化。亦即認識主體與認識對象在同一層域之中一起變化，物變、認識物的人亦改變，因爲認識主體——人也是天地所產焉之物，而兩者之間有協調性，此協調能力爲認識主體所具備，例如：一隻蒼蠅能以時速十公里的速度，在一輛時速九十公里的汽車飛行一樣，蒼蠅依然可以活動，飛行；就像人在變化中依然可以認識與表達一樣。但車中蒼蠅，相對於在車外的實際飛行必有不同，於是人在實際的認識下也無法把握住原本之物。

　　（二）變化雖然不斷進行，但變化速率的急緩影響著人的意識，如果認識對象的變化相對人的意識而言是緩慢的，那麼「名」所謂之「實」實際涵蓋了一段變化的過程，例如：我指稱手中這寫字的東西爲「筆」，它雖然不斷地變化，油墨不斷地減少，筆尖不斷地磨損，但其變化的速度極慢，在它尚未變成「非筆」之前，使用「筆」此名仍具有表達的作用。

　　（三）「名」——概念本身在使用上也是不斷變化而豐富其意義的，特別是中國文化象形的特性，形聲的組合，以及指事、會意、轉注、假借等特性的演變與擴展，充分地展現了相應於「實」之「名」的變化；透過人對變化的體認，藉著語句之脈絡，或一組文字排列的形式，可以承載變化的意義。不然如「生生」、「運行」、「變動」這些語詞的意義就無由產生了。

　　是故，在認識主、客間的相對變化下，肯定「表達」是可能的，如此，公孫龍子有關表達問題的探討，及一名一實、名符其實的主張才有意義。現在，我們可以從指向性認識的觀點對於表達問題，釐清公孫龍子的理路。

　　有關表達的問題，公孫龍子主要探討的是：正確的表達爲何？及如何達到？其著重在前一章所歸結出的「無」之範疇，將「所指」轉換爲「實」，將「謂物」轉換爲「名」，並以「位」來說明「名」「實」間的正確關係，再以「正」爲達到名符其實的方法；現以上節之結論分爲四個層次加以說明：

　　（一）實隨物變。故正其「實」；亦即在於「物以物其所物而不過焉。」此爲依「物指」以至確立「所指」之階段。

　　（二）名隨實轉。故正其「名」；亦即在於「實以實其所實不曠焉，位

也。」「位」乃名、實間正確的關係,其兩端之一的「實」既已正,所餘者即「名」之正。此爲依「物指」之結果以形成「謂物」(概念)之階段。圖示如下:

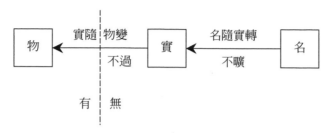

（三）一名一實。故分彼此。亦即「其名正,則唯乎其彼此焉。」物、實、名三者不同,各物、各實、各名皆有彼此之分。此爲表達上的邏輯序列之構作階段。

（四）名符其實。故正其「謂」。亦即「故彼彼當乎彼,則唯乎彼,其謂行彼。此此當乎此,則唯乎此,其謂行此。」及「故彼彼止於彼,此此止於此,可」乃在於「唯乎」與「止於」。此爲達成正確表達之階段。圖示如下:

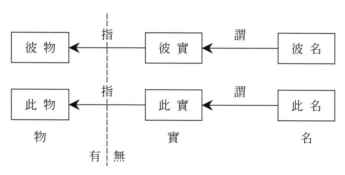

以上圖說即在變化與指向性認識下的正確表達。

透過「物」之變化,及「實」之固定的反省,以「名」謂「實」具有一定的表達作用,但相對於「物」之變化,「名」「實」在表達上亦有相對的變化,並且,「名」除了單名之外亦有複名,概念與概念的連接如何對應「實」?並且一名一實的邏輯構作其根據爲何?這些皆爲本章所遺留的問題,將於後面幾章分別探討。

第四章　公孫龍子有關「變化」的探討

　　〈指物論〉「物莫非指」及「指非非指也，指與物非指也」已預設了「變化」，在〈名實論〉中「知此之非此也，知此不在此也」及「知彼之非彼也，知彼之不在彼也」其中「非」與「不在」亦肯定了「變化」，「變化」不但涉及時間，也涉及空間的因素。同一物不但有位置的移動，也有其性質的轉變。

　　由於「認識」與「表達」皆在「變化」中進行，不僅認識的對象物有所變化；認識主體的認識、表達活動本身亦有所變化；因此公孫龍子於其〈通變論〉中即探討有關「變化」的問題。

　　公孫龍子的思想主要在處理認識及邏輯方面的問題，因此其所探討的「變化」，也是在此一範圍內加以論述。其以「二」「一」「左」「右」等概念，以及「羊合牛非馬，牛合羊非雞。」「青以白非黃，白以青非碧。」等命題說明「名」「實」的變化，其中所引用的概念除各概念本身的意義之外，必須注意它們亦含有標示「名」「實」的符號作用。

　　凡「變化」必有變化之主體，公孫龍子的〈通變論〉即針對「名」、「實」的變化加以探討，爲使認識與表達在變化的理論下更爲完滿。故本章分作四節，分別探討「名」「實」的變化、「位」的貞定，以及「變」與「不變」等問題。

第一節　名的變化

　　「名」爲概念，乃表達之工具，但常因使用者思想意指不同，在運用時往往易生混淆。例如：「物」此一名詞單獨出現時，依使用者之所「謂」，其或許是指向一個認識所不可及的「原本之物」，或許是指在思想中如原本之物

的「概念」也或許指代表此概念的「名詞」本身。依〈名實論〉中「唯乎」其彼此之「謂」的主張來看，任何「名」皆謂「實」，任何概念都應回溯其認識過程，以找出其「實」，但公孫龍在〈指物論〉中亦不否認「謂物」（概念）亦可成爲指涉的對象，於是他進一步說明了「名」的變化。

所謂「名」的變化，包含了它在形成上的意義，以及其形成後在使用上的意義。如何通透「名」的變化？公孫龍子提出了「二無一」的命題來說明，此命題乃是在變化中掌握正確表達的一個原理。「二無一」可從兩方面加以探討：

（一）「二」之名是如何形成的？亦即「二」與「一」的關係爲何？

（二）「二」之名產生之後，爲何不再包含「一」？亦即「二」、「一」何以各自獨立而相異？

爲了說明這兩點，公孫龍子又用了一些輔助命題來幫助說明。他以「二無左」、「二無右」以及「右不可謂二」、「左不可謂二」設定性地說明「二」「一」的差異。而以「左與右可謂二」來說明「二」的形成。

首先，探究「二」之「實」爲何？「二」是「量」的概念，其所對應的「實」是從認識者思想中各概念中抽繹出來的，而不是直接由「物」所定之「實」，此「量」概念的「二」與其所從出的各獨立概念的關係，公孫龍子認爲「二」之「實」在形成上雖與各獨立概念相關，但一旦形成之後，就脫離了各獨立概念「一」，自成一獨立概念「二」，故曰：「二無一」。相應於此「實」的「二」之「名」亦隨之形成，「二」在形成之後爲何必須斬斷與「一」的關聯？因唯有如此，才能在變化中使表達符合「一名一實，名符其實」的原則。

任何「名」的形成皆爲一種界定，同時也是「名」所謂之「實」的限定，使得「所指」或「謂物」——獨立，「名」的形成可以得自以物爲對象的「所指」，形諸表達爲「謂物」，也可以得自以「謂物」爲對象，形諸表達爲「謂謂物」。例如：「牛」爲「所指」，「一頭牛」的「一」即爲「謂謂物」，這種形成的作用，以今日哲學語詞來說即「數理的抽象」〔註1〕，不論「謂物」之「實」或「謂謂物」之「實」，都可以是表達的內涵，可依各「實」而定出

〔註1〕《西洋哲學辭典》第三條：「抽象並不表示具體事物真正由整體分開，而是表示一種具體的直覺到的整體中抽離出非自立的特徵（如：顏色，形式）這些特徵無法僅依自身而存在。因此，這種抽離不是物性上的，而是屬於心智方面的。抽離所得的結果即是概念。」

不同的「名」。

　　由上述的分析可知「二無一」的「二」、「一」皆為「謂謂物」，而不是直接得自以物為對象的「所指」。所以「二無一」所探討的是「量的概念」之間關係的問題。既然是一種「關係」問題的探討，我們就不能只將「二」「一」視為獨立的概念，而必須考慮兩者的內涵在形成上與表現為「名」上互相的關聯。在方法上則可從「名」做為探討的起點，因為「名」就認識的過程來說是一個終點。

　　「一」之名對應著「一」之實，而「一」之實可以是牛、馬、羊、雞……等任何可被抽取「一」者。同樣，「二」之名對應著「二」之實，而「二」之實可以是：二牛、二羊、二馬、二雞或牛羊、青白、君臣……等可被抽取「二」者。由「一」與「二」之實可發現凡是能被抽取「二」之「所指」，皆可分析出「一」的「所指」，例如：「二牛」之概念必由「一牛」與「另一牛」所形成。此即「二」與「一」的概念在形成上的關聯。「二無一」所要指出的是：不可因「二」之「實」在形成上與「一」之「實」相關聯，而影響到「二」之「名」與「一」之「名」在成立之後的運作、使用。「一」之「實」雖然是「二」之「實」形成中的一個條件〔註2〕，但此條件並不能等同於「二」之「實」。

　　由於「此一」與「彼一」之間的差別不易呈顯〔註3〕，故公孫龍子將兩者用兩個不同的概念——「左」「右」加以區分。「二無一」即「二無左」、「二無右」，順此義「右不可謂二」、「左不可謂二」即可了然。至於「左與右可謂二」則是從「二」此概念在形成上的觀點來看，其關鍵在於「與」字。「與」乃「此一」「彼一」之間在形成「二」概念之聯繫，亦即為「謂」的一種變化，既有所變，那麼在變化之後就形成了一個新的概念「二」了。

　　「左」「右」二名是為了說明「二無一」中「一」的彼此分別所引用的，但「左」「右」之名除了幫助說明的作用之外，還隱含著更深一層的分辨；因「一」與「左」「右」之概念有所不同，「此一」與「彼一」在「名」的形成上彼此間無直接關係，但「左」「右」卻互相關聯，無「左」不成其「右」，

〔註2〕條件的意義是為使動力因能行動的一切，其不直接影響效果，而間接影響效果。因此條件與效果不成正比例，此參照陳春齡教授《形上學筆記》。

〔註3〕杜國庠云：因為這「一」和那「一」，都是「一」，不易區別，故又用「左」「右」來代替，取其較具體，使人易懂。龐樸認為公孫龍子主體「萬物畢異」說，「一」「一」為「二」，兩「一」亦不相同，故以「左」「右」為喻。

同樣無「右」亦不成其「左」，認識者必須同時肯定「左」「右」二者的存在，「左」「右」才可形成其概念，亦即在預設了「二」的前提下，「左」「右」才可成立，這是「左」「右」和「一」所不同的地方。

以上的分析為澄清「一」與「左」「右」這三個概念在形成上的差別，以及與「二」概念的關係。「二」乃依「一」而成其「名」，而「左」「右」卻必須肯定「二」而成其「名」。「夫名，實謂也」，「名」之作用在於謂「實」，「謂」的活動若轉變，也就是「名」的變化。若謂「一」之「實」其「名」為「一」，若謂「二」之「實」其「名」為「二」。變化之前的「一」與變化之後的「二」是不同的，故客曰：「謂變非不變乎？」主曰：「可。」亦即「謂」有所變化時，相應之「實」就隨之而變。在相對而立的「左」「右」來看，所謂「右有與」即「右」必須加上「左」來看，亦即強調了「右」之「名」在成立上的相對性，其「謂」即有所變化，那麼「右有與」之「右」和「變奚？曰右」之「右」必有所分別。同為一名「右」因著所「謂」的不同，其相應之「實」也就不同。如此，即可解釋客方所問的：「右苟變，安可謂右？苟不變，安可謂變？」就主方來看「右苟變」之「右」所謂的是「右」之「名」依「實」而形成。而「苟不變」所謂的是界定之後的「右」之「名」。由此可見「名」在表達上變化即在於「謂」。

再者，客方所問的並非毫無價值，因其指出了「謂」變而「名」未變之混淆。此正是〈名實論〉中：「其名正，則唯乎其彼此焉。謂彼而彼不唯乎彼，則彼謂不行。」的一個例證。同時也顯示了「名」在使用上的困難。因人們常會使用一個已經形成的「名」去代替一個尚未清楚的「實」，以說明其形成。即使公孫龍子本身也很難避免這種困境，因為依「實隨物變，名隨實轉」的原則，「名」的成立是在「實」之後的，如果要以在後的「名」去說明在前的「實」本身即顛倒、混淆。故「謂」的作用就十分重要了。

「謂」的作用是在表達中最不容易呈顯，最難以捉摸的活動，一般所說的「詭辯」〔註4〕就是在於無法掌握「謂」的變化。那麼，如何才能掌握「謂」的變化呢？此必須樹立「名依實而立，但隨謂而用」的原則。「名」在形成上是隨「實」而轉變；「實」固定則「名」不變；「實」變則「名」亦變。但是，

〔註４〕所謂的詭辯乃「由於定言論證基於二個概念與一中間概念的比較，因此只能有三個概念，一種推論如因名詞雙關二意而有了四個概念，就不再有作結論的力量。」此參考《西洋哲學辭典》第一二一條。而其中所謂的雙關二意，即來自於「謂」的不同，一名不只一謂。

一個表達者在使用一「名」時，並不是單從「名」的成立上去使用，有時是從其「謂」來使用。因此我們在了解一「名」時不能單從此「名」所依之而成立的「實」去了解，還必須從使用此「名」的表達者之「謂」來探討。「名者所同，謂者所獨。名之用在於靜，謂之用在於動」〔註5〕「謂」是一種選擇，在「實」的序列、關係中，選定一「實」而以「名」去代表，在不同的關係中，同一「名」所謂之「實」即有不同。「謂」的變化涉及表達者的思想背境、動機、意欲等因素。「謂」的方式有類比、隱喻、直述等，其變化的範圍包含著實在界、思想界與語言界。故同樣地使用「左」「右」此二名，在不同的表達者、及不同的語句脈絡中，依其等所「謂」之不同，而使「名」所指之「實」相異。「謂」變而「名」不變的混淆就是將「名」的使用僅以其成立為依據，而忽略其「謂」。

因此，「名」的變化，必須相對於「實」以及相對於「謂」的變化，才能夠確定其意義。那麼「二苟無左，又無右，二者左與右，奈何？」就主方而言即不成問題了。因為「二無左」「二無右」是指「二」之「實」形成後在使用上其內涵與「左」「右」相異。而「二者左與右」則是指「二」之「實」的形成與「左」「右」相關。

至此可知，在表達上人必須透過「名」的應用以指涉「實」的成立，而在認知上又必須以「實」的確立來保障「名」的使用。「二無一」此一論題之意義即在於此。

第二節　實的變化

「實」在認知作用中具有其對象性，因其為一概念，亦可存在於認識主體之內。從指向性認識觀之，「謂物」亦可成為指涉之對象，本章所探討的「二無一」此論題，其中「一」、「二」之「名」即隨「謂物」而立，可見「概念」亦可為所指之「實」。

「二」與「一」皆為「量之概念」，公孫龍子由其等「名」「謂」的變化證立了「二無一」。本節從「二」「一」之「實」的變化加以說明此一論題。探討「二」「一」之「實」彼此間的關係；亦即研究概念在怎樣的條件下可以相合？相合而成新的概念其內涵為何？以及如何判斷兩概念之同異等等

〔註5〕見伍非百著《先秦名學七書》，公孫龍子發微，名實論第一。

問題。此外，亦由「羊合牛非馬」「牛合羊非雞」的正、狂兩例，說明舉例的原則。

客觀實存的一頭牛與一頭羊是無法將牠們相合的，所能夠相合的乃思想中的概念，「二」之「名」的形成在於「一」之「實」的相合，於是公孫龍子即以「牛」「羊」「馬」「雞」等概念舉例說明其間的關係。

「羊合牛非馬，牛合羊非雞」的提出，接續著前面「左與右可謂二」及「右有與可謂變」中之「與」字做進一步的說明。公孫龍子認爲兩「實」相合，在於確定兩「實」之同異，而兩「實」之同異的判分標準須注意兩點：

（一）「是不俱有而或類焉」。即不可以兩「實」之某一內涵的相異而判定兩「實」在「類」上的不同。例如：羊有上齒、牛無上齒，不能僅依此而判定牠們不同類。

（二）「是俱有，而類之不同也」。即也不可以兩「實」之某一內涵的相同而判定兩「實」在「種」上的相同〔註6〕。如：羊有角、牛有角，但不能依此就判定「羊」即是「牛」。

於是判分別「實」同異的標準即：不能僅從「某一」內涵上去比較，而必須以各「實」整體之內涵相比較方可得出。並且，所比較出的同異仍有層次上的區分，此處至少指出了兩種：一爲「類」上的同異，一爲「種」上的同異。而兩概念的相合就在於取同去異；以兩概念相同之內涵做爲新概念之內涵。如：「羊」「牛」組成「羊牛」此一新概念之內涵爲：有角、無毛尾。可見「羊牛」與「羊」「牛」在形成上相關——取其等之同一去其等之異。但在形成之後的「羊牛」與「羊」、「牛」相比較，原先的相異之處就成爲「羊牛」與「羊」、「牛」的分別了。此正說明了「二無一」之原理，亦即強調出「二」「一」之「實」在形成上，與固定之後的使用，它們內涵的不可混淆。

公孫龍子以「羊牛」喻二，以「羊」、「牛」喻一，本足以證明「二無一」，但他爲何提出「羊合牛非馬，牛合羊非雞」呢？爲何要以「羊牛」與「馬」、「雞」來比較呢？這點也是歷來的註解所無滿圓滿解釋的地方〔註7〕。原來，公

〔註6〕種（species）是存有物爲許多個體所共有之全部本質，與「類」相對（見《西洋哲學辭典》第三四七條），此處「種」是指一切「牛」或一切「羊」，而「類」是指動物類而言。

〔註7〕如牟宗三《名家與荀子》一書中所說：從馬非「羊合牛」方面說，可比二無左無右，但馬並非由「羊和牛」而成，此根本是兩個不同的並列類。……故此類比爲不恰也。另伍非百《先秦名學七書》云：「讀者不熟悉名家論式往往於

孫龍子之所以如此舉例，乃在於強調出一個合成的新概念內涵的確定，有賴於此一概念的使用，而所謂的使用，即是以之與其它的概念相比較，如此方可呈顯出其形成前後的分別，進而確定其內涵。如果公孫龍子單單用「羊合牛非羊，或非牛」，如無法可顯出「羊牛」此一新概念之內涵，因而必須以「羊牛」與另外的「馬」或「雞」相比較，才能顯示「羊牛」此一概念在形成上與「羊」「牛」相關，而在使用上與「羊」「牛」相異。

「羊牛」之內涵取「羊」「牛」內涵之所同而確立的，以「羊牛」與「馬」相比較，也就是「羊」「牛」之共同內涵與「馬」相比較，如原文：「『羊牛』有角，『馬』無角；『馬』有尾，『羊牛』無尾。故曰：『羊合牛非馬也。』」「羊合牛非馬」說明了「羊牛」之內涵與「馬」之內涵不同，所以「羊牛」之外延就沒有「馬」，如原文：「非馬者，無馬也」。「羊牛」與「馬」的比較，即「羊牛」此一概念的使用，以確定其內涵進而分辨出「羊」、「牛」不同於「羊牛」。如原文：「無馬者，羊不二，牛不二，而羊牛二。」。

現比較「羊合牛非馬」與「二無左，二無右」的關係可以發現：公孫龍子是以羊喻左，牛喻右，「羊牛」喻二。至於「非馬」、「無馬」只是借用「羊牛」在使用上與「馬」的相異，以確定「羊牛」之內涵，進而證出：「是而羊、而牛非馬，可也。」左、右從統合在「二」的相對性來講整體：「二」的無左、無右；羊、牛則從統合在「羊牛」的共同內涵，透過與「馬」之比較來講整體「羊牛」的非牛、非羊；此兩例所用的語詞與技巧雖然不同，但都是為辯明「二無一」之論題。如原文：「若舉而以是，猶類之不同。若左、右猶是舉。」在這「羊合牛非馬」的舉例中，借用「馬」而不隨便借用其它事物，乃是因為馬與牛、羊雖不同，但牠們皆為牲畜或獸類。如果引用不同層次的「雞」來與「羊牛」比較，就是狂舉。〔註8〕

公孫龍子之所以再舉一狂舉之目的，除了以例說明「二無一」之外，更要指出：如何舉例的說明才為正確、有效。也就是要狂舉反證其所舉例之說明為正舉與有效的。此亦即對「二無一」之證明方法之探討，同時也說明了

此節文字不明其問答意旨之所在，以為文氣突兀語，換質為『左與右非二』，然後舉『牛合羊非馬』『羊合牛非雞』兩辯題比而論之，以明此語是非之所在。」但伍氏並未解釋何以「二」不以「羊」「牛」喻，而以「馬」「雞」為喻。

〔註8〕 見龐樸著《公孫龍子研究》，引孫詒讓云：「正舉」「狂舉」之文，以意求之，蓋以舉之當者為正，不當者為狂。(見《墨子閒詁》)此處意謂若以「牛羊非雞」證「左右非二」則為狂舉；因為且勿論左，右可否為「二」，左，右(作為「一」，「一」的代詞)與「二」總算同類，非牛，羊與雞的關係可比。

此例的四式。〔註9〕

「牛羊」之內涵有毛、無羽，「雞」之內涵有羽、無毛，此雖也像「牛羊」有角、無毛尾，而「馬」有毛尾、無角一樣地可以顯示它們的不同，但牛、羊、馬具為四足，皆為獸類，而雞屬禽類，僅有二足，與牛、羊不同，因此以「羊牛」與「雞」相比較，就無法將「羊牛」此概念的內涵確定。所以原文說：「牛合羊非雞，非有、以非雞也。」「羊牛」之內涵既然無法在與「雞」相比較時確定，那麼，此不確定之內涵就無法顯示「羊牛」與「羊」「牛」的不同；用這樣的例子來說明「二無一」，「二」之「實」都無法確定，更不可能證明「二無一」了。於原文說：「與馬以雞，寧馬，材不材，其無以類，審矣！舉是亂名，是謂狂舉。」

此處對於所謂的「狂舉」必須另外加以說明，因「狂舉」乃指用「牛合羊非雞」來說明「二無一」是不恰當的，並非指「牛合羊非雞」此一命題本身是錯誤的。因公孫龍子亦從「謂足」和「數足」兩個觀點說明了「牛合羊非雞」，並且我們也可由其中看出判定兩概念同異的方法。「謂足」是就「足」概念本身來看，亦即就其為「一個概念」而言；「數足」則是就「足」之具體事實著眼；「牛」「羊」「雞」之「足」表達為「名」皆同，但此「足」之內涵於「牛羊」「雞」則互異，此互異之處可由實數其數得以分辨。如原文：「謂雞足一，數足二，二而一故三；謂牛羊足一，數足四，四而一故五。牛羊足五，雞足三。故曰：牛合羊非雞。」其中「二而一故三」與「四而一故五」表面上看起來是違反常識且多此一舉，然而，此正是公孫龍子特別要說明的地方：「二」「一」之「實」彼此的比較，不能僅由其「名」著眼，還必須考慮其具體事實才可。

總結上述，「實」的變化即指涉對象的轉變與概念的離合，而概念的離合在於概念內涵的同、異，而同、異本身有種、類的分別，概念內涵同異判定的標準在於：

（一）不以某概念一種內涵為決定因素，而必須以全部內涵來決定。

（二）不以「名」的相同，相比較，而須以具體事實為考慮因素。

〔註9〕公孫龍子將「羊合牛」與「牛合羊」對舉，顯然認為兩義不同。「羊牛」與「牛羊」兩者組成份子雖然同是「牛」與「羊」，但內部之排烈次序不同，因而兩者為不同之組合體。又「羊合牛非馬，牛合羊非雞」乃互文，故此句包括下列四種情形：「羊合牛非馬」「羊合牛非雞」「牛合羊非馬」「牛合羊非雞」。此參照蕭登福著《公孫龍子與名家》所云。

判定之後，同者可相合，異者則相離，相合之新概念以共同者為其內涵，且新概念之內涵必須在使用、比較下確定，亦即關聯至「名」「謂」的問題。

第三節 位的貞定

〈名實論〉云：「實以實其所實不曠焉，位也」。「位」乃「名」「實」相符的正確關係。「名」「實」的變化隨「位」的貞定而可互相對應。「名」的變化涉及「名」的成立與使用，「實」的變化涉及同異之判分、離合、固定等問題，因此，「位」的貞定同時涉及這些問題；並且「位」的貞定乃指出在這些變化中使「名」「實」趨於不變以互相符合，進而分辨表達的正確與否。

「位」即「名」「實」間的正確關係，「非位」即「名」「實」間的錯誤關係，從「出其所位」扭轉至「位其所位」，即「位」的貞定，亦即〈名實論〉中所謂的「正」。乃人思想中邏輯構作的應然排定。在公孫龍子看來，這種排定又相佐以自然事態的變化，即當時「五行」的思想。

關於「位」的貞定，公孫龍子提出「青以白非黃，白以青非碧」兩命題加以說明。按當時的五行觀念〔註10〕，青色代表木，方位在東；白色代表金，方位在西，黃色代表土，方位居於中央；此青、白、黃皆為正色；而碧色並不代表任一五行觀念，其位於西方間，乃為間色。公孫龍子以此青、白、黃、碧之「名」「實」說明「位」的貞定。就顏色而言，青、白、黃、碧各自有其「名」「實」。但就此例而言，公孫龍子乃是以色喻「名」，以五行觀念喻「實」，以方位說明「名」「實」的關係。此例統合了「名」「實」之變化，且包含上述各例所欲說明的「二無一」之應用。如其以「東、西」之方位喻「左、右」之相對。以「青」喻「羊」、「一」；「白」喻「牛」、「一」。以「黃」喻「馬」之正舉，「碧」喻「雞」之狂舉。以「青白」喻「羊牛」、「二」，「白青」喻「牛羊」，「二」等。此外，於其說明過程中又以此例旁喻了君、臣、國的關係。

〔註10〕《禮記・玉藻》：「衣正色，裳間色」孔穎達《正義》引皇氏云：「正謂青，赤，黃，白，墨，五方正色也。不正謂五方間色也；綠，紅，碧，紫，黃也是。青是東方正，綠色東方間。東為木，木色青；木剋（剋）土，土黃。並以所剋為間；或綠也，青黃也。朱是南方正，紅是南方間；南為火，火赤剋金，金白，故紅色赤白也。白是西方正，碧是西方間；西為金，金白剋木，故碧色青白也。黑是北方正，紫是北方間；北方水，水色黑；水剋火，火赤，故紫色赤黑也。黃是中央正，黃是中央間；中央為土，土剋水，水黑，故黃之色黃墨也。

由上述的分析，吾人可分作三個角度來探討「青以白非黃，白以青非碧」。

（一）由色、五行、方位所代表的「名」、「實」、「位」之關係

首先說明「相與」及「相鄰」的分別。原文：「青白不相與而相與」是指「青」「白」之「名」乃謂「木」「金」之「實」，且「青－木」，「白－金」彼此之「位」一東一西各自不同。為「實」之木、金本無所同，不得相與，所能相與者乃為「名」之青、白。若將「青」、「白」相合成「青白」，必影響了「青」「白」原先之「位」，故曰：「反對也」。但若僅於思想中將它們並列比觀，則不會妨礙它們原本之「位」。故曰：「不相鄰而相鄰，不害其方也，不害其方者，反而對。」此處公孫龍子強調在思想中「相與」及「相鄰」的不同。「相與」是概念的變化，足以導致「位」的混亂。使「青」「白」相合導致非青、非白的「青白」，原先的「青」「白」之「位」既東又西，則自相矛盾。而所謂的「相鄰」則為思想中同時觀察兩概念，並未使「青」「白」發生變化，故並未形成「青白」之新概念，亦未影響東、西之「位」。

「青以白非黃，白以青非碧」中的「青」「白」本無所同，可「相鄰」而不得「相與」，若在思想上強予結合，即表示「青」「白」之「實」有所同，然而如此必導致「位」的混亂，故曰：「一於青不可，一於白不可。」強加相與的「青白」不得統一於「青」，亦不可歸諸於「白」，更不會是與「青白」在形成上無關的「黃」了。不過以「黃」作比較所舉之例是正確的，因「黃」與「青」「白」皆為正色，仍屬同類；若以「碧」為例，「碧」乃間色，與「青」「白」不同類，故非正舉。

（二）色、五行、方位與「君臣之於國焉」的關係

此段言公孫龍子將「位」的貞定移轉應用於政治權位上的思想。其以「青」喻「臣」，「白」喻「君」，「黃」喻「國」。青、白、黃的關係就如同君、臣在國家中情形一樣〔註11〕。由此例可見公孫龍子認為「君」之地位乃個體之「一」，而非整體之「二」，亦不得代表整體之「二」。不過，「君」在上下主從的關係中仍具有崇高之地位；就君、臣各自之「實」而言，原本是不相混雜的，但若為臣者僭越了君之「實」，亦即「而且青驪乎白，而白不勝也。」「白」原可勝「青」卻不勝，使得君之「名」、「實」無法正其所「位」，此即「木賊金」，

〔註11〕 參見屈志清著《公孫龍子新註・通變論》所云。

這與當時五行觀念的「金剋木」正相違背，違背的結果就產生了與青、白、黃不同層次的間色「碧」；「青」「白」本是各自獨立，不相與的，若強使之相與，就會造成「青驪乎白而白不勝也」的情形，亦即君、臣兩者並權，互相爭伐而兩明，這也就是間色「碧」所象徵的混亂。

「碧」乃因「兩明」所造成，兩明的原因又在於「爭」，何以致「爭」？乃由於「青、白不相與而相與」。「青」「白」何以不相與？此乃從青、白之「實」——木、金在五行觀念中的關係來看，「青」「白」本然各自獨立，無所同，故不得相與。

（三）「青以白非黃，白以青非碧」與上述各例之關係

此例與「羊合牛非馬，牛合羊非雞」比較，「黃」好比「馬」，因其與青、白的關係，正如「馬」與羊、牛的關係，皆屬同類，故為正舉。「碧」好比「雞」，因其為間色，與青、白不同層次，正如「雞」與羊、牛不同種的關係一樣，故非正舉。

此例顯示「二無一」之「二」乃「相與」而成，即概念與概念的結合，而結合的準據則應以概念所指涉之「實」為依，有所同方可有所與。如此，才可貞定各「名」「實」之「位」。又，就「二」之所「謂」而言，有「相與」及「相鄰」之分，「牛」「羊」有所同，故可相與以形成「二」，「青」「白」無所同，其「二」乃東、西「位」之「相鄰」。相與之「二」其形成上與「一」相關，使用上與「一」無涉，故曰：「二無一」。相鄰之「二」，乃「此一」、「彼一」，其等之「實」原本即不相同，故於表達，使用上更不可混同。倘若交雜相混，就如一國之內君、臣相爭，各自彰顯勢力，使得政事昏暗不明，倒使雜染之「碧」色彰顯，此即謂「兩明」，若兩明則名、實之「位」就無以貞定了。

總之，「二無一」亦含正名、實之「位」的作用，亦即「位」之貞定，使名、實依不變之「位」而變。而「位」的確立即在於使名、實之變化告一段落；「名」之變化止於形成後的使用——「謂」，令「謂」不出「名」所相應之「實」。而「實」之變化止於概念的產生或結合之後，內涵的固定；如此，各名、各實皆可位其所位，因而得正。

第四節　變與不變

「變」與「不變」乃相對而立，變者相對於不變者稱之為「變」，不變者相對於變者而稱之為「不變」。公孫龍子舉例說明「名」「謂」「實」的變化，

由不同的例子顯示出不同的變化主體及過程，此亦即〈名實論〉中各主要概念的互動關係。凡是變化，必有主體、起點與終點﹝註 12﹞在〈通變論〉中變化的主體即「名」「謂」「實」，分述如下：

（一）由「羊牛」之概念轉變爲「量之概念」──「二」即爲「名」的變化。「羊牛」與「二」皆爲「名」，故變化的主體即「名」，其變化起點爲「實」，亦即某一認識對象的確立，其變化的終點在於「謂」，亦即「名」的使用，如以「二」謂「羊牛」。

（二）由「對象物」轉變爲「羊牛」之概念，即「實」的變化。「對象物」就「羊牛」此概念而言爲「實」，「羊牛」此概念就「二」而言亦爲「實」，故其變化的主體爲「實」。其變化的起點在於肯定「物」的存在，其變化的終點在於「名」，亦即概念內涵之確定。

（三）「二」可謂「二牛」「二羊」「牛羊」……等，此即「謂」的變化，若以「謂」爲變化主體，其變化的起點在於「名」的形成，其變化的終點在於新「實」的發現。「謂」除了以「名」指「實」之外，就表達、溝通的作用而言，其一方面使表達者確定某一「名」在自己所欲表達的整個思想脈絡中之關係位置。另一方面則是藉「名」所指之「實」呈現在被表達者的思想中，使被表達者能夠藉著「名」明瞭「實」。由於「謂」相關於表達者的思想背境，而每個人的思想背境不盡相同，於是同一「名」在表達者所謂之「實」就易混淆。因爲「名」除了對應「實」而有的內涵之外，其在思想中與其它眾多概念的關係亦構成一種「用意」﹝註 13﹞，而此「用意」與原先之「名」所謂之「實」已不相同，故成一新「實」。

從上述「名」「實」「謂」的變化可知「位」的貞定，是使「名」、「實」的變化彼此相對稱、匹配。因此「位」的貞定乃是「名」「實」兩種變化的制衡與調整的作用。另須依「謂」的變化，使「名」隨「實」變，「名」符其「實」。從「位」的貞定，我們可以歸結出兩個原則：

（一）在「名」「實」的形成上，「名」的變化必須「實變則名變」。「實」

﹝註 12﹞ 「變化的眞正涵意是指內在轉變，也就是指一件事物在其自身有了不同的限定，每一種轉變過程必須有三項因素：主體、出發點與結局。」此參照《西洋哲學辭典》第五十一條。

﹝註 13﹞ 「用意」與「內涵」的分別，舉例來說：如「轎車」一名的「內涵」爲：各種零件以及組合之後代步的交通工具。而它的用意可能並非如此，可能是爲表現表達者之身份與地位。

的變化有二：一為「物變則實變」。另若以「概念」為「實」則合成概念必須「合同離異」。〔註14〕

（二）在「謂」的使用上，「名」的變化顯示：「名不變則『謂』未必不變」，亦即一名可能不只一「謂」。「實」的變化顯示：「『謂』變則原先名所指之實必變」。

上述兩組原則當「名不變」「謂變」「實變」這種情況發生時，似乎與〈名實論〉中「一名一實，名符其實」的原則有所矛盾、抵觸；但是，這種情況中的「名不變」是指原先之「名」對應其「實」而有的內涵仍不變。所說的「謂變」是指因主觀因素的加入，而使原先之「名」所對應的「實」有所改變，此時原先之「名」已不足以對應改變後之「實」；因此，「謂變則實變」是指所變之「實」乃新「實」，可以再立一新「名」，再有一新「謂」，這種過程是動態的，可以在認識與表達中不斷繼續下去。但不論如何變，均依不變之「位」，亦即「一名一實，名符其實」的原則而不斷調整。這也就是公孫龍子為何在其〈名實論〉中提出：「其名正，則唯乎其彼此焉」的道理。

以下，再以「變」與「不變」的觀點，考察〈通變論〉中的幾處原文，以印證上述的兩組原則：

（一）曰：「左與右可謂二乎？」曰：「可。」
其中「左」「右」之「實」皆變，故其「名」變為「二」。此乃「實變則名變」。

（二）曰：「謂變非不變，可乎？」曰：「可。」
其意即「謂變則實變」。

（三）曰：「右有與可謂變乎？」曰：「可。」曰：「變奚？」曰：「右。」
其中，同為一名「右」，但所「謂」不同，故「實」亦改變：此即「名不變，謂變，實變」。

（四）曰：「羊合牛非馬……是不俱有而或類焉……是俱有而類之不同也。」其中，「羊牛」在於「羊」「牛」整體內涵的「合同離異」。

總之，萬變不離其宗，「變」依「不變」而變，「名」「實」依「位」而變，公孫龍子以如此之方式通透「名」「實」變化之理，其所依據者即「位」之貞定。

〔註14〕如由「羊」「牛」所合成的「羊牛」概念，其內涵必須捨棄「羊」「牛」彼此不同的內涵，而取兩者共同之內涵。

第五章　公孫龍子有關「概念」的探討

　　本章所欲探討的是公孫龍子賴以成名的論題：「白馬論」，亦即「白馬非馬。」由〈跡府〉篇的兩段文字可見公孫龍子甚以「白馬論」自豪。一處是：「龍之所以爲名者，乃以白馬之論爾！今使龍去之，則無以教焉。」另一處爲：「龍之學，以白馬爲非馬者也。使龍去之，則龍無以教；無以教而乃學於龍者，悖。」此兩段文字皆是與孔穿之對話，其意旨相似。「白馬非馬」的主張，一方面異於一般常識的看法而特別引人注意，另一方面，它也是公孫龍子於〈指物〉、〈名實〉、〈通變〉等理論原則運用下、一個推演性的例證。

　　〈白馬論〉探討概念之內涵與外延的問題，概念彼此間的差異，以及如何運用公孫龍子在認識，表達與變化上的理論來證明「白馬非馬」。並且，由「白馬非馬」的證成，亦說明了個別概念的獨立性，及概念與對象物的分別。

　　故本章分爲三節，第一節以認識的角度探討概念的性質；第二節由概念的性質探討概念在表達上的離、合關係。第三節則探討概念與實在界的關係，說明概念的獨立性與實在性等問題。透過〈白馬論〉此篇的探討，可使吾人對「名」「實」「物」的關係有進一步的澄清。

第一節　概念的性質

　　概念是思想的一種形式，其表現出「一件事物是什麼」的一種抽象思維〔註1〕。就〈指物論〉而言，「概念」即「天下無指，物無可以謂物」之「謂物」，爲「物」的一種表達方式。就〈名實論〉而言，「概念」即「夫名，實

〔註 1〕 此參考《西洋哲學辭典》第五十八條所云。

謂也」之「名」。公孫龍子對認識與表達的探討指出，原本之物無法認知，不可名狀，所能以「名」謂之者即為「實」。因此，在「名符其實」的正確表達下，「概念」即如「實」所是之「名」。

　　概念的性質可從其產生與應用兩方面來探討，概念的產生來自認識；概念的應用涉及表達。於是，概念具有兩個邏輯性質，即今日所謂的「內涵」與「外延」。從概念之產生方面探討其內涵；從概念的應用方面探究其外延。

　　一概念內涵的形成，就公孫龍子之〈指物論〉所言的「物莫非指」，可知概念的內涵是透過「指」的認識作用而產生；在〈堅白論〉中公孫龍子又肯定了「能指」的感覺官能：視覺、觸覺（拊）的感知能力；並且也肯定了客觀條件，如：在火、捶的配合下，感官能力才能發揮其作用；於是，一概念內涵的形成即是感官在客觀條件的配合下發揮其認知作用，以指涉對象物所得之結果。至於，由兩概念所合成新概念之內涵，依〈通變論〉中「左與右謂二」的理則看，是由個別概念各自相同之內涵所形成的。

　　故從概念的產生可知概念的內涵是指「構成概念的元素之總和」〔註2〕。如〈通變論〉中：「羊牛」有角、無毛尾；「馬」無角、有毛尾；此角與毛尾即「羊牛」與「馬」概念之內涵元素。在〈白馬論〉中，主方所持最基本的理由即：「馬者，所以命形也。白者，所以命色也。命色者非命形也。故曰：白馬非馬。」其中「馬」概念之內涵即是「形」；而「白」概念之內涵即是「色」；皆為視覺感官對應同一對象物之所得。並且，從兩概念內涵的不同即可判定兩概念性質之不同。不過，依照〈通變論〉中：「是不俱有而或類焉」與「是俱有而類之不同也」的提示，必須注意所謂的「不同」或「相同」之概念，乃是相對於個體、種、類的各層次而定，此處「馬」與「白」兩概念則是就其個別性內涵之相異而言。

　　再從概念的應用上看，一概念必須藉諸「名、謂」的表達作用以呈顯其外延。「名」即思想中的概念，其作用是將概念之內涵回復到（指向）使其成立之對象物；故「白馬」之名乃以「白馬」此一概念之內涵——形與色，指向之所以形成此一內涵之客觀事物——白馬。而「馬」之名乃以「馬」概念之內涵——形，指向之所以形成此一內涵之客觀事物——各色具馬形之馬。並且，由〈名實論〉中：「其名正則唯乎其彼此焉。」可知，在以馬之「名」謂馬之「實」，白馬之「名」謂白馬之「實」時，兩「實」有彼、此的分別，

〔註2〕參見張振東教授編著《西洋哲學導論》，頁18。

兩「名」亦必須有彼此的分別，亦即「謂彼則唯乎彼、謂此則唯乎此」，不可以「白馬」之名謂「馬」之實。亦不可以「馬」名謂「白馬」之實。故有「白馬非馬」的結論。

由概念的應用可知概念的外延是指「概念所對應的對象之總和」〔註3〕。如〈白馬論〉中：「求馬，黃黑馬皆可致；求白馬，黃黑馬不可致。」所謂的「求」即指出概念之外延。「馬」的內涵之總和統稱為「形」，此內涵可以對於黃，黑等具有馬形之對象；因此，黃馬、黑馬皆為「馬」概念的外延元素。而「白馬」此一概念的內涵，除了「形」之外還多了一項限制——「色」，因此「白馬」之外延只能相應於白色的馬；故從一個概念外延所相應對象之不同，也可以判定兩概念性質之相異。並且，文中「可致」與「不可致」的基礎即在於「形」與「色、形」內涵之不同，亦即一概念之內涵為其外延成立之基礎，內涵限定外延，如果變更一概念之內涵，其外延必隨之而變動，倘內涵不定，外延亦為不定。

反之，「使白馬乃馬也，是所求一也。所求一者，白者〔註4〕不異馬也。所求不異，如黃、黑馬有可有不可，何也？可與不可，其相非，明。」亦即「白馬」與「馬」之內涵不可混同為一，是極明顯的，故其外延自應有所分別。黃、黑馬相應於馬形，白馬則相應於白色與馬形；就黃、黑馬之馬形觀之，其等乃相同；當然，若就白馬之馬形觀之，其亦與黃、黑馬相同，但公孫龍子此處使用「白馬」之名時，其所「謂」者是：「白馬」之內涵與「馬」之內涵的比較，而非「馬」之外延與「白馬」之外延的包含與被包含的關係；所以說「故黃，黑馬一也，而可以應有馬，而不可以應有白馬，是白馬之非馬，審矣。」由此可見「白馬非馬」的證立，除概念本身內涵、外延的分別外，還涉及一方法性的問題，亦即「謂」所涉及的方向不同。主方的觀點乃是基於一個概念的獨立性而立論。

另一處文字亦說明了概念內涵與外延的性質，「馬者，無去取於色，故黃，黑皆所以應；白馬者，有去取於色，黃、黑馬皆所以色去，故唯白馬獨可以應耳。無去者非有去也，故曰：白馬非馬。」「馬」之內涵無「色」，故其外延對應的對象就不受「色」的限制；而「白馬」之內涵包含了「色」，所以其外延就必須受「色」的限制，非白色之馬就不能成為「白馬」此一概念之外

〔註3〕同註2。
〔註4〕錢基博曰：百子全書本「白者」作「白馬」。此白者即白馬，不同於「白之」。

延元素。

由上述所引的幾段原文可以發現：概念之內涵與外延的關係是互成反比的；因為「白馬」之內涵有色、有形，其外延只對應白馬，而「馬」之內涵，僅為「形」其外延卻可以應黃、黑……等各色之馬。

總結上述，從公孫龍子「白馬非馬」此一論題的證立，可以發現：概念包括了內涵與外延兩個邏輯性質，概念內涵的確立來自認識，概念外延卻要在其表達的應用中確立，涉及表達。內涵與外延的關係互成反比，內涵之元素愈少，其外延所對應之對象愈廣，內涵之元素愈多，其外延所對應之對象愈狹。至於概念與概念之間的關係，則於下節再詳加討論。

第二節　概念相互間的關係

分析概念間的關係，首先必須將概念做一分類，而種類的分別乃依據概念之性質。

「白馬」與「馬」是兩個不同的概念，就它們的內涵來看，「白馬」是由色與形兩者組合而成的概念。而「馬」則僅以形為其內涵，故為單純之概念。次就它們的外延來看，「白馬」之外延只能對應白色的馬，而「馬」之外延卻可對應所有各色之馬；因此，「白馬」為特稱概念，而「馬」為全稱概念。所謂全稱、特稱乃是就所設定之範圍而論，因「白馬」就「馬」之範圍為特稱，但就各匹白馬之範圍而言，又是全稱；此乃相對而立。

這些依概念性質所區分的：組合、單純，特稱、全稱概念，也就是日後荀子在〈正名篇〉中所討論的：兼名、單名、別名、共名的問題。其〈正名篇〉中有云：「單足以喻則單，單不足以喻則兼，單與兼無所相避則共；雖共不為害矣。」荀子是以「喻」，亦即以表達與溝通做為各概念使用的依歸；這對嚴格區分名、實、物、指的公孫龍子而言，是否足以「喻」則成問題，也因此公孫龍子提出與一般常識不同的「白馬非馬」之論題，以探究個別概念確實的性質，以及其彼此間相互的關係。

從公孫龍子〈白馬論〉之中所隱含對概念的分類，可以發現下面幾種關係：

（一）組合概念可以包含單純的概念。如：「形、色」包含「色」，亦即單純的概念之內涵可以做為組合概念之元素。

（二）就全稱、特稱的概念而言，全稱概念可以包含特稱概念，如：「馬」

包含了白馬、黃馬、黑馬……，亦即「馬」之外延包含了「白、黃、黑馬……」之外延。

　　單純與組合概念，全稱與特稱概念，它們皆是相對而立，其等之論域即限制較少，範圍較大者〔註5〕，如果在不同論域的單純、組合、全稱、特稱概念則無法探討與比較。例如：「黃牛」就「牛」概念而言為組合概念，「黑羊」就「羊」概念而言為組合概念，相對地「牛」與「羊」皆為單純概念。倘若拿「黃牛」與「羊」比較，「牛」與「黑羊」比較，就不會有上述兩種分類的關係。由是可知，探討概念與概念之間的關係，論域或範圍是很重要的一個因素。並且，在同一論域中，只能有唯一的單純概念，亦即全稱概念。也就是說，在同一論域之中不會出現單純與單純概念的比較，全稱與全稱概念的比較。倘若拿「羊」和「牛」這兩個概念相比，嚴格的說應該是來自兩個不同論域的全稱或單純概念相比，並且在探討它們之間的關係時，已經設定了一個新的論域，而在這新的論域之中，「羊」與「牛」已成為組合、或特稱概念。

　　在同一論域之中，全稱與單純的概念是唯一的，然而，特稱與組合的概念卻是殊多的，因此，除了單純與組合或特稱與全稱概念的關係之外，所剩下來的就是組合與組合概念或特稱與特稱概念之間的關係了；這種關係也可以分成兩個角度來看：

　　（三）組合概念與組合概念，就它們組合的元素而言，有共通的成分，亦即有相同之元素，如：「黃色、馬形」與「黑色、馬形」的關係，「馬形」即兩組合概念相同元素。

　　（四）特稱概念與特稱概念，就它們指示對象而言，有互相排拆的關係；亦即有相異的層面，例如前例「黃色」異於「黑色」。「黃馬」異於「黑馬」。

　　以上，是就概念的分類來探討概念相互間的關係，共有兩種關係，四個角度。亦即：包含，被包含，交集、排斥。之所以如此分為四個角度，乃為便於說明〈白馬論〉中，主、客分持之立論觀點。

　　以下，將就概念的性質來分解概念相互間的關係，並取〈白馬論〉之原

〔註5〕組合、單純是就概念的內涵分類，內涵元素愈多，限制愈大。全稱、特稱是就概念的外延分類，其外延之元素較多者即為其論域；所謂「論域」是指這種分類的範圍。如將「人」分為：黑人、白人、黃人，其分類的範圍即「人」，因「人」此概念之外延最大，故為此分類之論域。

文相映照。從概念的兩個邏輯性質——內涵與外延來看：（甲）就內涵整體面言，各概念皆是各自獨立的，亦即一概念之內涵與自身同一。（乙）而有別於其它概念之內涵。（丙）就各內涵中之元素而言，則因相同而產生交集。（丁）就各外延所指對象而言，因相異而互相排斥。（戊）因全稱概念大於特稱概念而產生包含的關係；因特稱概念小於全稱概念而產生被包含之關係。

　　試繪圖及說明如下：

（甲）主方曰：「有白馬，不可謂無馬者，離白之謂也；
　　　不離者，有白馬不可謂有馬也。故所以為有馬者，
　　　獨以馬為有馬耳，故其為有馬也，不可以謂馬馬
　　　也。」

　　　其中，「馬」概念之內涵與其自身同一，而不同於其它概念。這種同一性的關係才是主方所認可的「是」之意義。

（乙）主方曰：「馬者，所以命形也。白者，所以
　　　命色也。命色者，非命形也。故曰：白馬
　　　非馬。」

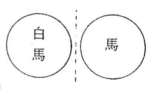

　　　其中，「馬」之內涵與其自身同一，「白馬」
　　　之內涵與其自身同一，兩者各自獨立，相互有別。這種區別性的關係，即主方所認可之「非」的意義。

（丙）主方曰：「求馬，黃、黑馬皆可致。」
　　　此亦即前述（三）的觀點，取兩概念之所
　　　同，略兩概念之所異。

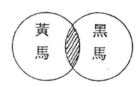

（丁）主方曰：「以有白馬為有馬，謂有白馬為有
　　　黃馬，可乎？」
　　　客方曰：「不可。」
　　　此亦節前面（四）的觀點，取兩概念之所異，
　　　略兩概之所同。

（戊）客方曰：「有白馬不可謂無馬也。不可謂無馬者，
　　　非馬也？有白馬為有馬，白之，非馬何也？」
　　　此即客方所持之「為」（是）的意義，即「包含於」，
　　　反之其認定之「非」的意義即「不包含於」。此一
　　　圖形乃前述（一）（二）之觀點。

從以上二元圖式的分析，可知持「白馬非馬」之主方，其「是」乃指兩概念內涵完全的相同、相等；除了這兩概念爲同一個概念，不然，即爲「非」，其「非」是指等同關係的否定，即相異、不等。如此，才不失各概念之同一性與獨立性。而持「有白馬爲有馬」的客方，其所謂的「是」乃指「屬於」或「包含於」，其所謂的「非」乃繫屬關係的否定，即「不屬於」、「不包含」，因而在辯論過程中主方以自己所認爲的「是」「非」之意義，來了解客方；而客方亦以自己所認爲「是」「非」的意義來看了解主方，並且，他們各自找出有利於己的觀點，利用概念之間許多關係中的一種關係，來證立己論。主客雙方雖然不能確切了解對方之所「謂」，但主、客所持之理，卻幫助我們明瞭概念的性質、分類，以及發現概念間所有可能的關係。

第三節　概念與實在界的關係

概念就指向性認識論而言，乃非時空中之存在物。因概念的產生乃來自「物莫非指」之「指」，且在〈指物論〉中又指出「指也者，天下之所無也。」即概念爲「無」。概念就認識之後的表達而言，乃代表對象物的「名」，〈名實論〉「夫名，實謂也。」謂「實」之「名」並不等同於「實」，所謂的「實」即「物以物其所物而不過焉」者，亦即「物名」，因此，從第二章「無」的範疇來看，概念與「物名」亦有區別。概念究竟是怎樣的存有？是否具有實在性？以及其與實在界的原本之物關係爲何？以上這些問題即本節透過〈白馬論〉所欲探討的問題。

由概念的性質，及其相互間的關係可知，凡是概念皆具有內涵與外延兩個邏輯性質，而概念與概念間的關係可從內涵與外延的關係來判定，其間的關係包括：交集、排斥、包含與被包含等等。然而不論概念之間的關係如何，就概念的整體內涵而言，皆爲各自獨立的，因概念間的關係之所以能夠構成，就必須肯定概念的單一性，各概念之內涵皆與自身同一，而有別於其它概念。

概念內涵的確立，除了得自正確無誤的認識，亦須經由表達，或此一概念的使用、比較過程，此在第四章探討「名」「實」的變化時已作說明。其中「二無一」之「二」可相應於「白馬非馬」中之「白馬」，因「白馬」包含了兩個概念——「白」「馬」。所以，就「二無一」的觀點而言，「白馬」此概念在形成上雖與「馬」相關，但形成之後就與「馬」無涉，而自成一獨立之

概念「白馬」。故公孫龍子主張「白馬非馬」。由此可見「概念」是一種獨立的存有。

「白馬非馬」此一論題，除了由概念的內涵、外延的邏輯性質，及形成與應用的分別上加以證立之外，吾人亦可由概念的實在性予以說明，並進而指出概念與實在界的關係。亦即「名」與「天地與其所產焉，物也」之「物」的關係。首先，分析「馬」、「白」此兩概念：

（一）「馬」可謂實存之物，如原文：「馬固有色，故有白馬」之「馬」。「馬」亦可謂馬之「謂物」，即此概念本身。如原文：「馬者，所以命形也」之「馬」。

（二）「白」可謂其實存狀態的「不定」，因「白」不僅可「白」馬，亦可「白」石，或「白」其它之物。如原文：「白者，不定所白」之「白」。「白」亦可謂「白」此概念本身，如原文：「白者，所以命色也。」之「白」。

就對象物而言，一般認為「馬」較「白」更具實在性，因「馬」之「所指」實際存在，而「白」之「所指」僅為實存之馬的性質。公孫龍子的看法則不同，因從第二章對「物」定義的說明可知，「物」不但包含著有形的事物，亦包含著無形的事態，「概念」亦可視為「物」。另從第四章「實」的變化可知，「概念」亦可視為認識的對象。因此，概念不論其「所指」之實在性如何，其本身亦具有實在性。此可參考勞思光先生所云：依公孫龍子之觀點，「白」與「馬」同為「實在」，故視「白馬」為「白」與「馬」二類之並列組合（Co-ordinate Combination）：此種觀點自即由「指」之實在性而來；應視為屬形上學範圍之論點。由此論點推之，「白馬」作為二類之並列組合，又成為另一實在。此「白馬非馬」一命題，在形上學方面之意義〔註6〕。依勞氏之見可知，公孫龍子不同於一般常識所以為的，實存之馬較概念之「白」更具實在性，而主張概念本身亦為一種「實在」，並且概念的實在性並不低於實際存在之物。因此，依概念的實在性亦可說明「白馬非馬」。

關於「實在」一詞的意義吾人必須先加以澄清，大致可分為兩種，一為感官所能感知者，即摸得到、看得見的實在。另一為確實存在者，不論其以何種方式存在，且不論吾人是否感知、認識，其皆存在者〔註7〕。所謂概念

〔註6〕見勞思光著《中國哲學史》第一卷第八章。
〔註7〕見《西洋哲學辭典》第三○八條。前者為直接的實在論，後者為與唯心論相反的實在論，主張實際存有物不繫於我人的認識而自身存在。

的實在性應屬第二種意義之「實在」。概念本身為一種「有」，其以「不定」或普遍的方式存在；亦即〈指物論〉中「且指也者，天下之所兼」之「兼」的意義。

就指向性認識的範圍而言，認識主體無法認知「原本之物」，僅可指涉「物名」而產生概念。但當「某物」成為認識所指涉的對象時，此被指涉的對象不論是實際存在之物，或一概念本身，其等皆具有實在性，皆可視為「物名」或「實」。因從「物莫非指」可知，凡是「物」皆可成為認識所指涉的對象（如此才可將「物」呈現成「謂物」），另從「非有非指者，物莫非指」可知，凡是認識所指涉的對象皆非「虛無」。於是，吾人可以歸結出一原則：凡是能成為指涉之對象物者，皆為實在。

依此推論，公孫龍子所認為的「概念」，就其實在性而言，可類分為二：

（一）代表「以實際存在物為認識對象」的概念，即〈指物論〉「天下無指，物無可以謂物」中的「謂物」。如：〈通變論〉中謂實存之牛、羊的「牛」概念，「羊」概念。〈白馬論〉中謂實存之馬的「馬」概念。

（二）代表「以概念為認識對象」的概念，即指論「天下無指，而物不可謂指」中的「謂指」。如：〈通變論〉中謂「羊牛」概念的「二」概念。〈白馬論〉中謂「白馬之白」的「白」概念。

就實存之物而言，（一）概念為「指」、為「名」。就（二）概念而言，（一）概念為「物」、為「實」。然而，（二）概念在另一認識過程中，依「物莫非指」又可成為指涉之對象物。故可結論：凡概念皆為實在。至於「名」符其「實」乃在不同認識過程中相對而立。

因此，就概念的實在性而言「白馬」為一實在，「馬」亦為一實在，故「白馬非馬」。

概念實在性的釐清，就公孫龍子的整體思想而言，有兩種作用，一為建立其思想的邏輯結構，使概念彼此間的關係得以確立。一為說明其指向性認識論的本體根據，指出認識的對象，以及表達此一對象的概念皆不能是虛無，而是「實在」。

指向性認識論所認識的範圍本身是有限的，作為其本體基礎的「實在」亦非絕對的，倘若與「原本之物」的「實在」相比較，概念的實在性即成相對的。至於「原本之物」與認識作用的關係，則於下章探討。

第六章　做爲公孫龍子指向性認識依據的形上思想

公孫龍子的形上思想，由其〈堅白論〉中「離也者，天下故獨而正」之「離」字可見。「離」字甲文、金文皆闕，按羅振玉曰：古「羅」「離」爲一字。考金文「羅」從网，从系，从攴，有運網與繩以捕取鳥之意。小篆離爲「離」從隹、离聲，本指「離黃」而言，「離黃」本義作「倉庚」解（見《通訓定聲》），乃色鸒黑而黃之鳴禽名，故離从隹。綜合上述，「離」含有將某一對象分隔、別離之意。如：《列子・仲尼篇》云：「白馬非馬，形名離也。」注：「離，分也」。又如呂覽、誣徒云：「離則不能合，合則不能離」。注：「離，別也」。〔註1〕

就公孫龍子的思想而言，「離」不是指眼見白石，手拊堅石，眼、手與、石空間上的距離，而是指把握對象的認識能力是有限的，亦即「原本之物」乃隱藏不顯，與認識主體有所隔離，並進而指出「物」與「物」之間皆互相分離，各自獨立。

〈堅白論〉思路進行的起點，接續著「白馬非馬」的說明，因公孫龍子以「形、色」之內涵作爲「白馬」與「馬」的區別標準〔註2〕，如此，相對於「堅白石」此一概念，亦應區分爲「質、色、形」三者，故客方有「堅白石」三，可乎？」之問。此乃客方不明「白馬非馬」的證立，雖強調了「視」

〔註1〕 「離」之字源意義參考《甲骨文集釋》卷四，小篆「離」及例舉參考《正中形音義綜合大字典》。

〔註2〕 此參考汪奠基著《中國邏輯史料分析》第一輯第六章，「公孫龍子的名辯思想」，頁233。

感官之作用，以概念「形、色」之內涵區分外，在認識作用中仍有其它感官能力；且「白馬非馬」之證立，亦隱含著對象單一性與實在性的考慮。故〈堅白論〉即取「堅白石」為認識對象，同時涉及「視、觸」兩種感官作用，進而就各感官認識結果的不同加以比較，以說明堅、白之「名」是如何依感官而生？及探討堅、白之「原本之物」與指向性認識的關係。其特別將〈白馬論〉中「白者，不定所白，忘之而可也」之「白」提出來討論。於是，吾人可依認識官能的作用與對象物本身的存有性質兩思考角度，來探討〈堅白論〉中的哲學問題。

本章分為三節，首先從認識感官的作用說明概念自身的獨立自藏。次節探討異於感覺官能的認識能力，第三節則指出公孫龍子思想中的形上基礎。

第一節　從感官作用說明概念自身的獨立自藏

在〈指物論〉中，公孫龍子已說明了指向性認識的特性，及其所能達到的程度。在〈堅白論〉中，他更進一步指出「能指」的感官為何？「所指」的內容為何？

公孫龍子舉出兩個能夠感覺對象物的官能，一為視覺，一為觸（拊）覺。他藉「堅白石二」此一論題來說明這兩種認識感官的作用，及所得之結果。

就視覺而言，曰：「無堅得白，其舉也二」，依道藏本及百子全書本之舊註，其中「二」乃指「石」「白」。此說明了視覺僅能對「形、色」起作用，而不能對「硬度」有感應。「舉」即作用結果的表達。再者，曰：「視不得其所堅而得其所白者，無堅也」此義與前同，前者是就視覺作用之所得而言，此段乃就視覺作用之所失而論。就其所得「形、色」觀之，即可形成一概念之內涵，此概念之外延即「白石」，而內涵之元素僅可分析為二。

就觸覺而言，「無白得堅，其舉也二」，此說明了觸覺僅能對「形、硬度」，起作用，而不能對「色」有感應。故曰：「其舉也二。」再者，「拊不得其所白而得其所堅者，無白也」義與上同，前者就觸覺作用之所得而論，此就觸覺作用形成一概念之內涵，此概念之外延為「堅石」而內涵之元素亦僅可分析為二。

由此可知，客曰：「堅白石三，可乎？」主曰：「不可。」其所謂者乃以視、觸之感官作用為依。公孫龍子認為從不同感官所得之不同結果，即可

反映對象物的某些性質，指出「概念自身」乃獨立，單一，與感官能力的有限。

　　所謂「概念自身」是指以概念爲「實」的原本之物。從〈指物論〉「天下無指，物無可以謂物」可知「謂物」與「原本之物」當有區別；從〈通變論〉中「實」的變化，可知「概念亦可爲認識之對象——實」。從〈名實論〉「物以物其所物而不過焉」，故爲「實」之概念的原本之物即「概念自身」。此亦可由〈白馬論〉中對「概念」實在性的探討引伸而出，因公孫龍子並無自立體、依附體的觀念〔註3〕因此，其追究今日吾人所謂「某物之性質」，如「堅白石」之「堅」「白」概念的「原本之物」與認識作用的關係，從「指」的「兼」性，其已知堅、白概念具普遍性，故其曰。「物白焉，不定其所白，物堅焉，不定其所堅，不定者，兼，惡乎其石。」但從視覺、觸覺所得的認識結果皆爲個別之白、個別之堅，並無法解釋概念的普遍性。故其以「離」「藏」說明之。

　　曰：「得其白，得其堅，見與不見與不見，離，一一不相盈，故離。離也者，藏也。」此段即就各感官所得之結果比較它們之間的關係，以及與「概念自身」的關係。眼見白，不見堅，此乃視覺所得之結果。手拊堅、不見白，此乃觸覺所得之結果。然而兩者皆與不可見的「白自身」、「堅自身」相離。因眼見之「白」，手拊之「堅」與堅、白之「概念自身」互不相盈，所以「堅自身」「白自身」亦各自獨立、互離。其「離」的原因即在於「概念自身」就認識主體而言，乃隱藏不顯的。

　　由上述可知，決定認識範圍的因素有二：一爲認識主體的認識能力。一爲認識對象本身的性質。公孫龍子並認爲，對象本身對某些感官的隱藏，並非只是認識主體取捨了某一角度，而使其有所隱藏，乃是認識對象本身即具有這種性質，故其曰：「有自藏也，非藏而藏也。」

　　如果「原本之物」或「概念自身」皆爲獨立自藏的，那麼「堅白石」之「名」如何成立？公孫龍子認爲此「名」來自個別的認識對象具有單一性，不同的感官對同一對象可以產生不同的結果，此乃就感覺經驗的層面而言。故其曰：「於石，一也；堅白，二也，而在於石。」由此可見，公孫龍子並未一般地說無堅、無白，而是基於兩者所用感官不同，且不能於同一感官中並得，因而離「堅」「白」。其所欲探討的並非同一石中個別的堅、白，因個別

〔註3〕見《西洋哲學辭典》第三六三及第四條所云，自立體（Substance）的特性在於某種屹立不變性，而依附體（Accident）需要依附於一個負荷者。

的堅、白並非「概念自身」；「堅白石二」此論題的目的乃是爲導向「原本之物」與認識作用的關係，故其再度重申其立場：「故有知焉，有不知焉；有見焉，有不見焉〔註4〕。故知與不知相與離，見與不見相與藏。藏故，孰謂之不離？」正因公孫龍子並未否定各感官在經驗層面，所得之個別堅，所見之個別白，因此他才能肯定感官作用不知「不定所堅」之「堅」，不見「不定所白」之「白」，於是可結論：「概念自身」離於感官之所得，隱藏於感官認識範圍之外。

由上述，公孫龍子從認識感官的作用說明「概念自身」的獨立自藏，吾人可歸結出三個要點：

（一）說明感官之間的關係爲「離」，因感官不同所得之結果亦不同。

（二）說明感官認識與「概念自身」的關係爲「離」，因感官所得之結果皆有所「定」，而「概念自身」乃爲「不定」。

（三）說明「概念自身」彼此的關係爲「離」，因各感官雖有「見與不見，知與不知」之分，但「自藏」之「概念自身」使各感官所得不同。

至此，「概念自身」與感官作用的關係已明，但仍有須解明的問題，即公孫龍子何以能從感官作用的結果推知超出其作用範圍以外的事物具普遍性？「概念自身」若離於感官作用之所及，何以知其間的關係？爲解答此一問題，公孫龍子又提出了另一認識官能——「神」，進而對此主觀的認識能力加以分析。

第二節　異於感覺官能的認識能力

在討論公孫龍子對「神」作用之說明之前，首先必須說明客方的論點，因爲此乃主、客對辯的關鍵，雙方立場之分野。

基本上，客方起始所發「堅白石三，可乎？」之問時，即已預設爲「可」。因其認爲有超乎感官直接作用的認識能力，可以保留住來自不同感官作用所得之結果。其曰：「得其白，不可謂無白；得其堅，不可謂無堅，而之石也之於然也，非三也？」主方是依「無堅得白」「無白得堅」的「無」處著眼，而

〔註4〕徐復觀曰：此「故」字疑因下文「故知與不知」之「故」字而衍。在文氣上應作「但」始通。故，同「顧」，但是。另錢基博曰：馬驌繹史、百子全書本，「有見焉」句下多「有不見焉」一句，依上文「有知焉，有不知焉」觀之，明係此脫。

客方則就「得」處而論，「無」與「得」皆爲感官認識的結果，但主方取「無」是以感官爲依，爲探討「概念自身」的問題。客方取「得」則以非感官之另一統合官能爲憑，爲指出實際個別存在之物。客方之意乃：視覺發生作用時得石之色——白，觸覺發生作用時的石之質——堅，兩者雖未能同時並得，但在統合的官能上，卻可得石之白、石之堅及石三者。

客方由統合官能所得之結果，肯定了客觀實在的個別對象中，必存在有白色、堅性及石之物，三者相合爲一。故曰：「天下無白，不可以視石；天下無堅，不可以謂石。堅、白、石不相外，藏三可乎？」〔註5〕亦即從統合官能認識的結果可以反映出對象的單一性。石之白、石之堅皆同在於石而被認識，並不會如主方所謂之「自藏」。此處客方不察主方所謂的「自藏」，乃就「概念自身」而言，指感官能力之限制。並非指個別石之堅、白。於是主方所謂的「見與不見與不見。離」是以各感官所得的結果與「概念自身」相比較而言「離」。客方的「見與不見，二與三」則是以感官作用所得的結果，與統合官能所得的結果相比較，而稱「盈」。故客方曰：「石之白、石之堅，見與不見，二與三，若廣修而相盈也。其非舉乎？」其中的「二」是指：視覺所得之形、色爲二，觸覺所得之質、形爲二，其中的「三」是指綜合官能所得之結果——形、色、質三者。於此可知，客方認爲感官與綜合官能的作用，乃相聯一氣，所以它們各自所得的結果也是如涵於同一平面之長、寬的關係一樣，是互相涵容的。

堅、白寓於石或「概念自身」離於石，其關鍵乃在於感官與統合官能之間的關係。就客方而言它們是相聯一氣的，並且，超乎感官的官能其特性爲綜合，可保留來自感官的結果。主方的看法則不同，感官與超感官官能的關係乃斷離的，其特性亦非綜合。

再者，客方並不以感官作用的結果，即認識作用的終點，不可視爲對客觀世界認識的完成，唯有統合官能的認識才是正確的；至於視、觸覺的作用它們只是司職不同，無法互相取代，但此並無礙於堅、白寓於石的實際狀態，故其曰：「目不能堅，手不能白，不可謂無堅，不可謂無白。其異任也，其無以代也。堅白域於石，惡乎離？」此外，客方再以此認識的結果以實際的經

〔註 5〕牟宗三認爲「謂」字失義，當爲拊。譚戒甫本校改爲「循」，疑「循」「謂」
二字草書形似致誤；其實原「謂」字並無不可，因拊而知，因知而謂，於義
仍可通。

驗加以檢證，曰：「循石，非彼無石，非石無所取乎曰；石不相離者，固乎然，其無己。」〔註6〕其意即：摸石得堅，若無觸覺的認識結果，也就無法知道石的存在，倘若無法確立石的存在，石上之白也就無所著落，而不可得，可見堅、白、石並不相離，其實存狀況即是如此，永遠一樣。

以上，澄清了客方所探討的對象是實際存在的、個別的堅白石，以及其對認識作用的看法，特別是異於感官作用之另一官能的綜合特性後，以下吾人可以探討主方對異於感覺官能的認識官能之特性，及其與感官之間的關係；由此並可得知公孫龍子何以在論辯中，不將兩種認識官能相提並論。

公孫龍子所認為異於感官的認識官能即「神」〔註7〕，關於「神」的作用，原文主曰：「且猶白以目，以火見，而火不見，則火與目不見，而神見，神不見而見離‧堅以手，而手以捶〔註8〕。是捶與手知而不知，而神與不知。神乎！是之謂離焉。」此段說明了感官的認識與「神」的認識不同，個別的「白」是因視覺配合光度作用而被認知，單單有光仍無所見，可見感官在認識作用中是必要的，但視覺配合光度而作用的結果，只能見個別之「白」，而不見白之「概念自身」，此乃由「神」而見，但「神」所見者僅白「概念自身」之「不定所白」，只能消極地知其「不定」，而不能積極地說明白「概念自身」之所「是」，亦即不能見「概念自身」之本質。故「概念自身」離於「神」的認識能力之外。同樣，個別之「堅」是因手、依杖而知，觸覺作用的結果亦只知個別之「堅」，而不知堅之「概念自身」。「神」雖知堅「概念自身」的「不定」，卻又不知堅「概念自身」的本質。即使如客方將感官作用與「神」的作用相聯一氣，仍是有所不知。於是，「神」所得之認識結果，就「概念自身」而言仍然是「離」。

由上述可知，認識作用除了認識主體及認識的對象之外，還需要其它條件的配合才能夠完成。單就條件而言，如「火」「捶」本身是沒有認識能力的，故無法認識。單就認識主體的感官而言，其雖有認識能力，但若無條件的配合亦無法認識。倘若兩者能夠配合，所認識到的只是個別的石之堅、石之白。單就「神」而言，其雖有認識能力可直觀〔註9〕到「概念自身」的「不定」，

〔註6〕循，通「撫」又與「拊」同義。王琯云：循通揗。今無「揗」字，以「循」為之，意如「摸」。

〔註7〕「神」依謝注、龐注解為精神、理智。

〔註8〕捶，據說文：「捶，以杖擊也。」按以杖擊之，堅性始見。

〔註9〕參考《西洋哲學辭典》第一八二條所云：「從嚴格的意義來說，直觀是對於某

但與感官作用所得之結果不同。由認識結果的不同可知「神」與感官是互相分離的。

　　公孫龍子之所以主張感官作用與「神」的作用相斷離，乃是因爲他發現了認識與表達的不一致，因就認識主體而言，感官所得之結果皆是一些個別分離的事物，而在表達上卻出現了具有普遍性之「名」，可見此「名」必定不是來自感官，而是來自另一官能——「神」。但他不從「神」如何轉化感官所得的個別結果以成普遍概念去解說，而由認識對象的性質去分析。他說：「堅未與石爲堅而物兼，夫與爲堅，而堅必堅。其不堅石、物而堅。天下未有若堅，而堅藏。白固不能自白，惡能白石、物乎？若白者必白，則不白物而白焉。」亦即「堅自身」在尚未限定於石而成爲石之堅時，就已經是「堅」，因而能兼通萬物。尚未與任何物結合的「堅自身」，其本身必已爲堅，它不會因爲附著於石或某物而成其爲堅；也就是說個別的石之堅不能是普遍的「堅」成立之理由；然而，就感官作用而言並不能觸及普遍之「堅」，因爲客觀世界中並未實際存在這樣的「堅」，於是「堅自身」就感官作用而言就隱藏不顯了。同樣，「白自身」若不能自成其爲白，又怎樣能使個別的石或某物發白？故「白自身」必已爲白，它不會依個別物之白而成其白。由此可見公孫龍子認爲感官作用乃因白「概念自身」使其所得爲個別之白。

　　公孫龍子對認識對象的分析，肯定了「概念自身」具有主動性，能夠使感官所見之事物呈現個別性。而「神」的作用並非來自感官所得之結果，而是直觀到「概念自身」的「不定」，因而在表達上才會出現具普遍性之「名」。

　　「堅白石」爲探討「概念自身」問題所引之一例，其由「神」的作用所歸結之結果可普遍適用於一切概念，故其曰：「黃黑與之然，石其無有，惡取堅白石乎？故離也。離也者，因是〔註 10〕。力與知果，不若因是。」其意即若無堅、白「概念自身」，個體之石則不可爲感官所得，因此「概念自身」必離於個體之物。其等分離的原因就在於堅白石之本然所是，亦即由「概念自

　　　　一存在的個別事物所作的直接觀察，而此個別事物亦直接顯示其具體的完整
　　　　性，無須其他認識內容的媒介。因此，就嚴格的意義而言，只有把握住在面
　　　　前事物自體的知識才能稱爲直觀。」

〔註10〕杜國庠謂「因是」即「因寔」，解爲「依乎事實」。爾雅釋詁：寔，是也。按
　　　　龐樸謂：「公孫龍子此處所說之『因是』，乃謂依乎『堅白石』之『本是』。蓋
　　　　自『堅白石』之現象看來，堅、白、石三位一體，各各相盈；自其本是看來，
　　　　三者各各分離自藏。

身」而立論的。不論是以感官的作用力，或者是理智的分析，還不如依其等之本然所是來了解。

由上述，公孫龍子從「神」的作用說明「概念自身」的獨立自藏，吾人可歸結出三個要點：

（一）說明「概念自身」與「神」相離。因「神」不能見「概念自身」之本質。

（二）說明感官與「神」相離。因其等所得之結果不同。

（三）就認識對象而言，說明「概念自身」與個體之物相離。因個體之物藉「概念自身」而顯，但彼此不同。

第三節　公孫龍子認識論的形上基礎

由前兩節所歸結的六點，公孫龍子的形上思想即「離」，不論認識主體與認識對象，主體中的各認識官能，對象物之間、「概念自身」之間皆是互相離異的。由此「離」的形上思想才可保障認識與表達的正確性。如〈堅白論〉最後所云：「離也者，天下故獨而正。」就對象而言，「離」是指萬物本體的互相離異，就認識主體而言，「獨」是指表達作用的各概念各自獨立。於是從「離」的形上思想到「獨而正」的表達原則，吾人即可貫串公孫龍子整體的思想，進而找出其各篇理路進行的依據。

因著認識主體與認識對象有根本的差異，所以在其〈指物論〉中才會有「而指非指」以及「且夫指固自為非指，奚待於物乃與為指」的結論產生。因主體中各官能有著根本的差異，在其〈堅白論〉中才有「堅白石二」的論點出現。又因著各概念之間有著根本的差異，在其〈白馬論〉中才會有「白馬非馬」的看法，以及〈通變論〉中「二無一」的主張。並且，因著「概念自身」的獨立自存，於其〈名實論〉中才會有「其名正，則唯乎其彼此焉」一名一實，名符其實的原則。

「離」就認識與表達而言，公孫龍子可因此解決個別與普遍的問題，取得認識與表達的一致性；因認識者一有所指就會相對地呈現「非指」，而「指」與「非指」必有分別，同樣當表達者一有所名即相對展現有所「不名」，「名」與「不名」仍有分別。其以「所名」謂「所指」，「不名」相應「非指」，就可因而取得認識與表達在存有中的一致性。

由上述可知，「離」亦含有邏輯上之最高設定的意義，其作用在於：

（一）在奧秘、無限的宇宙中，劃定人們所能認識的範圍。

（二）將此一範圍在表達上排除混亂，並建立起一定的秩序。

（三）並且，在此秩序下其間的變化亦符合一定的理則。

這些也可以說是公孫龍子整個思想的目的所在。因此，在現存公孫龍子的各篇思想中，每一篇的內容都在朝此一方向推進，只是各篇所著重的重點不同。例如：〈指物論〉的內容即特別針對（一）的目的。〈名實論〉及〈白馬論〉則特別針對（二）的目的。〈通變論〉則特別強調（三）的目的。至於〈堅白論〉則在於呈現出以上三個目的的形上的基礎。

另由〈堅白論〉中主、客的對辯，可以發現主、客分別代表著兩種認識論的立場，因他們對認識過程的看法不同，以致在立論的觀點上也不一樣。主方認爲「概念自身」必具有獨立性與主動性，才能解釋感官所得之各別之物，以及在表達上概念的普遍性，因此他後來提出的「神」並未能突破各個感官作用，亦即並不具有統合、抽象、普遍化的功能。

客方對於認識過程的看法與主方不同，他雖然意識到個別感官所得皆爲個別之物，但他並不因此肯定有「概念自身」的存在，他反向認識主體以內追索，預設人有一種高於各感官的統合官能，能夠保留感官所得之結果，而對應於客觀的單一對象，使得同一對象的性質相盈不離。

主、客雙方的認識理論雖然不同，但皆肯認了認識作用是一種符合性的達成，就主方而言，其預設了獨立自存的「概念自身」後，以其存在的優先性來說明「神」的認識及感官作用之不足；因此，主觀的認識必須符合客觀之事物。就客方而言，其預設人必有正確的認識作用，因人除了感官能力之外，亦有統合官能的作用；所以他是以主觀的認識結果來說明客觀的事物，亦即客觀的事物必須符合主觀的認識。於是，所謂的「概念自身」就主方而言，是獨立自存於人的思想之外。就客方而言，其只承認概念，而不承認「概念自身」，且客方認爲概念皆是存在於人的腦海之中。

做爲公孫龍子指向性認識論「離」的形上思想，顯示了正確的認識必須符合客觀的事物，而人的認識能力是有限的，並沒有必然正確的認識，此即其整體認識思想的結論。

第七章 結 論

第一節 公孫龍子認識思想構作之理路

上述各章已展示公孫龍子「認識」思想的整體面貌，本節則從其各篇思想之間的關係，澄清其整體思想構作之理路。

一系統的哲學理論，其理路的進行必有一定起點，而導向某一目標，所謂的「起點」與「目標」就作者本身而言，在其思考進行當中，可能已經意識到，也可能並未十分清楚；哲學探討的目的之一，就是要把這種可能隱含的理路浮顯出來。

公孫龍子的思想，就吾人整理、探討的結果，其根本欲解決的是：在其所處時代名、實混亂的現實問題，亦即為解決「什麼才是正確的表達？」然而，「表達」之前必須有所「認識」；因此，公孫龍子思路的起點是探討「認識」的問題，而其終點則是為解決「表達」的問題。此由〈指物論〉的第一句：「物莫非指，而指非指」及〈堅白論〉的最後一句：「離也者，天下故獨而正」可見。物、指的問題即其認識理論，「獨而正」的思想，其所「正」者即「名」「實」，亦即為解決表達的問題。在其思路進行當中，首先說明「認識」乃主、客的對立，由認識主體指涉認識對象而得到認識的結果。因此，「認識」問題的處理涉及了四方面：

（一）在認識主體方面，此主體具有指涉對象的能力，亦即「能指」，「能指」包含了各感官及「神」的作用。此外，認識主體亦具有作為「能指」的基礎部份，亦即為「有」者。並且，認識主體同時也是表達之主體，因其可

以謂物。

（二）在認識對象方面，可以成爲認識對象的有：一般實際存在之物，即「天地與其所產焉，物也」之「物」。有經過指涉作用而得之概念，即「謂物」。對象物有可呈顯的部份，即爲「無」之表象；有作爲呈顯部份之基礎，即爲「有」之原本之物。

（三）在指涉作用方面，必須肯定主、客兩者——主體的指涉能力及對象物的呈現；並且兩者發生作用，亦即「物指」。「物指」爲認識結果充分且必要的條件。

（四）在認識的結果方面，有得自一般實際存在的「謂物」。亦有得自「謂物」的「謂謂物」，即「謂指」。認識結果乃具普遍性之概念。概念又有組合、單純、全稱、特稱之分。

公孫龍子的指向性認識說明了人的認識是有限的，認識雖然可能，但並不完全。由如此認識的結果他進一步思考表達的問題，其說明表達即：以「名」謂「實」的活動，正確表達的先決條件在於有正確的認識，有了正確的認識，方可以「名」謂「實」。又一「名」必須唯一的對應一「實」，才能達到名符其實的正確性；因此，正確的表達涉及四個層次，即：實隨物變，名隨實轉，一名一實，名符其實。

由上述四者的：改變、轉換、唯一、符合，公孫龍子發展要達到正確的表達，必須說明其間變化的問題，因此於其〈通變論〉即探討有關「名」的變化、「實」的變化及「位」的貞定等問題，其指出概念在不同認識作用中，可視其爲「名」，亦可視其爲「實」。各概念判分其同、異的標準，在於概念內涵之整體的比較，有所同方可相合，取其共同之內涵作爲組合概念之內涵。並且，組合概念在形成上與單純概念相關，但在組成之後的使用上卻各自獨立。如此，固定了「名」「實」，才可使一「名」唯一地對應一「實」；以達「位其所位」之不變標準。

正確的表達是「名」符其「實」，而「名」在成爲指涉對象時，又可被視爲「實」，對於此公孫龍子認爲有加以說明的必要；並且，在說明「名」「實」變化的過程中，已涉及概念之間的比較、概念的分類、及離合之間的關係；因此，公孫龍子以「白馬非馬」爲例，說明概念具有內涵與外延之性質，由此性質可將概念類分爲組合、單純、全稱、特稱等。且在一定的論域之內它們有：包含與被包含、交集、排斥、與自身同一等關係。再者，可以爲「實」

的概念具有實在性；而一切「名」又皆可爲指涉對象（物莫非指），如此，表達之「名」與被表達之「實」皆非虛無，正確的表達才不致於落入空談。

從概念與實在界關係的探討，公孫龍子的思路進入一切事物彼此的關係之問題，其企圖爲指向性認識論及正確的表達找出形上的基礎，故其於〈堅白論〉中藉著認識感官及「神」的作用說明了：各感官彼此相離、感官與「神」彼此相離、「神」、與「概念自身」彼此相離、各「概念自身」彼此相離。因一切事物皆各自獨立而互離，所以「而指非指」、「二無一」、「白馬非馬」、「堅白石二」這些論題的成立，才有其形上基礎，進而才能有一名一實「唯乎其彼此焉」的正確表達。

以上的說明，爲指出公孫龍子理路的起點、終點，及其思考進行的過程，同時此亦爲本文各章舖陳順序的依據，並且本節之內容亦相應於緒論第三節所提出的各項問題，爲一簡要、結論性的回答。當然，在這樣理路構作下的「認識」思想本身含有許多問題，吾人可以透過其它觀點的批評加以比較，進而指出公孫龍子本身思想所矛盾或不一致的地方。但以早在兩千多年前公孫龍子就能提出如此之思想結構而言，已足以肯定其爲有系統之哲學理論。

第二節　公孫龍子思想在其它觀點下的評價及比較

歷來對於公孫龍子思想的批評可概分爲二，一乃基於理論體系及探討方向的不同，而從義理上予以批駁。二乃由不瞭解其思想內涵，而在態度上予以排斥，其下者甚流於譏諷謾罵。對於後者，在近代其它公孫龍子的相關著述，多已條陳清楚﹝註1﹞，於此不必重覆抄錄；故本節僅取前者，以能夠提出理論根據的批評加以引述，另取惠施的思想參酌比較；現說明如下：

（一）莊子有關公孫龍子之論述

1. 《莊子・天下篇》：「桓團公孫龍辯者之徒，飾人之心，易人之意，能勝人之口，不能服人之心，辯者之囿也。」
2. 〈秋水篇〉：公孫龍問於魏牟曰：「龍少學先王之道，長而明仁義之行；合同異，離堅白，然不然，可不可；困百家之知，窮眾口之辯；吾自

﹝註1﹞ 可參閱蕭登福著《公孫龍子與名家》，頁244「諸子對名家之評價」部份。何啓民著《公孫龍與公孫龍子》，頁182「公孫龍學說思想之次期記載」部份。

以為至達已。今吾聞莊子之言，汒焉異之。不知論之不及與，知之弗若與？今吾無所開吾喙，敢問其方。」公子牟隱機太息，仰天而笑曰：「子獨不聞夫埳井之鼃乎？……子乃規規然而求之以察，索之以辯，是直用管闚天，用錐指地也，不亦小乎！」

3. 〈齊物論〉：以指喻指之非指，不若以非指喻指之非指也；以馬喻馬之非馬，不若以非馬喻馬之非馬也。天地一指也，萬物一馬也。可乎可，不可乎不可……是以聖人和之以是非而休乎天鈞，是之謂兩行。

　　由上述所引莊子之前兩段文字可知，其認為公孫龍子思想乃辭巧理拙，只能勝人之口，而不能服人之心，且將公孫龍子比作井底之蛙，雖自以為至達而不能為人所肯定其價值，關於其所持之理由可從第三段文字對公孫龍子的〈指物論〉及〈白馬論〉的一段評論可見，莊子認為展現認識與表達究極真實的方法，不能再透過認識來說明認識，不能透過表達來說明表達；而應以非認識，非表達的方式來展現認識與表達的極限。亦即須取消認識與表達所必然包含的對立性，使主客為一，方有可能逼現「識與不識」「表與未表」之本體。因無主、無客，亦無主體後退與對象超前的問題產生；以如此之態度取消對立，且不以之為「是」，順其自然，才能夠面對對立中的認識問題。因此，莊子學派認為公孫龍子指向性認識論的「求之以察，索之以辯」，不如莊子的「不譴是非」「休乎天鈞」其只是不足道之小道〔註2〕。此乃由於莊子所欲探索者為究極之本體與公孫龍子直接以「認識」為探討對象不同。

（二）墨子有關公孫龍子之論述

1. 《墨子・經上》：「同，重、體、合、類。」經說上：「二名一實，重同也。」

2. 〈小取篇〉：「白馬馬也。乘白馬，乘馬也。」

3. 〈經上〉：「堅白不相外也。」
   〈經下〉：「於一有知焉，有不知焉，說在存。」
   〈經說下〉：「石，一也。堅、白，二也，而在石。故有知焉，有不知焉，可。」

4. 〈經下〉：「歐物一體也；說在俱一惟是。」

〔註2〕此可參閱龐樸《公孫龍子研究》之「批判」部份。其曰：「所謂『不譴是非』，就是不必去弄個明白，所謂「求之以察」，就是一定要弄個明白。這兩種對立的認識態度反映著兩種不同的社會要求。

〈經說下〉：「俱，俱一，若『牛馬』四足。惟是，當『牛馬』。數『牛』
數『馬』，則『牛』『馬』二；數『牛馬』則『牛馬』一。若數指，指
五而五一。
〈經下〉：「『牛馬』之非牛，與可之同，說在兼。」

《墨子‧經》上下，〈經說〉上下，〈大取〉、〈小取〉各篇，出於墨子後
學〔註3〕，其中所探討的許多問題，皆與公孫龍子思想相對立，上述的 1.相
對於〈名實論〉2.相對於〈白馬論〉3.相對於〈堅白論〉4.相於對〈通變論〉。
其認爲「二名一實」爲「同」的一種，可以被允許，因此與公孫龍子「一名
一實」「獨而正」的思想相對立。其它，駁「白馬非馬」及反對「離堅白」的
看法，所持之理由極類似公孫龍子〈白馬論〉、〈堅白論〉中客方的立場，同
於一般常識的判斷。其中只有「歐物一體也；說在俱一惟是。」與公孫龍子
〈通變論〉之論點相一致，其亦強調「牛馬」這一組合概念的獨立性，至於
「牛馬」爲「牛」或「牛馬」爲「非牛」，其認爲若從「牛馬」中含有「牛」
的成份來看，則可以說「牛馬」爲「牛」，若以「牛馬」中含有「非牛」的
成分來看，則亦可說「牛馬」爲「非牛」，其乃視如何立說而定，此與公孫
龍子在「二無一」此一論題所強調的，「名」在形成與使用上的區別，又不盡
相同。

（三）荀子有關公孫龍子的論述

1. 《荀子‧非十二子篇》：「不法先王，不是禮義，而好治怪說，玩琦辭，
   甚察而不惠，辯而無用，多事而寡功，不可以爲治綱紀；然而其持之
   有故，其言之成理，足以欺惑愚眾，是惠施，鄧析也。」
2. 〈正名篇〉：「非而謁，楹有牛，馬非馬也。此惑於用名以亂實者也。
   驗之名約，以其所受，悖其所辭，則能禁之矣。」

荀子雖未直接批評公孫龍子，但從《莊子‧天下篇》可知公孫龍子乃辯
者之徒，且與惠施相應，終身無窮。因此，荀子對惠施、鄧析的批評亦應與
對公孫龍子的看法相去不遠。且其〈正名篇〉中「馬非馬」即指公孫龍子之
「白馬非馬」〔註4〕。其認爲公孫龍子的思想是惑於用名以亂實，因荀子主張

〔註3〕根據方受楚著《墨學源流》，上卷第三章「墨子書之考證」，及徐復觀之《公
孫龍子講疏》，「公孫龍的批判者」部份所云。
〔註4〕梁啓雄《荀子柬釋》，引伯兄曰：「其句首奪『白』字，『白馬非馬』爲公孫龍
學說，見公孫龍子《白馬論》。」

「名」「實」之間的關係乃約定俗成,「名」的作用在於代表「實」,在約定之後就有「宜」或「不宜」之判分,故其曰:「名無固宜,約之以命,約定俗成謂之宜,異於約則謂之不宜。名無固實,約之以命實,約定俗成謂之實名。」意即「名」在約定之前並無對某「實」非用該「名」之必然性,但在固定之後則必須以某「名」固定指某「實」,以成「實名」。故荀子認為公孫龍子的「白馬非馬」乃有異於約,此與公孫龍子的「名隨實轉」從認識角度的探討顯然不同。荀子僅由「名」的作用上著眼,而忽略了「名」在形成上與「實」的相關。

(四)惠施「歷物十事」與公孫龍子思想之比較〔註5〕

1. 至大無外謂之大一,至小無內謂之小一。
2. 無厚不可積也,其大千里。
3. 天與地卑,山與澤平。
4. 日方中方睨,物方生方死。
5. 大同而與小同異,此之謂小同異;萬物畢同畢異,此之謂大同異。
6. 南方無窮而有窮。
7. 今日適越而昔來。
8. 連環可解也。
9. 我知天下之中央:燕之北,越之南是也。
10. 氾愛萬物,天地一體也。

《莊子·天下篇》以惠施善辯為名,且視公孫龍子為辯者之徒,且《漢志》將惠子、公孫龍子同列名家,故此處亦將公孫龍子之思想與惠施之歷物十事略作比較。基本上,惠施取消了對象物之相對性,以建立起一邏輯序列〔註6〕,所謂「至大無外」「至小無內」即邏輯序列兩極之界定。其認為所有個別物皆有同異之分別,以其同異之判分即可一一納入同一序列之中,而不再有相對之差異性。故「大一」「小一」就其為「一」者皆同。其中「萬物畢同畢異」可相應於公孫龍子之「物莫非指」與「離」的思想,即萬物對認識主體而言,都是透過「概念」而展現,就其為「概念」而言皆相同,同在一邏輯序列之中。而就個別之對象物而言,皆獨立互離,且在邏輯序列之外。

〔註5〕此取材自《莊子·天下篇》。惠施的著作,據〈天下篇〉云有五車之多,《漢書·藝文志》只列《惠子》一篇,但已亡佚。

〔註6〕「序列」乃就所呈顯之個別物的關係而言。

然而，當表達出序列內外之分時，已是納入序列之活動，故又可賦予一名而謂之「大同異」。就惠施而言，其認為凡納入序列之概念，已無時空上之厚薄、大小、今昔、始終之對立。故由此可見，惠施乃取消了概念內涵的相對性，而純粹就「概念」之符號意義來探討表達之極限及邏輯序列的問題，此與公孫龍子指向性認識論所處理的「概念」問題不同，公孫龍子的「名」（概念）不但包含了符號代表的作用，亦涉及指涉對象的作用。所謂「夫名，實謂也」。此外，公孫龍子將「概念自身」、「原本之物」排除於認識範圍之外，而惠施在表達上則將所指之「實」亦予取消，於是一切皆為概念，故其最後以主體的心靈作為其邏輯探討的最終基礎，而以「氾愛萬物，天地一體」之主觀倫理態度為其結論。

由上述先秦各家不同的批評及比較，可歸納為三：

（一）認為公孫龍子「認識」思想本身的有限。

（二）認為其思想異於一般常識，不遵守共同的約定。

（三）認為其思想辯而無用，沒有實用之價值。

關於第一點，透過前述各章的說明，特別是公孫龍子〈指物論〉的結論：「且夫指固自為非指，奚待於物而乃與為指？」顯示公孫龍子本人已意識到同樣的問題，雖然「認識」是有限的，但他仍然願意「求之以察」，此不正表現出其鍥而不捨的求知精神。關於第二點，公孫龍子其根本所欲解決的就在於一般名實混亂的情形，因此他並未否認常識看法的存在，既然欲有所「正」，必然肯定原先之「不正」存在，例如其〈白馬論〉即有：「馬固有色，故有白馬」〈堅白論〉有：「於石，一也；堅白，二也，而在於石。」這些即同於一般常識的說法。由於常識之見常會有含混、謬誤，故公孫龍子即企圖從常識中找出造成錯誤的原因，而在精密分析之後「正」與「不正」必有所別，因此亦難免產生反乎常識、異於俗約的主張。關於第三點，可由第二點引申而出，既然反乎常識、異於俗約，自然不能普遍為眾人所用。然而思想理論的領域原本即與現實生活有所差距，其乃指導或修正現實生活之理則。理則本身雖不可用，但依理則而用方有大用，是故思想理論乃生活實用之基礎。例如公孫龍子的「二無一」原則本身雖無實用性 [註7]，但若能明白「名的形成與名的使用不可混淆」，及「名隨實而立，但隨謂而用」的道理加以應用，則

〔註7〕「理則本身的使用」可以一例說明，如：在球類比賽中死背規則不能致勝，必須依循方法、規則的應用方可獲勝。前者即所謂「理則本身的使用」。

可避免表達上的混亂，反而能有大用。

至於從公孫龍子與惠施歷物十事的比較上看，惠施是以單位的思考處理邏輯問題，而公孫龍子的指向性認識論除了處理「概念」的問題，亦涉及對象物，甚至形上本體的問題，雖然多向度的思考使其理論本身亦有含混或不一致之處，但這種現象在先秦各家的思想中亦很難完全避免。

是故，吾人可以肯定，公孫龍子的思想乃有其獨特的學術價值，值得進一步的探討與發展。

第三節　公孫龍子認識理論本身的問題及可能發展之方向

一個哲學理論本身有一致性、不矛盾的應然要求，但實際上往往很難完全地達到這種理想，特別公孫龍子指向性的認識論，以多向的思考方式，同時處理了許多不同層次的問題，涉及了認識論、邏輯、形上學等不同的領域，其理論本身難免產生了許多有待解決的困難，因此本節欲指出在研究其思想過程中所發現的幾個問題，進而嘗試提出其思想可能繼續的發展方向。

就其理論本身的問題而言，可歸納為四：

（一）指向性認識最基本的論題即「物莫非指，而指非指」，然而此命題本身就產生了困難。因既然肯定凡是「物」皆需透過指涉作用而呈顯，並且所呈顯者不同於原本之物，那麼如何肯定原本之物的存在？因否定其存在，則指涉之對象物不存在，導致指涉能力無法作用，「認識」即不可能。因此必須肯定有原本之物存在。但若肯定其存在，從「物莫非指」而論，此種肯定必須透過指涉作用才能夠成立。另就「而指非指」而論，這種透過指涉作用所做的肯定本身亦應被否定。因此，就「物莫非指」而言，必須肯定有原本之物存在；但就「而指非指」而言，則無法肯定有原本之物存在。故就「原本之物是否存在？」此一問題來看，「物莫非指，而指非指」此兩句即產生了矛盾。

（二）指向性認識在表達上主要的目要求即「一名一實，名符其實」，但倘若完全地一名一實，在表達的溝通作用上是否可能，因我們一般語言的習慣用法，常將「類」中的個別分子以「類名」代稱，如：「張三是人」。此由表達的溝通作用上看，十分重要。倘若不以這種用「類名」代稱個別分子的方式，而嚴守一名一實的原則，人與人之間彼此的溝通將成為不可能；因每

一個人只能描述個別的事物，如：「張三是張三」、「白馬是白馬」，而不能對主詞有更多的說明。並且，「類名」（普遍概念）更無由產生。此與〈指物論〉中「指也者，天下之所兼」相違背。事實上，人的確可由個別事物抽象至「類」的概念，再於表達時從「類」的概念具體化至個別事物，其中含有一辯證的符合性，故諸如「張三是人」、「白馬是馬」等命題在辯證邏輯下〔註8〕，仍然是可以成立的。另從公孫龍子五篇思想所使用概念的多義性來看，可知其本人亦無法嚴格遵守一名一實的原則，於是其理論本身表達就與其理論的內容相違。

（三）公孫龍子賴以成名的〈白馬論〉中含有錯誤推論。現節錄原文如下，主曰：「以有白馬爲有馬，謂有白馬爲有黃馬，可乎？」客曰：「未可。」主曰：「以有馬爲異有黃馬，是異黃馬於馬也。異黃馬於馬，是以黃馬爲非馬。以黃馬爲非馬，而以白馬爲有馬，此飛者入池，而棺槨異處，此天下之悖言亂辭也。」此段爲白馬論中主方致勝的關鍵論證，主方論證技巧是以客方所主張的「有白馬，不可謂無馬」做爲推論的大前提，即「有白馬爲有馬」，再以隱含的「黃馬爲有馬」做爲小前提，而推論出「有白馬爲有黃馬」之結論，迫使客方回答「未可」，再進一步指出客方原先的主張與「未可」之回答矛盾，而證立己論。然而，此一推論的形式是錯誤的，亦即由「白馬爲馬」「黃馬爲馬」並不可推論出「白馬爲黃馬」。因在此一三段論證中，其中詞「馬」沒有一次是全稱、週延的，故實質上等於四個獨立詞，而不該有結論〔註9〕，更不可以之繼續推論下去。

（四）指向性認識的認識官能，在〈堅白論〉指出感覺官能與「神」的關係乃斷離的，「神」無法將得自感官的認識結果加以綜合，亦即並不具有抽象、普遍化的作用。但是，其曰：「無堅得白，其舉也二；無白得堅，其舉也二。」其中的「二」如何成立？因爲單就感官所得之結果而言，皆應爲個別

〔註8〕 所謂「辯證邏輯」參考龐樸之《公孫龍子研究》，頁75所云：「辯證邏輯認爲，由於具體事物是複雜的，與其他事物密切相聯的，並處於不斷運動發展中，因而任一事物，即是對象上的一，又是屬性上的多；既因同其他事物有別及相對穩定而自身同一，又因同其他事物相聯及不停發展而與自身差異；即因自身同一而表現爲個別，又因與其他對象相似而表現爲一般……等等。」

〔註9〕 此參考張振東之《西洋哲學導論》，理則學部分。其云：「中詞至少一次該是全稱的，否則，中詞皆是部份的，則無法有媒介作用，或得一錯的結論。如：你哥哥是人，我是人，我是你哥哥。此三段命題，實質上等於四個獨立之詞，不該有結論。」

的，故依感官所得而言，應為「一」「一」，而非「二」。倘若其認為可以舉之為「二」，即表示已有異於感官之認識官能在作用，而此作用正是綜合，顯示「神」與感官無法彼此斷離。再者，倘若萬物皆獨立互離，認識主體就只能於自身認識自身，那麼主、客對立的指向性可認識如何可能？

以上就公孫龍子理論本身所提的問題，以公孫龍子現在的五篇內容來看是無法完滿解答的；然而，這正也是他的思想可能繼續發展的起點。並且，吾人還可以從推論、表達、認識論本身三方面繼續研究下去。

在推論方面，吾人可以當代語言哲學、邏輯學的研究成果，對公孫龍子推論的形式、規則、邏輯結構等加以分析。在表達方面，公孫龍子的「謂」值得深入研究。在其〈通變論〉中顯示「名隨實而立，但隨謂而用」，「名」的變化即在於「謂」，「名」「實」間的關係藉「謂」來聯繫，而「謂」本身又可構成一種「用意」，於是吾人可繼續研究表達中，產生不同之「謂」的因素有那些？「謂」的種類為何？其與「認識」的關係如何？……等問題。〈通變論〉中公孫龍子以「二、一、左、右」，「牛、羊、馬、雞」，「青、白、黃、碧」等概念說明其指向性認識的「名」「實」「位」之關係時，顯示了由象形演變而來的中國文字，其本身的內涵與符號的代表作用甚易混淆，不像僅具符號作用的西文字母。在使用中國文字時其文字本身的內涵常會干擾其符號的代表作用，而阻礙了對原典思想的理解。因此吾人亦應朝此方向研究，探討如何才能避免上述的困難，以確實掌握文字在表達上的每種作用？並且，對於中國文字是否能創構更精確的使用規則？

最後，從公孫龍子的思想吾人可以繼續反省認識論本身的問題。亦即在對「認識」的探討上，應以什麼方法來探討認識作用？如果對於人類認識作用的探討，仍運用其方法欲解決之對象為方法，所得之結論是否足以支持、說明人類「認識」的真實性？如果人類只能在「認識」之下來建立一切理論，那麼真實完備的認識理論是否能夠建立？如果吾人可以不必透過「認識」或不單從「認識」來建立「認識」的理論，那麼還能從「什麼」來建立「認識」的理論？……

凡是願意追求真理的人，都可對上述的問題繼續探討下去，然而本論文旨在系統展示公孫龍子有關「認識」的思想，及反省其中所產生的問題，至於反省後之問題的解決，似乎就逾越了本文的範圍，且此亦為個人目前學力所不逮，唯有待日後繼續之鑽研努力了。

參考書目

1. 何啓民著，《公孫龍與公孫龍子》，學生書局，民國 70 年三版。
2. 牟宗三著，《名家與荀子》，學生書局，民國 68 年初版。
3. 龐樸著，《公孫龍子研究》，木鐸出版社，民國 71 年初版。
4. 王啓湘撰，《名家六書、墨經校銓》，世界書局，民國 70 年三版。
5. 徐復觀著，《公孫龍子講疏》，東海大學，民國 55 年初版。
6. 譚作民著撰，《公孫龍子形名發微》，世界書局，民國 50 年初版。
7. 伍非百著，《先秦名學七書》，洪氏出版社，民國 73 年初版。
8. 楊壽籛撰，《公孫龍子釋義》，廣文書局，民國 64 年初版。
9. 《公孫龍子、尸子、荀子》，據守山閣本校刊，台灣中華書局，民國 55 年 3 月台一版。
10. 錢基博著，《名家五種校讀記》，廣文書局，民國 59 年 10 月初版。
11. 金受申撰，《公孫龍子釋》，河洛出版社，民國 64 年初版。
12. 陳柱撰，《公孫龍子集解》，河洛出版社，民國 66 年初版。
13. 蕭登福著，《公孫龍子與名家》，文津出版社，民國 73 年 10 月初版。
14. 錢穆著，《中國學術思想史論叢》（二），東大圖書公司，民國 66 年 2 月初版。
15. 勞思光著，《中國哲學史》，香港崇基學院，民國 69 年三版。
16. 渡邊秀方著，《中國哲學史概論》，商務印書館，民國 68 年 7 月五版。
17. 馮友蘭著，《中國哲學史》。
18. 嚴靈峰著，《老莊研究》，中華書局，民國 55 年 6 月初版。
19. 方授楚著，《墨學源流》，台灣中華書局，民國 55 年 3 月台二版。
20. 李漁叔著，《墨辯新注》，商務印書館，民國 57 年 1 月初版。

21. 陶光撰，《列子校釋》，河洛圖書出版社，民國 64 年 10 月台初版。

22. 梁啓雄編著，《荀子簡釋》，華正書局，民國 69 年 8 月初版。

23. 杜國庠著，《先秦諸子的若干研究》。

24. 屈志清著，《公孫龍子新注》。

25. 郭沫若著，《十批判書》。

26. 汪奠基著，《中國邏輯思想史料分析》。

27. 楊俊光著，《中國邏輯史研究》（略論公孫龍子邏輯思想）。

28. 虞愚編著，《中國名學》，正中書局，民國 57 年 11 月台二版。

29. 林正弘著，《白馬非馬》，三民書局，民國 69 年 12 月再版。

30. 柴熙著，《認識論》，商務印書館，民國 69 年 6 月台四版。

31. 趙雅博著，《知識論》，幼獅文化事業公司，民國 68 年 2 月出版。

32. 張振東著，《中西知識學比較研究》，中央文物供應社，民國 72 年 2 月出版。

33. 錢志純著，《理則學》，仰哲出版社，民國 72 年 12 月出版。

34. 錢志純著，《論指謂》，輔大出版社，民國 67 年 3 月出版。

35. 李華漢書，《公孫龍子研究》，輔大哲研碩士論文，民國 56 年。

36. 勞思光著，〈公孫龍子指物篇疏證〉，《香港崇基學報》第六卷第一期，民國 55 年 11 月。

37. 馮耀明著，〈公孫龍子是唯名論者嗎？——一個方法學的檢討〉，《鵝湖月刊》一〇五期，民國 73 年 3 月。

38. 馮耀明著，〈「白馬非馬」的邏輯分析——個體（名）與謂詞之爭〉，《鵝湖月刊》一〇七期，民國 73 年 5 月。

39. 馮耀明著，〈「白馬論」的邏輯結構及其哲學意含〉，《鵝湖月刊》一一七期，民國 74 年 3 月。

40. 加地伸行、范月嬌合譯，《中國古代文化》，文津出版社，民國 72 年 5 月出版。

41. 李孝定編述，《甲骨文字集釋》，中研院歷史語言所專刊之五十。

42. 周法高編撰，《金文詁林補》，中研院歷史語言所專刊之七十七。

43. 楊家駱主編，《說文解字詁林正補合編》，鼎文書局出版。

44. 高樹藩主編，《正中形音義綜合大字典》，正中書局出版。

45. 項退結編譯，《西洋哲學辭典》，國立編譯館、先知出版社，民國 65 年 10 月台初版。

附錄：《公孫龍子》原文

跡　府

公孫龍，六國時辯士也。疾名實之散亂，因資材之所長，爲守白之論。假物取譬，以守白辯，謂白馬爲非馬也。白馬爲非馬者，言白所以名色，言馬所以名形也；色非形，形非色也。夫言色則形不當與，言形則色不宜從，今合以爲物，非也。如求白馬于廄中，無有，而有驪色之馬，然不可以應有白馬也。不可以應有白馬，則所求之馬亡矣；亡則白馬竟非馬。欲推是辯，以正名實，而化天下焉。

龍與孔穿會趙平原君家。穿曰：「素聞先生高誼，願爲弟子久，但不取先生以白馬爲非馬耳！請去此術，則穿請爲弟子。」龍曰：「先生之言悖，龍之所以爲名者，乃以白馬之論爾，今使龍去之，則無以教焉；且欲師之者，以智與學不如也，今使龍去之，此先教而後師之也；先教而後師之者，悖。且白馬非馬，乃仲尼之所取，龍聞楚王張繁弱之弓，載忘歸之矢，以射蛟兕于雲夢之圃，而喪其弓，左右請求之。王曰：『止。楚人遺弓，楚人得之，又何求乎？』仲尼聞之曰：『楚王仁義而未遂也。亦曰人亡弓，人得之而已，何必楚？』若此，仲尼異楚人于所謂人。夫是仲尼異楚人于所謂人，而非龍異白馬于所謂馬，悖。先生修儒術而非仲尼之所取，欲學而使龍去所教，則雖百龍，固不能當前矣。」孔穿無以應焉。

公孫龍，趙平原君之客也，孔穿孔子之葉也。穿與龍會，穿謂龍曰：「臣居魯，側聞下風，高先生之智，說先生之行，願受業之日久矣，乃今得見。然所不取先生者，獨不取先生之以白馬爲非馬耳。請去白馬非馬之學，穿請爲弟子。」公孫龍曰：「先生之言悖。龍之學，以白馬爲非馬者也。使龍去之，

則龍無以教；無以教而乃學于龍也者，悖。且夫欲學于龍者，以智與學焉為不逮也。今教龍去白馬非馬，是先教而後師之也；先教而後師之，不可。

先生之所以教龍者，似齊王之謂尹文也。齊王之謂尹文曰：『寡人甚好士，以齊國無士何也？』尹文曰：『願聞大王之所謂士者。』齊王無以應。尹文曰：『今有人于此，事君則忠，事親則孝，交友則信，處鄉則順，有此四行，可謂士乎？』齊王曰：『善！此真吾所謂士也。』尹文曰：『王得此人肯以為臣乎？』王曰：『所願而不可得也。』是時齊王好勇，於是尹文曰：『使此人廣眾大庭之中，見侵侮而終不敢鬥，王將以為臣乎？』王曰：『詎士也？見侮而不鬥，辱也！辱則寡人不以為臣矣。』尹文曰：『唯見侮而不鬥，未失其四行也。是人未失其四行，其所以為士也。然而一以為臣，一不以為臣，則向之所謂士者，乃非士乎？』齊王無以應。

尹文曰：『今有人君將理其國，人有非則非之，無非則亦非之；有功則賞之，無功則亦賞之。而怨人之不理也，可乎？』齊王曰：『不可。』尹文曰：『臣竊觀下吏之理齊，其方若此矣。』王曰：『寡人理國，信若先生之言，人雖不理，寡人不敢怨也。意未至然與？』尹文曰：『言之敢無說乎？王之令曰：「殺人者死，傷人者刑」，人有畏王之令者，見侮而終不敢鬥，是全王之令也。而王曰：「見侮而不鬥者，辱也。」謂之辱，非之也。無非而王辱之，故因除其藉，不以為臣也。不以為臣者，罰之也。此無罪而王罰之也。且王辱不敢鬥者，必榮敢鬥者也；榮敢鬥者，是而王是之，必以為臣矣。必以為臣者，賞之也。彼無功而王賞之，王之所賞，吏之所誅也；上之所是，而法之所非也。賞罰是非，相與四繆，雖十黃帝不能理也。』齊王無以應焉。故龍以子之言有似齊王。子知難白馬之非馬，不知所以難之說，以此猶知好士之名，而不知察士之類。」

白馬論

「『白馬非馬』可乎？」曰：「可」。曰：「何哉？」曰：「馬者，所以命形也；白者，所以命色也。命色者非命形也。故曰：『白馬非馬。』」

曰：「有白馬不可謂無馬也。不可謂無馬者，非馬也？有白馬為有馬，白之，非馬何也？」曰：「求馬，黃黑馬皆可致；求白馬，黃、黑馬不可致。使白馬乃馬也，是所求一也。所求一者，白者不異馬也。所求不異，如黃、黑馬有可有不可，何也？可與不可，其相非、明。故黃、黑馬一也，而可以應有馬，而不可以應有白馬，是白馬之非馬，審矣！」

曰：「以馬之有色爲非馬，天下非有無色之馬也。天下無馬，可乎？」曰：「馬固有色，故有白馬。使馬無色，有馬如已耳，安取白馬？故白者非馬也。白馬者，馬與白也。馬與白，馬也？故曰：白馬非馬也。」

曰：「馬未與白爲馬，白未與馬爲白。合馬與白，復名白馬。是相與以不相與爲名，未可。故曰：白馬非馬未可。」曰：「以有白馬爲有馬、謂有白馬爲有黃馬，可乎？」曰：「未可。」曰：「以有馬爲異有黃馬，是異黃馬于馬也；異黃馬于馬，是以黃馬爲非馬。以黃馬爲非馬，而以白馬爲有馬，此飛者入池而棺槨異處，此天下之悖言亂辭也。」

曰：「有白馬不可謂無馬者，離白之謂也；不離者，有白馬不可謂有馬也。故所以爲有馬者，獨以馬爲有馬耳，非有白馬爲有馬。故其爲有馬也，不可以謂馬馬也。」

曰：「白者不定所白，忘之而可也。白馬者，言白定所白也，定所白者非白也。馬者，無去取于色，故黃黑皆所以應；白馬者，有去取于色，黃、黑馬皆所以色去，故唯白馬獨可以應耳。無去者非有去也，故曰：『白馬非馬。』」

指物論

物莫非指，而指非指。天下無指，物無可以謂物。非指者，天下而物可謂指乎？

指也者，天下之所無也；物也者，天下之所有也；以天下之所有，爲天下之所無，未可。

天下無指，而物不可謂指也；不可謂指者，非指也？非指者，物莫非指也。

天下無指，而物不可謂指者，非有非指也；非有非指者，物莫非指也；物莫非指者，而指非指也。

天下無指者，生于物之各有名，不爲指也。不爲指而謂之指，是兼不爲指。以有不爲指之無不爲指，未可。

且指者，天下之所兼。天下無指者，物不可謂無指也；不可謂無指者，非有非指也；非有非指者，物莫非指。

指非非指也；指與物，非指也。使天下無物指，誰徑謂非指？天下無物，誰徑謂指？天下有指無物指，誰徑謂非指？徑謂無物非指？且夫指固自爲非指，奚待於物而乃與爲指。

通變論

曰：「二有一乎？」曰：「二無一。」

曰：「二有右乎？」曰：「二無右。」

曰：「二有左乎？」曰：「二無左。」

曰：「右可謂二乎？」曰：「不可。」

曰：「左可謂二乎？」曰：「不可。」

曰：「左與右可謂二乎？」曰：「可。」

曰：「謂變，非不變可乎？」曰：「可。」

曰：「右有與，可謂變乎？」曰：「可。」

曰：「變隻？」曰：「右。」

曰：「右苟變，安可謂右？苟不變，安可謂變？」曰：「二苟無左，又無右，二者左與右，奈何？」曰：「羊合牛非馬，牛合羊非雞。」

曰：「何哉？」

曰：「羊與牛唯異，羊有齒，牛無齒；而牛之非羊也，羊之非牛也，未可；是不俱有，而或類焉。羊有角，牛有角，牛之而羊也，羊之而牛也，未可；是俱有，而類之不同也。羊牛有角，馬無角，馬有尾，牛羊無尾；故曰羊合牛非馬也；非馬者，無馬也；無馬者，羊不二，牛不二，而羊牛二，是而羊，而牛，非馬，可也。若舉而以是，猶類之不同，若左右，猶是舉。

牛羊有毛，雞有羽。謂雞足一，數足二；二而一，故三。謂牛羊足一，數足四；四而一，故五。牛羊足五，雞足三，故曰牛合羊非雞。非有、以非雞也，與馬以雞，寧馬。材不材，其無以類，審矣。舉是亂名，是謂狂舉。」

曰：「他辯。」

曰：「青以白非黃，白以青非碧。」

曰：「何哉？」

曰：「青白不相與而相與，反對也。不相鄰而相鄰，不害其方也。不害其方者，反而對，各當其所，若左右不驪。故一于青不可，一于白不可；惡乎其有黃矣哉？黃其正矣，是正舉也；其有君臣之于國焉，故強壽矣。而且青驪乎白，而白不勝也。白足之勝矣，而不勝；是木賊金也。木賊金者碧，碧則非正舉矣。青白不相與而相與，不相勝，則兩明也。爭而明，其色碧也。與其碧，寧黃。黃其馬也，其與類乎；碧其雞也，其與暴乎！暴則君臣爭而兩明也，兩明者昏不明，非正舉也。非正舉者，名實無當，驪色章焉，故曰

兩明也。兩明而道喪，其無有以正焉。」

堅白論

「堅白石三，可乎？」

曰：「不可。」

曰：「二可乎？」

曰：「可。」

曰：「何哉？」

曰：「無堅得白，其舉也二；無白得堅，其舉也二。」

曰：「得其所白，不可謂無白，得其所堅，不可謂無堅；而之石也之于然也，非三也？」

曰：「視不得其所堅而得其所白者，無堅也。拊不得其所白而得其所堅者，無白也。」

曰：「天下無白，不可以視石；天下無堅，不可以謂石。堅白石不相外，藏三可乎？」

曰：「有自藏也，非藏而藏也。」

曰：「其白也，其堅也，而石必得以相盈，其自藏奈何？」

曰：「得其白、得其堅，見與不見與不見離，一一不相盈，故離。離也者，藏也。」

曰：「石之白，石之堅，見與不見，二與三；若廣修而相盈也，其非舉乎？」

曰：「物白焉，不定其所白；物堅焉，不定其所堅；不定者，兼。惡乎甚石也？」

曰：「循石，非彼無石。非石，無所取乎白石。不相離者，固乎然，其無已。」

曰：「于石，一也；堅白，二也，而在于石。故有知焉，有不知焉；有見焉，有不見焉。故知與不知相與離，見與不見相與藏。藏故，孰謂之不離？」

曰：「目不能堅，手不能白，不可謂無堅，不可謂無白；其異任也，其無以代也。堅白域于石，惡乎離？」

曰：「堅未與石爲堅，而物兼，未與爲堅，而堅必堅；其不堅石、物而堅，天下未有若堅而堅藏。白固不能自白，惡能白石、物乎？若白者必白，則不白物而白焉，黃黑與之然，石其無有，惡取堅白石乎？故離也，離也者因是。

力與知果，不若因是。且猶白以目、以火見，而火不見，則火與目不見而神見，神不見，而見離。堅以手而手以捶，是捶與手知而不知，而神與不知。神乎！是之謂離焉。離也者，天下故獨而正。」

名實論

天地與其所產焉，物也。物以物其所物而不過焉，實也。實以實其所實不曠焉，位也。出其所位，非位；位其所位焉，正也。以其所正，正其所不正；疑其所正。其正者，正其所實也，正其所實者，正其名也。

其名正，則唯乎其彼此焉。謂彼，而彼不唯乎彼，則彼謂不行；謂此，而此不唯乎此，則此謂不行。其以當不當也，不當而當，亂也。故彼彼當乎彼，則唯乎彼，其謂行彼；此此當乎此，則唯乎此，其謂行此。其以當而當也。以當而當，正也。

故彼彼止于彼，此此止于此，可。彼此而彼且此，此彼而此且彼，不可。

夫名，實謂也。知此之非此也，知此之不在此也，則不謂也。知彼之非彼也，知彼之不在彼也，則不謂也。

至矣哉，古之明王。審其名實，慎其所謂。至矣哉，古之明王！

孫子思想研究

鄭峰明　著

作者簡介

鄭峰明，生於 1945 年，臺中縣霧峰鄉人。臺南師範普師科畢業，高雄師範學院國文系學士，臺灣師範大學國文研究所碩士。曾任小學教師、高中教師，臺中師專講師、臺中師範學院語教系副教授、教授，臺中教育大學語教系教授。現任臺中教育大學語教系兼任教授。學術專長：先秦思想、書法理論與書法創作。著作：莊子思想及其藝術精神之研究、褚遂良書學之研究、米芾書學之研究。

提　　要

《孫子》自古以來即被稱為兵經，孫子則被稱為兵聖，故歷來研讀兵書者，必奉《孫子》為兵法之圭臬。近代以來科技雖突飛猛進，現代武器已進入核化時代，《孫子》仍可以作為現代戰爭之指導原則。其所以然者，乃《孫子》書中所陳述之戰爭原理，不是形而下之器，而是形而上之道。既是形而上之道，則可以跨越時空之障礙，恆久而常存。所以本論文之作，乃從孫子之兵道哲理作深入探究，而非論述《孫子》兵法之應用。《孫子》自古以來即被認為孫武所著，然自宋人葉適疑非孫武所著，和者日眾，故首作《孫子》作者之辨證，確認《孫子》確為孫武所著，並略述孫武其人其事。凡思想之起，必有其時代背景，與其思想淵源，故次論《孫子》書之時代背景，與孫子之思想淵源。孫子思想遠源於黃帝、伊尹、呂尚。近承易理、老子。孫子思想之基本哲理，乃本論文之重點，先論其本體論，孫子思想根乎易、老，取其經權奇正之變化，知「幾」與貴「因」為其重要契機。次論其人生論，孫子思想特別重視人的思維與人的價值，凡事以『智』為用，待人以「慈」為本；施「恩德」於先，立「武備」為後盾。由孫子思想所演伸之戰爭觀，則為慎戰論與萬全主義，即對戰爭宜慎之又慎，不宜輕啟兵端。如不慎開啟兵端，則宜『不戰而屈人之兵』、『全國全軍』為上。政治與外交對戰爭有深遠之影響，故『修道保法』是戰爭之前置作業，「伐交」則為戰爭手段。末章結論，則臚列前人對《孫子》之評價，以顯現《孫子》之歷史地位與價值。

目

次

序

　　夫兵之所由來久矣，自有生民始，兵隨之萌矣！故中國自古即有弧矢之利，黃帝、湯武咸用干戚以濟世。洎乎後世，聖賢爲之制禮，以教訓正俗，分爭辯訟。《孝經》曰：「安上治民，莫善於禮。」然人事愈繁，相觸愈密，紛爭迭起，乃制法以相佐。子產之鑄刑書，務在徵之於書，不忌於上，消弭爭心。《尙書‧呂刑》云：「伯夷降典，折民惟刑。」亦莫不防止爭亂，治民於軌。然生民日眾，物質之用有缺，爭奪之心愈烈；且異族相侵，戎事迭起，兵之急尤切矣！孔子雖答衛靈公曰：「軍旅之事，未之學也。」然夾谷之會猶云：「有文事者必有武備。」夫兵雖非治國要道，豈可輕言無兵哉？《司馬法‧仁本篇》云：「國雖大，好戰者必亡；天下雖安，忘戰者必危。」故兵雖爲不祥之器，仍不得已而用之也。夫用兵者，非利土壤之廣，而貪金玉之略，乃將以存亡繼絕，平天下之亂，而除萬民之害也。因之，非文無以平治，非兵無以定亂，治國安民，厥在文武並用焉。老子云：「以正治國，以奇用兵。」治國與用兵並列，具見其意焉。

　　《孫子》一書，兵之聖者也。魏武云：「吾觀兵書戰策多矣，孫武所著深矣！」夫欲言兵者，能無觀《孫子》一書乎！欲佐治國要道者，得無睹《孫子》一書乎？且《孫子》云：「道者，令民與上同意也。」又論「將者，智、信、仁、勇、嚴也。」《孫子》一書豈徒言兵者哉？論者或謂《孫子》一書惟逞詐謀機權，豈眞知孫子者乎？諱談兵者，掩耳盜鈴者也。夫民黎一旦陷於兵燹之災，飢寒流離，血流漂櫓，豈眞仁義之士哉？故知兵所以禁暴止亂，治國安民也。研讀《孫子》一書，其所以知兵之方也。

　　或論曰：知兵可也，先聖治國平天下之大同理想可以棄之矣！曰：非也。

吾國之大同社會乃一崇高理想，爲人類最理想之終極目標，豈可棄之哉！夫知兵所以強國安民，乃大同社會理想之階梯也，吾人不可徒言兵事而忽於大同社會之理想也。

《孫子》一書距今雖已二千多年矣，然學者或陰習之而陽非之，或避不及，甚可嘆也。自春秋末，降及三國魏武方始作注，其隱晦湮沒之可見也。今之孫子已與德人克勞塞維次並列東西兩大兵聖，西人於孫子之譯作如汗牛充棟，日人研讀尤精。《孫子》一書既是吾先人之寶貴遺產，吾人能不惜之而光大乎？

《孫子》一書自魏武作注始，嗣之者歷代不乏其人。自宋人葉適疑孫子，又趨於考據之作。迨民國以降，研究《孫子》者日眾，又將其與現代兵學印證，貢獻良多。至若孫子哲理之探索，則尚付之闕如。余不敏，今則試作孫子哲理之探索，與乎先秦諸子之比較研究。至於辨正一文，乃因最近竹簡兵法之出土，《孫子》一書之疑，亦可定讞矣！

本篇引用《孫子》書原文，以宋吉天保輯、清孫星衍校之「孫子十家註」爲主！佐之以武經七書之〈孫子部〉。所引之「孫子十家註」註文僅列其姓氏，不另註明書名。至於所引用之日人註解與論評，除田所義行《孫子》一書外，其餘均引自李浴日《孫子兵法之綜合研究》、與李君奭譯佐藤堅司《孫子的體系的研究》兩書，亦不另行註明。

是篇之作，承　錦鋐師之督促策勵，始底於成。然因限於學殖，誤謬難免，幸識者垂教焉。

中華民國六十六年歲次丁巳孟夏　鄭峰明　謹序

第一章　孫武與孫子書辨正

第一節　孫子書及其作者之考訂

　　吾國典籍浩瀚，遠源流長，以受兵燹之災，損佚頗鉅，雖經後人蒐輯，已難復其舊觀矣。兼之古代鉛槧闕如，或以口耳相授，或轉相傳抄，脫落舛誤，在所難免。尤以先秦古籍，歷劫戰禍，復罹秦火，幾殆喪亡。《孫子》一書亦然，史蹟略述不詳，啟人疑竇。故研讀其書，不可不先旁徵博引，考其原委。

　　吾國古代兵書，以《孫子》為最精，亦以《孫子》為最古，前人論之詳矣。〔註1〕然《孫子》一書作者究為孫武乎？孫武究有其人乎？則為爭論所在。依《史記》及《吳越春秋》所載，《孫子》出自孫武所著，確切無疑。惟自宋人葉適疑《左傳》不載孫武以來，和者日眾。或以為孫武無其人，《孫子》書乃戰國山林處士所作，或以為孫武有其人，然無著述焉；或以為孫臏承其祖孫武之學而成是書；或以為孫武、孫臏殆一人耳；或以為孫武、伍員似非二人；或以為孫武、孫臏各有著述，然今之《孫子》乃孫臏所作；或以為今之《孫子》乃曹武所刪定者。諸說紛紜，莫衷一是，今就諸說略述如次：

　　（1）孫武著《孫子》一書

　　《史記‧孫吳列傳》云：「孫子武者，齊人也。以兵法見於吳王闔廬，闔廬曰：子之十三篇，吾盡觀之矣。」其下詳述孫武用兵試之宮女，歷歷如繪。

〔註 1〕見齊思和《孫子著作時代考》，燕京學報第 26 期。

末云：「西破強楚，入郢，北威齊、晉，顯名諸侯，孫子與有力焉。」上述《史記》所載，乃吾國典籍首先道及孫武著兵法，且爲其立傳者。故自爾以降，均宗其說。《吳越春秋》記載孫武事事蹟大抵與《史記》相埒。《吳越春秋·闔廬內傳》曰：「吳王召孫子問以兵法，每陳一篇，王不知口之稱善。」所載雖未明言孫武撰書，亦嘗述其口陳。此爲一說也。

（2）孫武無其人，《孫子》書乃戰國山林處士所作

首疑孫武無此人者，爲宋人葉適。葉氏《習學記言》云：

> 自周之盛，至春秋，凡將兵者必預聞國政，未有特將於外者；六國時此制始改，吳雖蠻夷，而孫武爲大將，乃不爲命卿，而左氏無傳焉，可乎？故凡謂穰苴、孫武者，皆辨士妄相標指，非事實。又書論將能而君不御，春秋時固無中御之患，戰國始有而未甚。又云：知將務食於敵。城濮之勝，晉入楚師三日穀，邲之役，楚亦穀晉三日，然未有指敵以爲食者。……春秋末戰國初山林處士所爲，其言得用於吳者，其徒夸大之說也。……其言闔廬試以婦人，尤爲奇險不足信。」

綜觀葉氏所疑者曰：一爲左傳不載孫武，二爲春秋時固無中御之患，戰國始有而未甚。〔註2〕三爲春秋諸戰役未有指敵以爲食者。〔註3〕四爲言闔廬試以婦人，奇險不足信。有此諸疑，葉氏推斷《孫子》書乃春秋末戰國初山林處士所爲。其後宋人陳振孫、高似孫、清人姚際恒、全祖望均從葉氏之說，以《左傳》未載而疑之。〔註4〕近人齊思和亦和之云：「余詳研其書，遍考之於先秦群籍，然後知孫武實未必有其人，十三篇乃戰國之書，而葉氏之說不可易也。特葉氏立言過簡，不免其啓人之疑。」〔註5〕故齊氏抉摘剖判，益以新證。此又一說也。

（3）孫武有其人，然無著述焉

姚鼐《惜抱軒文集》讀孫子云：

> 左氏序闔廬事無孫武。太史公爲列傳，言武以十三篇見闔廬。余觀

〔註2〕案《孫子·謀攻篇》云：「軍之所以患於君者三：不知三軍之不可進，而謂之進；不知三軍之不可退，而謂之退，是謂縻軍。不知三軍之事，而同三軍之政，則軍士惑矣。不知三軍之權，而同三軍之任；則軍士疑矣。」

〔註3〕案《孫子·作戰篇》有「智將務食於敵」之語。

〔註4〕見《中國歷代經籍典》，頁2226及張心澂《僞書通考》，頁798、799。

〔註5〕見齊思和《孫子著作時代考》。

之，吳容有孫武者，而十三篇非所著。戰國言兵者爲之，託武焉爾！春秋大戰用兵不過數百乘，未有興師十萬者也，況在闔廬乎？田齊三晉既立爲侯，臣乃稱君曰主，主在春秋時，大夫稱也。是書所言皆戰國事也。其用兵法乃秦人虜使民法也，不仁人之言也。然自是世言用兵者，以爲莫武若矣。

依姚氏之言，則爲吳容有孫武者，以戰爭之規模論，及「主」之稱呼言，係爲戰國時言兵者所依託也。此又一說也。

（4）孫臏承其祖孫武之學而成是書

今人陳啓天以古人爲學均有傳授，孫臏既爲孫武後世子孫，則武之兵法授之於臏，臏即據之撰成十三篇，而署武之名以行世。故陳氏特引明人吳興松筠館主人序《孫子參同》之言善推之，〔註6〕因下斷語句：

> 因其本於武，故自來言《孫子》者，均繫之於武。因傳於臏，故其書之內容，有不類武撰者。武授之，而臏傳之。故謂此書爲武自撰者固誤，而謂此書與武絕無因緣者亦非之也。〔註7〕

今人張其昀亦主張《孫子》書成於孫武後裔孫臏之手。唯張氏遙承清人弁庭之說，以伍子胥與孫武似非二人耳。〔註8〕此又一說也。

（5）孫武孫臏殆一人耳

今人錢穆認爲形名之語，起自戰國中晚，則《孫子》書應成於齊之孫臏。〔註9〕又確認孫武、孫臏同一人，指出史公誤分爲二人之失。錢氏云：

> 孫子五校首之以道而後天地。其曰：鬥眾如鬥寡，形名是也。形名之語，亦起戰國中晚，則《孫子》十三篇洵非春秋時書，其人則自齊之孫臏而誤。（《先秦諸子繫年・孫武辨》）

又云：

> 疑凡吳孫子之傳說，皆自齊孫子來也。《史記》本傳吳孫子本爲齊人，而齊孫子爲其後世子孫。又孫臏之稱，以其臏腳而無名，則武殆即臏名耳。孫臏從田忌勝魏馬陵，遂勸忌無解兵入齊，忌不聽，後忌

〔註6〕見陳啓天《孫子兵法校釋》，頁53，引吳興松曰：「按《史記列傳》稱武爲臏之祖，臏之兵法傳於後世云，則其書殆傳於臏，而本於吳者歟！」

〔註7〕見陳啓天《孫子兵法校釋》，頁53。

〔註8〕見張其昀《中國軍事史略》第三章。

〔註9〕案《孫子・勢篇》云：「鬥眾如鬥寡，形名是也。」

終奔楚。孫子既斷其兩足爲廢人，常客田忌所，疑當與忌同奔。後杜赫爲鄒忌說楚王封田忌於江南，則孫子亦隨至江南矣。及田想復返齊，孫子同返與否不可知，據《越絕書》吳縣巫門外大冢孫武冢也，去縣十里，則武殆先忌之返而卒於吳者歟？其著兵法，或即在晚年居吳時。吳人炫其事，遂謂見闔廬而勝楚焉。後人說兵者，遞相附益，均託之孫子。或曰吳，或曰齊，世遂莫能辨，而史公亦誤分以爲二人也。（《先秦諸子繫年·田忌、鄒忌、孫臏考》）

又日人齊藤拙堂作《孫子辨》，以《孫子》之事不見稱於《左傳》，因疑《史記》所載孫武之事。又以孫武見吳王在伐楚之前，其時吳王已得見武之十三篇。然作書之時，越國尚小，其兵不應多於吳。今《孫子·虛實篇》云：「以吾度之，越人之兵雖多，亦奚益於勝哉？」是今《孫子》在越強於吳之後。又《左傳·昭公三十三年》，吳伐越，爲吳越相爭之始，而〈九變篇〉云：「吳人與越人相惡。」是吳越相仇後之證。故此書當爲戰國以後之作。《戰國策》名孫臏曰孫子，《史記列傳》及自序據以記臏之兵法。故齊藤氏確定今之《孫子》乃臏著，武與臏乃一人，武其名，臏其號也。〔註10〕此又一說也。

（6）孫武孫臏各有著述，惟今之十三篇為孫臏所著

日人武內義雄以《史記》載孫武、孫臏二人均有兵法之著述，而《漢志》有《吳孫子兵法》及《齊孫子兵法》，則武與臏各爲一人，各有著述。惟今《孫子》十三篇爲孫臏所著，其理由：（一）《隋志》有吳孫子牝八變陣圖二卷，《新唐志》有吳孫子三十二壘經一卷，其佚文援引於周官注與《太平御覽》者，不見於今之《孫子》，其文章亦與今之《孫子》不類，則今《孫子》非武著。（二）戰國孫臏之言與今《孫子》書相似：例如「兵法百里而趨利者蹶上將，五十里者軍半至。」與今《孫子·軍爭篇》「五十里而爭利則蹶上將」同。「馬陵道狹，而旁多險阻，可伏兵。」與今《孫子·行軍篇》「軍旁有險阻，……此伏姦之所處也。」同意。「攻其懈怠，出其不意。」與今《孫子·始計篇》「攻其不備，出其不意。」大同小異。故今本疑臏作。（三）《呂氏春秋·不二篇》：「孫臏貴勢。」高誘注：「孫臏，楚人，爲齊臣，作謀八十九篇，權之勢也。」今《孫子》有〈勢篇〉，與《呂覽》所評孫臏之說相似，又與高誘所見齊《孫子》八十九篇之說合。故今本出臏所作。今本《孫子》之由來，如

〔註10〕見張心澂《僞書通考》，頁800所引。

杜牧之言，則似魏武自孫武之書所錄出者，蓋當時兵亂之際，古書多已佚，既不得吳《孫子》之書，遂以齊《孫子》誤作吳《孫子》，後世襲其誤，遂相沿曰孫武之說歟？〔註11〕此又一說也。

（7）今之《孫子》乃曹武所刪定者

日人田所義行以爲秦火焚書，漢代重編典籍，已敷上漢人思想色彩矣！故吳《孫子》齊《孫子》已非先秦之舊。彼推測漢時《孫子》十三篇、吳《孫子》八十二篇、齊《孫子》八十九篇三書均並行於世。〔註12〕迄三國曹武方削繁去蕪以符《史記》之《孫子》十三篇。今人徐培根、魏汝霖早期小近此說。〔註13〕此說無疑均據唐杜牧之言而推衍之。杜牧云：「《孫子》數十萬言，魏武削其繁剩，筆其精切，凡十三篇，成一卷。」〔註14〕此又一說也。

綜觀上述諸說，莫不執一得而炫逞，據瑕隙以問難。然眾理紛雜，但有一眞；萬眾幻化，唯自一源。先秦典籍距今渺遠，固難考其詳委。然就蛛絲馬迹，串聯比證，亦庶得其近眞。孫武之傳，史遷立言最早，距古亦最近，按理應數最可信。然史遷運「率然」之筆，敷彩衍聲，孫武其人固栩栩如生，然吉光片羽，亦啓人疑竇。故史遷爲孫武立傳，亦如《老子》，均自人物特徵予以強化著色，非排比史料而立詳傳也。〔註15〕蓋史遷之作《史記》，非唯史家之筆，亦爲大文學家之巨橡也。吾人之視《史記》人物若不準此，則易眩目疑心，莫知所從矣。因之，史遷之《孫武傳》，疑者雖眾，信者亦多。宋人葉適啓疑，明人宋濂即辨之曰：

> 武，齊人，吳闔廬用以爲將，西破強楚，入郢，北威齊晉，顯名諸侯。葉適以不見載於《左傳》，疑其書乃春秋末戰國初山林處士之所爲。予獨不敢謂然。春秋時，列國之事赴告者則書於策，不然則否。二百四十二年之間，大國若秦楚，小國若越燕，其行事不見於經傳者有矣，何獨武哉。（諸子辨）

《四庫提要》亦云：

> 《孫子》一書孫武撰，考《史記・孫子列傳》載武之事十三篇，而《漢書・藝文志》乃載《孫子兵法》八十二篇，圖九卷。故張守節

〔註11〕見張心澂《僞書通考》，頁800～801所引。
〔註12〕案《漢志・兵權謀》載有吳孫子八十二篇，齊孫子八十九篇。
〔註13〕見魏汝霖《孫子今注今譯》，頁7～8。
〔註14〕見《中國歷代經籍典錄・唐杜牧孫子注自序》，頁2225。
〔註15〕詳見日人田所義行著《孫子》，頁15。

《正義》以十三篇爲上卷，又有中下二卷。杜牧亦謂武書本數十萬言，皆曹操削其繁剩，筆其精粹，以成此書。然《史記》稱十二篇在《漢志》之前，不得以後來附益者爲本書，牧之言固未可以爲據也。……武書爲百代談兵之祖，葉適以其人不見於《左傳》，疑其書爲春秋末戰國初山林處士之所爲。然《史記》載闔廬謂武曰：「子之十三篇，吾盡觀之矣。」則確爲武之自著，非後人嫁名於武也。

清入孫星衍亦論之云：

孫子爲吳將兵，以三萬破楚二十萬，入郢，威齊晉之功，歸之子胥，故《春秋傳》不載其名，蓋功成不受官。《越絕書》稱巫門外大冢，是其證也。（孫校孫子十家注序）

按今《孫子‧形篇》云：「故善戰者之勝也，無智名，無勇功。」若孫武以入郢、威齊晉之功，歸之子胥，頗符《孫子》書之旨意。

至若孫臏即爲孫武者，毫無根據，未免失之武斷。今人陳啓天曾擬三點明其非是。陳氏云：

武與臏在《史記》本傳固分明爲二人，一也。武與臏之兵法，在《史記》與《漢志》亦分明有二書，二也。戰國時言兵法者，均孫、吳連稱。孫臏稍後於吳起，若孫子即齊孫子則當稱吳、孫，不當稱孫、吳，三也。〔註16〕

近人齊思和亦就此問題辨之云：

此說新則新矣，然亦無佐證也。臏者腓刑之稱，是受魏臏足之孫子，以受刑而得名，而其本名反不傳，此事之可疑者。……若就其書論之，《漢書‧藝文志‧兵書類》著錄兩《孫子》，班固嫌其相混也。故以吳《孫子》齊《孫子》別之，若謂十三篇即臏所著，則齊《孫子》又係誰人之書乎？〔註17〕

故由上述觀之，孫武、孫臏顯係二人，毫無疑問矣！若言孫武即爲伍員者，尤屬推測之詞，毫無確證，不足爲據。〔註18〕

尤爲吾人所注意者，最近於山東臨沂銀雀山挖掘之一號二號漢墓，發現《孫武兵法》、《孫臏兵法、》、《管子》、《晏子》、《太公六韜》、《墨子》、《尉

〔註16〕見陳啓天《孫子兵法校釋》，頁53。
〔註17〕見齊思和《孫子著作時代考》。
〔註18〕見陳啓天《孫子兵法校釋》，頁52。

繚子》等大批竹簡。同竹簡出土者猶有漆器、陶器、鐵幣等之隨葬物。因此，吾人得知三大重要事實：一為孫武、孫臏各有兵法，絕不可混為一談。二為《孫武兵法》與宋刻本十一家注《孫子》基本相同。三為隨同出土之「半兩錢」與「三銖錢」。依《漢書・武帝紀》記載，建元元年（西元前 140 年）始鑄「三銖錢」，迄建元五年（西元前 136 年）停罷。因之，可斷定墓葬年代，不能早於建元元年。然未發現武帝元狩六年（西元前 118 年）始鑄之「五銖錢」，亦可斷定墓葬年代，不會晚於元狩五年。〔註 19〕按史遷作《史記》成於漢武帝太初元年（西元前 104 年）迄太始二年（西元前 95 年）凡十年間。〔註 20〕自應見過此出土之《孫武兵法》。故史遷言孫武著《兵法》十三篇甚為可信，非為《漢志》所載之八十二篇也。故竹簡《兵法》之重現，無疑予史遷作最有力之佐證。而自宋葉適以來之疑，亦一掃而光矣。

　　昔人云：「讀其書，不識其人，可乎？」古代先賢嘔心瀝血之智慧結晶，吾人固宜發揚光大之。而其著述名山大業之功績，亦豈可任其湮沒乎？故不憚辭煩，首詳為辨正焉。

第二節　孫武傳略

　　孫武其人其事見於典籍者以《史記》最早。《史記・孫吳列傳》云：

　　　孫子武者，齊人也，以兵法見於吳王闔盧。闔盧曰：「子之十三篇，吾盡觀之矣，可以小試勒兵乎？」對曰：「可。」闔盧曰：「可試以婦人乎？」曰：「可。」於是許之，出宮中美女得百八十人。孫子分為二隊，以王之寵姬二人，各為隊長，皆令持戟。令之曰：「汝知而心與左右背乎？」婦人曰：「知之。」孫子曰：「前則視心，左視左手，右視右手，後即視背。」婦人曰：「諾」。約束既布，乃設鈇鉞，即三令五申之。於是鼓之右，婦人大笑。孫子曰：「約束不明，申令不熟，將之罪也。」復三令五申，而鼓之左，婦人復大笑。孫子曰：「約束不明，申令不熟，將之罪也，既已明而不如法者，吏士之罪也。」乃欲斬左右隊長。吳王從台上觀，見且斬愛姬，大駭。趣使使下令曰：「寡人已知將軍能用兵矣，寡人非此二姬，食不甘味，

〔註 19〕見徐培根魏汝霖《孫臏兵法注釋附錄》，頁 220。
〔註 20〕見孫德謙《太史公書義法》，頁 121。

願勿斬也。」孫子曰：「臣已受命爲將，將在軍，君命有所不受。」遂斬隊長二人以徇，用其次爲隊長。於是復鼓之，婦人左右前後跪起，皆中規矩繩墨，無敢出聲。於是孫子使使報王曰：「兵既整齊，王可試下觀之，唯王所欲用之，雖赴水火猶可也。」吳王曰：「將軍罷休就舍，寡人不欲下觀。」孫子曰：「王徒好其言，不能用其實。」於是闔廬知孫子能用兵，卒以爲將，西破彊楚，入郢，北威齊晉，顯名諸侯，孫子與有力焉。

由此列傳吾人能知孫武者四：（一）孫武爲齊人。（二）孫武曾以其十三篇干闔廬。（三）孫武曾以其兵法試之婦女。（四）闔廬以孫武爲將，西破彊楚，入郢，北威齊、晉，顯名諸侯，孫子與有力焉。然而孫武既爲齊人，何以去齊就吳？何時以十三篇干闔廬？入郢之後去處如何？在吳爲將若干年？史遷以「率然」之筆爲文立傳，似神龍見首不見其尾。吾人僅能就旁徵考究之耳。

　　孫武以兵法十三篇干吳王闔廬，而吳公子光於吳王僚十三年（即周敬王五年，公元前 515 年）弒吳王僚代之爲王，即爲吳王闔廬。〔註21〕故孫武干吳王闔廬自應在周敬王五年以後。《史記・伍子胥列傳》云：

　　　闔廬立三年，乃興師，與伍胥、伯嚭伐楚，拔舒，遂禽故吳反二將
　　　軍。因欲至郢，將軍孫武曰：「民勞，未可，且待之。」乃歸。

由此段記載，孫武於闔廬三年（即周敬王八年，公元前 512 年）已仕於吳，殆無疑問矣。《左傳》雖無記載孫武，然試觀魯昭公三十年云：「楚將以害吳，子西諫曰：「吳光新得國，而親其民，視民如子，辛苦同之，將用之也。」較之孫子「道者，令民與上同意，可與之死，可與之生，而不畏危也。」（計篇）「視卒如嬰兒，故可與之赴深谿；視卒如愛子，故可與之俱死。」（地形篇）兩者語意相當。又《左傳》同年載伍員獻計於吳子云：

　　　執政眾而乖，莫適任患。若爲三師以肄焉，一師至，彼必皆出，彼
　　　出則歸，彼歸則出，楚必道敝。亟肄以罷之，多方以誤之，既罷而
　　　後，以三軍繼之，必大克之。

觀此諸語以較之孫子「佚而勞之」（計篇），不亦同乎？《左傳》雖載伍員之策，卻暗合孫子用兵之法。故由上二段《左傳》所載，顯然吳國已深受孫子影響矣。若非孫武已爲吳將，至少已參贊機幕矣。

　　至於孫武爲吳將迄於何時？《史記・伍子胥列傳》云：

<hr />

〔註21〕見《史記・吳太伯世家》。

> 九年，吳王闔廬謂子胥、孫武曰：始子言郢未可入，今果如何？二
> 子對曰：楚將囊瓦貪，而唐、蔡皆怨之，王必大伐之，必先得唐、
> 蔡乃可。

此段陳述豫交以伐楚，頗合孫子書旨意。〔註22〕然孫武是否隨軍征討，頗足玩味。《史記・孫吳列傳》雖言「破楚入郢」，然末僅敘及「與有力焉」耳。再觀之〈吳太伯世家〉及〈伍子胥列傳〉敘述伐楚戰役，均未明言孫武參與其事。《史記・楚世家》云：「（楚平王）十年冬，吳王闔廬、伍子胥、伯嚭與唐、蔡俱伐楚，楚大敗。」明顯指出孫武並無參與此役。宋蘇洵按武之書以責武之失者三：

> 九地曰：「威加於敵，則交不得合。」而武使秦得包胥之言，出兵救
> 楚，無忌吳之心，斯不威之甚，其失一也。作戰曰：「久暴師則鈍兵
> 挫銳，屈力殫貨，則諸侯乘其弊而起。」且武以九年冬伐楚，至十年
> 秋始還，可謂久暴矣。越人能無乘間入國乎？其失二也。又曰：「殺
> 敵者，怒也。」今武縱子胥、伯嚭鞭平王尸，復一夫之悉忿，以激怒
> 敵，此司馬成、子西、子期所以必死仇吳也。勾踐不頹舊冢而吳服，
> 田單譎燕墓而齊奮，知謀與武遠矣。武不達此，其失三也。〔註23〕

孫武既著是書，諒無自致食言乖牾之理。由蘇氏之言，吾人反可推知孫武入郢之前或曾參贊其策，惟無參與其役。以孫子書之慎戰保道，必然輕蔑吳王闔廬之老師傷財，輕啓戰端。且於入郢之後，「吳王久留楚，求昭王，而闔廬弟夫概乃亡歸，自立為王。闔廬聞之，乃釋楚而歸，擊其弟夫概。」〔註24〕吳起內訌，大忌上下相和之道，豈孫子之旨意哉？故宜乎明余邵魚之言也，余氏云：

> 武私謂員曰：子知天道乎？暑往則寒來，春還則秋至。王恃其強盛，
> 四境無虞，驕樂必生。夫功成不退，將有後患。吾非徒自全，并欲
> 全子。員不謂然，武遂飄然而去。贈以金帛數車，俱沿路散於百姓
> 之貧者，後不知其所終。（東周列國志）

言孫武以闔廬難成大事，遂飄然歸隱，其理甚當。

〔註22〕案《孫子・謀攻篇》云：「上兵伐謀，其次伐交。」又〈軍爭篇〉云：「故不
　　　　知諸侯之謀者，不能豫交。」
〔註23〕見姚永樸《諸子考略》，頁24。
〔註24〕見《史記・伍子胥列傳》。

因之，綜觀史籍所載，孫武仕吳期間，自吳王闔廬三年（即周敬王八年，公元前 512 年）迄闔廬九年（即周敬王十四年，公元前 506 年）共約六年間而已。其後飄然隱去，則不可考矣。吾人唯一可知者，據《越絕書》卷二云：「巫門外大冢，吳王客孫武冢也，去縣十里，善爲兵法。」殆孫武晚年乃隱於吳而卒焉。至於孫武何以去齊就吳？其先裔若何？據宋歐陽修《新唐書·宰相世系表》云：

> 齊田完，字敬仲。四世孫桓子無宇。無宇二子：恆與書。書，齊大
> 夫，伐莒有功，景公賜姓孫氏，食采於安樂。生憑，字起宗，齊卿，
> 憑生武，字長卿，以田、鮑四族謀爲亂，奔吳，爲將軍。

案《左傳·昭公十九年》云：「秋，齊高發帥師伐莒，莒子奔紀鄣，使孫書伐之。」杜注云：「孫書，陳無宇之子子占也。」故可知孫武先人居齊，後以田、鮑四族謀爲亂，遂奔於吳。清孫星衍亦云：「孫子蓋陳書之後，陳書見《春秋傳》，稱孫書。姓氏書以爲景公賜姓，言非無本。又泰山新出孫夫人碑亦云：與齊同姓。」孫武出自齊之陳氏，蓋無疑問矣。

第二章　孫子書之時代背景

　　吾國歷史源淵悠長，史遷著書，斷自黃帝始，迄今已五千多年矣。然吾國學術之大興，僅於周之東遷以後。三代以前，草萊初闢，書契無徵，固不待論。即夏商之世，文物制度尚在草創之中，學術思想殆方見萌芽，況文獻不足，紀載缺失，縱有學說，亦難詳考。孔子生春秋之世，已嘆夏殷二禮無徵。〔註1〕洪範九疇雖或為夏禹政治之大法，而文辭簡短；商書雖多為信史，而記載疏略。近世發現之殷墟甲骨貞卜契券之文字，雖可據以推思古代之制度，究非學術思想之紀錄。《中庸》云：「仲尼祖述堯舜，憲章文武。」吾國道統雖遙承堯舜，然斷自孔子始發揚光大之。〔註2〕故論及吾國學術思想之蓬勃發展，宜自周室東遷以後之春秋始。蓋自周室東遷，王室式微，禮樂崩壞，周之封建制度與宗法階級，已不足以維繫人心，遂啓諸侯霸心，天下紛爭迭起，聖賢思治，百家之說起矣！

　　春秋之際，既啓百家爭鳴之端，然其學說之醞釀，自非一朝一夕之功。故胡適之謂孔、老以前二、三百年，乃中國學術思想之懷胎時代。〔註3〕胡氏將彼懷胎時代之特徵歸納為四點：第一：戰禍連年，百姓痛苦。第二：社會階級逐漸消滅。第三：生計現象貧富不均。第四：政治黑暗，百姓愁怨。〔註4〕同

〔註 1〕　見《論語・八佾篇》。
〔註 2〕　章實齋以為六經皆史，孔子述而不作，僅集大成耳。皮錫瑞則以為章氏經史不分，而加以反對。要之，六經與堯、舜、文、武、周公不無關係，後經孔子增益發明始光大之。（詳見狩野直喜《中國哲學史》第二章〈中國思想の起源〉。）
〔註 3〕　見胡適《中國古代哲學史》第二篇第一章「中國哲學結胎的時代」，頁 33。
〔註 4〕　仝前，頁 39。

時，亦將彼時代思潮分為四派：一、憂時派。二、厭時派。三、縱慾自恣派。四、樂天安命派。〔註5〕胡氏之說，頗足說明當時代之狀況。日人宇野哲人言周室喪亂，諸侯爭霸，風雲際會之時，有英雄豪傑，有仁人志士。前者投身於行動以實行抱負，後者著書立說以拯生民於塗炭。〔註6〕孫武者，生約同於孔子，或約晚於孔子。〔註7〕既為英雄豪傑，亦為志士仁人矣。其功績偉業或有未濟，其著書立說則千秋彪炳。語云：「時勢造英雄，英雄造時勢。」夫若無時代潮流之激盪，自無法成就聖賢豪傑。胡適之言某一學說之前因有兩端，一者為彼時代政治社會之狀況，二者為彼時代之思想潮流。〔註8〕孫武既生於吾國學術思想黃金時代之發端，吾人欲明其書，自宜先明其時之政治社會狀況，與其思想潮流。尤有進者，孫武非惟以軍事特長，且為一大之思想家。因此，吾人研讀其書，或有略異於其他諸子者，故自亦以軍事背景說明之。

第一節　春秋時代之思想潮流

夫學術思想之孕育由漸積而成，其演化過程既互為衝激，且其源亦必有前承。諸子百家爭鳴之起，若溯其源流，則自春秋初期已生萌蘖。綜觀春秋初期，以迄春秋末世，其思想之犖犖大著者約略三端：

（一）神人觀念之演化

上古民智未開，於自然人事莫不就鬼神而問之。即如伏羲畫八卦，其始亦作卜筮之用。〔註9〕《周禮‧春官》所載祝巫之官，亦掌卜筮休咎，占驗災祥。然洎乎春秋之世，鬼神術數之說漸息，明哲之士已漸專主人事以論治。若鄭子產曰：「天道遠，人道邇，非所及也，何以知之？」（《左傳‧昭公十八年》）又仲幾曰：「薛徵於人，宋徵於鬼，宋罪大矣。」（《左傳‧定公元年》）雖則《左傳》記載災異之說亦復不少，然明哲之士已能不依附鬼神，無疑乃思想上之突破。故樊遲問知，孔子答曰：「務民之義，敬鬼神而遠之，可謂知

〔註5〕見胡適《中國古代哲學史》第二篇第二章「那時代的思潮」，頁40～41。
〔註6〕見宇野哲人《支那哲學概論》第二章，頁9。
〔註7〕案《左傳‧定公十年》曰：「公會齊侯於祝其，實夾谷。孔丘相。」《史記‧吳太伯世家》亦載吳王闔閭十五年，孔子相魯。孔子相魯已五十歲矣。孫武則於闔閭三年至九年仕於吳，見前章所考。
〔註8〕見胡適《中國古代哲學史》第二篇第一章「中國哲學結胎的時代」，頁32。
〔註9〕見狩野直喜《中國哲學史》第六章「易」，頁80。

矣。」(《論語・雍也篇》)季路問事鬼神,子曰:「未能事人,焉能事鬼?」(《論語・先進篇》)由此觀之,人事思想於春秋末已趨成熟矣!宜乎夏曾佑云:

> 鬼神術數,傳自炎黃,至春秋而大備。然春秋之時,人事進化駸駸
> 有一日千里之勢。鬼神術數之學,遂不足牢籠一切。春秋之末,明
> 哲之士,漸多不信鬼神術數者。〔註10〕

因此,摒棄鬼神之依附,進而專就人事以論治,乃此時代思想上之一大演化也。

(二)「德」「力」思想之並重

《孟子・公孫丑篇》曰:「以力假仁者霸,霸必大國,以德行仁者王,王不待大。」霸道思想即以力為主,朱子注云:「謂土地甲兵之力。」王道思想即以德為主,朱子注云:「自吾之得於心者推之,無道而非仁也。」王霸之分,自來即為聖哲所重,惟於春秋之際,「德」「力」思想混淆未清,大抵均主「德」「力」並重。若管仲者,孔子稱其「如其仁!如其仁!」(《論語・憲問篇》)亦云:「畏威如疾,民之上也;從懷如流,民之下也;見懷思威,民之中也。畏威如疾,乃能威民;威在民上,弗畏有刑;從懷如流,去威遠矣,故謂之下,其在辟也,吾從中也。」〔註11〕管仲言從中也,即主懷威並濟,亦即德力並重。又鄭子產說范宣子曰:「夫令名,德之輿也;德,國家之基也。有基無壞,無亦是務乎?有德則樂,樂則能久。」(《左傳・襄公二十四年》)又曰:「產聞之,小國忘守則危,況有災乎?國之不可小,有備故也。」(《左傳・昭公十八年》)雖先言「德,國家之基也。」然為圖國家之生存,乃不可不整備軍力以守之。《左傳》略似此記載者頗多,大抵言「德」「力」交互為用,乃能安內攘外。〔註12〕因之,「德」「力」思想之交互為用,乃此時代之一般思潮。

(三)「禮」「刑」思想之替換

周公制禮作樂,奠定周室「尊尊」「親親」之宗法制度。「尊尊」即尊王室也。「親親」即諸夏親暱,諸侯相親也。〔註13〕是以周室之禮,禮大夫以上耳,於庶人則用刑焉。故《禮記・曲禮》曰:「禮不下庶人,刑不上大夫。」

〔註10〕見夏曾佑《中國古代史》,頁71。
〔註11〕齊姜引管仲法,見《國語・晉語》。
〔註12〕參見陳啟天《中國政治哲學概論》,頁48～49。
〔註13〕參見王曉波〈法家的前驅──管仲與子產〉,《大陸雜誌》四十九卷第4期。

及乎齊桓之世，管仲欲以「尊王攘夷」，仍頗遵循周禮。其云：「臣聞之，招攜以禮，懷遠以德，國禮不易，無人不懷。」(《左傳‧僖公七年》)故管仲為王室平定戎患，周襄王欲待之以上卿之禮，管仲拒之云：「臣賤有司也；有天子之二守國、高在，若節春秋，來承五命，何以禮焉？陪臣敢辭。」〔註14〕又葵丘之會，周襄王使宰孔賜桓公祭肉，與桓公無下拜，管仲則云：「為君不君，為臣不臣，亂之本也。」(《國語‧齊語》)因之，於春秋初期，周室衰微，禮猶未崩。迨及鄭子產之際，於禮之形式與實質已略變焉。例晉平公卒，鄭派使以悼，依禮宜以「幣行」，然子產以喪焉用幣，其云：「用幣必百兩，百兩必千人，千人至，將不行。不行，必盡用之。幾千人而國不亡？」子皮稱其「知度與禮矣！」〔註15〕甚而，子產猶鑄刑書，明文立法。禮刑原只一線之隔，發自內心之自束則為禮，限自外端則為刑。前者自動，後者被動。子產鑄刑書之前，雖尚有《尚書‧呂刑》，楚文王之「僕區之法」，〔註16〕晉文公之「被廬之法」、〔註17〕楚莊王之「茅門之法」、〔註18〕范宣子之「刑書」，然禮刑之轉變，子產之鑄刑書無疑為重要關鍵。子產之刑書，其內容今雖不得而知，然自晉大夫叔向之批評鑄刑書，吾人可略知一二，叔向曰：

> 昔先王議事以制，不為刑辟，懼民有爭心也。猶不可禁禦，是故閑之以義，糾之以政，行之以禮，守之以信，奉之以仁。制為祿位，以勸其從；嚴斷刑罰，以威其淫，懼其未也，故誨之以忠，聳之以行，教之以務，使之以和，臨之以敬，……不忌於上，並有爭心，以徵於書，而徼幸以成之，弗可為矣。……民知爭端矣，將棄禮而徵於書，錐刀之末，將盡爭之，亂獄滋豐，賄賂並生。終子之世，鄭其敗乎！」(《左傳‧昭公六年》)

孔子亦重禮，其批評晉鑄刑鼎云：「民在鼎矣，何以尊貴？貴何業之有？貴賤

〔註14〕以上事蹟見《左傳‧僖公十二年》。
〔註15〕見《左傳‧昭公十年》記載。
〔註16〕案「僕區之法」春秋楚刑書名。《左傳‧昭公七年》：「吾先君文王作僕區之法。」杜注：「僕區，刑書名。」
〔註17〕案《左傳‧昭公二十九年》：「作執秩之官，為被廬之法。」
〔註18〕案《韓非子‧外儲說》：「荊莊王有茅門之法。」王先謙《集解》：「孫詒讓曰：『茅門下作茆門，《說苑‧至公篇》與此略同，亦作茅，茅門即雉門也。《說文》雉古作鴅，或省作弟，與茅形近而誤，《史記‧魯世家》：煬公築茅闕門。即春秋定公二年經之雉門兩觀也。』先謙案：孫說茅即弟之誤也，《御覽》六百三十八引正作弟可證。」

無序，何以爲國？」（《左傳・昭公二十六年》）由此可見鑄刑書刑鼎雖有聖哲反對，然重刑之思想，似爲時勢所趨。重刑之思想，非惟提高刑之地位，且擴大其範圍。古昔重禮而漸次禮刑並重，而終一斷於刑。古昔貴族專禮，而漸趨貴賤同刑。〔註19〕故禮刑思想之替換，亦爲此時代思想之特色也。

第二節　春秋時代之政治社會概況

周之盛世，惟在成、康，康王之子昭王南征未返，王室微缺，至厲王益衰。宣王雖一度中興，未幾又衰。犬戎殺幽王，平王東遷，王室陵夷，已不復振矣！自此之後，賴以維繫天下人心之封建宗法制度雖存若亡，五霸以勤王爲名，號令天下，專務私欲。此刻政治社會激盪最烈，臣弒君有之，禮樂廢惰，道德腐敗。兼之諸侯力征，陪臣僭越，天下亂矣！綜觀此時政治社會影響學術思想之發展者有四端，約略說明於左：

（一）諸侯兼併與夏夷之辨

周室東遷，王室式微，既無力節制諸侯，諸侯亦各自爲政，專私兼併。蓋封建之初，天子控制諸侯之方式，不外巡狩與征伐二大端。天子又命諸侯之強者爲方伯，得專征伐，以衛王室，晚周霸政即由此蛻化而出。故武王時猶有侯國千八百國，至入春秋之世，國之見於書者僅十餘國而已。〔註20〕其迭興之國亦惟有七：齊、晉、宋、秦、楚、吳、越是也。其間惟晉爲周之懿親。〔註21〕齊爲周之勛戚。〔註22〕故王室是賴，亦以此三國爲多。霸政時期，政由諸侯以天子令挾天下，且賴諸侯大國以拒異族。蓋中國自古即有夷狄之患，殆及春秋尤烈。據顧棟高春秋大事表統計，春秋華夷衝突事件，計諸夏與東夷有十二次，與西夷有二十六次，與南蠻有七次，與北狄有六十九次，與犬戎有二次，共一百一十七次之多。由此可見，夏夷問題於春秋時代乃政治上之一大主題也，管仲「尊王攘夷」之功，孔子稱其「微管仲，吾其被髮左衽矣。」（《論語・憲問篇》）孔子之作春秋，亦嚴夏夷之分。《公羊傳》云：「春秋內其國而外諸夏，內諸夏而外夷狄。」（成公十五年）戎執凡伯，以其不與夷狄之執中國也。吳主會，

〔註19〕參見陳啓天《中國政治哲學概論》，頁50。
〔註20〕見夏曾佑《中國古代史》，頁35。
〔註21〕案晉爲武王之子叔虞所封。
〔註22〕案武王封姜太公於齊，且武王娶太公女，列王之後，多出於姜。

而春秋先言晉侯，與其不與夷狄之主中國也。諸如此類，皆爲春秋夏夷思想之
微言大義也。然而，夏夷衝突頻繁而引起之夏夷思想，亦因夏夷之漸次混合而
改變之。春秋有「用夷禮則夷之，用夏禮則夏之。」之義例，即將種族上之夏
夷之分，視爲文化上之夏夷之別。因此，原視爲夷狄之楚、秦、吳、越諸國，
迄春秋末世，均漸次成爲諸侯之一份子矣！

（二）民本思想與社會階級之改變

周之封建崩壞，宗法階級亦無法維持。於封建時代，政治思想之第一層
次是天或神，其次是天子，其次是諸侯，其次是卿大夫士，最下是民。〔註23〕
故其社會階級亦甚嚴明。《左傳・昭公七年》芊尹無宇曰：

> 天子經略，諸侯正封，古之制也。封略之內，何非君土？食土之毛，
> 誰非君臣？……天有十日，人有十等，下所以事上，上所以共神也。
> 故王臣公，公臣大夫，大夫臣士，士臣皁，皁臣輿，輿臣隸，隸臣
> 僚，僚臣僕，僕臣臺，馬有圉，牛有牧，以待百事。

人有十等，階級分明。然洎乎春秋，民本思想已生萌蘗，種種社會階級亦發
生變化。《國語・晉語》云：

> 天所崇之子孫，或在畎畝，由欲亂民也。畎畝之人或在社稷，由欲
> 靖民也。

《左傳・桓公六年》云：

> 夫民，神之主也。是以聖王先成民而後致力於神。

又〈莊公三十二年〉云：

> 國將興，聽於民；將亡，聽於神。

以民爲神之主，民之地位漸受重視。故此時下階級往往能登上政治舞台。如
《論語》之公叔子文及其家臣大夫僎同升諸公；春秋中之寧戚，作隸之百里
奚，鄭國商人弦高均爲顯明例子。〔註24〕民之地位既已升高，君之於民則宜
愛養，不宜暴虐。《左傳・師曠》曰：

> 天生民而立之君，使司牧之，勿使失性。有君而爲之貳，使師保之，
> 勿使過度。……天之愛民甚矣！豈其使一人肆於民上，以從其淫而
> 棄天地之性，必不然矣！（襄公十四年）

《國語・里革》亦云：

〔註23〕參見陳啓天《中國政治哲學概論》，頁51。
〔註24〕參見胡適《中國古代哲學史》，頁36。

　　　　且夫君也者，將牧民而正其邪者也。若君縱私回而棄民事……將安用

　　　　之？桀奔南巢，紂踣於京，屬流於彘，幽滅於戲，皆是術也。(《魯語》)

由是觀之，民之地位已受有識之士所重視矣！

（三）會盟政治與外交思想

　　春秋之世，諸侯列國間，政治與軍事循環活動，弱國蓋爲自存計，強國則以爭霸爲目的。是以戰爭之頻仍，非全在攙奪疆土，乃爲屈小以自強，政治之角逐，且欲結好於諸侯，而取得盟主之地位。據《春秋經》統計，經書會一百零一次，盟會八十九次，同盟十六次，共二百零六次。〔註25〕是以會盟政治於春秋時代無不爲列國所重視，而貫穿會盟政治者，厥爲外交思想也。春秋之際，最足以代表會盟政治之外交思想者，有齊之管仲與鄭之子產。前者欲爭霸於諸侯，後者則屈小以自強。管仲外交思想之基點爲「尊王攘夷」。假「尊王」則能挾天子以令諸侯，倡「攘夷」則凝聚「諸夏親暱」「同惡相恤」之向心力。例：齊以諸侯之力侵蔡，蔡潰，又乘勢伐楚，楚派使質之曰：「君處北海，寡人處南海，唯是風馬牛不相及也，何故？」管仲則答之曰：「昔召康公命我先君太公曰：『五侯九伯女實征之，以夾輔周室。』……爾貢包茅不入，王祭不共，無以縮酒，寡人是徵。」〔註26〕此乃典型之「挾天子以令諸侯」也，管仲運用之妙已臻佳境。然則，管仲非徒藉「尊王攘夷」之策略，猶能修之以禮。管仲云：

　　　　君以禮與信屬諸侯，而以姦終之，無乃不可乎？子父不奸之謂禮，

　　　　守命共時之謂信，違此二者，姦莫大焉。……夫諸侯之會，其德刑

　　　　禮義，無國不記，記姦之位，君盟替矣。(《左傳·僖公七年》)

會盟不可違禮，違禮則姦，是以管仲能「招攙以禮，懷遠以德，德禮不易，無人不懷。」(《左傳·僖公七年》)

　　至於鄭國子產，乃小國之執政，自來「弱國無外交」，然子產卻能從容周旋於大國之間，以其能充分運用列國會盟，既圖自身生存，且能爭取國家之利益。如引用「周之制」以與晉爭「貢」之輕重。〔註27〕晉大夫欲干預鄭駟之立嗣，〔註28〕均能充分利用會盟政治之外交策略。子產之外交策略，首能

〔註25〕見劉伯驥《春秋會盟政治》，頁216。

〔註26〕以上事蹟見《左傳·僖公四年》。

〔註27〕見《左傳·昭公十三年》。

〔註28〕見《左傳·昭公十九年》。

運用諸侯自身內部之矛盾，其所以敢與晉爭「貢」之輕重，即知「晉政多門，貳偷之不暇，何暇討？」次能把握以「德」為基礎之外交原則。子產說范宣子曰：「夫令名，德之輿也；德，國家之基也。有基無壞，無亦是務乎？有德則樂，樂則能久。」另其大適小之五美，小適大之五惡，亦值得注意。《左傳‧襄公二十八年》子產云：

> 僑聞之，大適小有五美，宥其罪戾，赦其過失，救其菑患，賞其德刑，教其不足。小國不困，懷服如歸。」又云：「小適大有五惡，說其罪戾，請其不足，行其政事，共有職貢，從其時命。

因之，足見春秋諸侯列國，侵爭紛興，常以會盟政治鬥智伐謀，或為爭霸，或圖生存，外交策略之運用已趨成熟矣！

（四）王官失職與著述自由

古代學術，皆出於王官。〔註29〕庶人非在官者，無從受業。兼之古時書籍傳抄匪易，難廣流傳。如韓起為晉世卿，及聘魯，觀書於太史氏，始見易象與春秋，〔註30〕當時得書之難如之。又如：欒、郤、胥、原、孤、續、慶、伯之降在皁隸，〔註31〕摯、干、繚、缺、叔、武、陽、襄之遠適異邦。〔註32〕世族多降為平民，道術始傳於草野。國政既為一統，私學遂分百家。古代書籍亦掌之於官，官既失其守，而後公家書籍始流播於民間。且古者本官師無分，官守學業，皆出於一，天下以同文為治，故無私門著述，即《管子‧任法篇》所謂「官無私論，士無私議，民無私說。」也。自官私分而教法不一，才智之士，多以己能私相傳習。綜上諸端，均啟百家之勃興也。

第三節　春秋時代之軍事背景

周室既衰，諸侯恣意征伐。原周之法，非天子之命，不得動眾起兵，起兵誅不義者，所以強幹弱枝，尊天子，卑諸侯也。故孟子曰：「春秋無義戰。」蓋惡之至也。然而，古昔國之大事，唯祀與戎，有文事者必有武備。故聖人

〔註29〕案漢志有諸子出於王官之說。例：「儒家者流，蓋出於司徒之官。……道家者流，蓋出於史官。……」
〔註30〕見《左傳‧昭公二年》所載。
〔註31〕見《左傳‧昭公三年》叔向語。杜預注云：「此八姓，晉之舊族。」
〔註32〕《論語‧微子篇》云：「大師摯適齊，亞飯干適楚，三飯繚適蔡，四飯缺適秦，鼓方叔入於河，播鼗武入於漢，少師陽，擊磬襄，入於海。」

所稱者，雖爲義戰而已，於軍事之準備則不可一日無之也。軍備之制，原有定則。〔註33〕仁君愛民，謹愼守之，百姓既無兵燹之災，亦無賦役之苦。迨洎諸侯強大，僭侈增益，多所創規。〔註34〕惟此際雖亦征伐頻頻，尙無後世之窮兵黷武，諸侯之間猶能互爲節制。綜觀其時戎事，約有三特色焉，試略釋於左：

（一）戶稅役合一，亦民亦兵

人口土地，乃立國要素。周代土地戶籍完備嚴密，故賦稅勞役，均繇土地及戶籍而爲之。〔註35〕春秋五霸迭起，雖略擴軍備，微有變革，其徵發之制，仍依舊制。《周禮・地官司徒》小司徒云：「乃均土地，以稽其人民，而周知其數。土地家七人，可任也者家三人。中地六人，可任也者二家五人，下地家五人，可任也者家二人，凡起徒役，毋過家一人。」由此段記載，顯然戶稅役合一乃其時之徵兵原則。又《春秋經》成公元年杜預注引《周禮》云：「周禮：九夫爲井，四井爲邑，四邑爲丘，丘十六井，出戎馬一匹，牛三頭。四丘爲甸，甸六十四井，出長轂一乘，戎馬四匹，牛十二頭，甲士三人，步卒七十二人。」〔註36〕由是亦知牛馬戎車之賦役，亦依戶役制度徵發之。

近人夏曾佑亦言春秋之上（含春秋），賦稅兵制二事不可分也。夏並舉魯制之可見者：稅畝之法、兵甲之法、三軍之法、四軍之法、田賦之法。鄭制之可見者：偏伍之法、丘賦之法。晉制之可見者：州兵之法、毀車從卒之法。楚制之可見者：有乘廣之制。齊制之可見者：有軌里連鄉之法。〔註37〕總諸事觀之，知其中田賦軍旅互相關聯，要之皆以土地戶籍爲主。戶稅役既合爲一，故兵民亦不分，平時爲民，戰時爲兵，官無文武，平時治民，戰時率兵。戎馬干戈素具，每歲四時，皆於農隙以講武事。春振旅以蒐，夏芨舍以苗，秋治兵以獮，冬大閱以狩。故《周禮・夏官》云：

〔註33〕案《周禮・夏官》大司馬敘官云：「凡制軍，萬有二千五百人爲軍，王六軍，大國三軍，次國二軍，小國一軍，軍將皆命卿。二千五百人爲師，師帥皆中大夫。五百人爲旅，旅帥皆下大夫。百人爲卒，卒長皆上士。二十有五人爲兩，兩司馬皆中士。五人爲伍，伍皆有長。」

〔註34〕若管仲相齊，作內政以寄軍令，晉惠公作州兵，魯作丘甲。參見楊幼炯《中國文化史》第四篇第七章第二節「春秋列國的軍備與戰國的軍備」，頁194。

〔註35〕參見楊幼炯《中國文化史》第四篇第七章第一節，頁191。

〔註36〕案司馬法與《漢書・食貨志》均有略似記載。

〔註37〕見夏曾佑《中國古代史》，頁180。

中春教振旅，司馬以旗致民，平列陳，如戰之陳，……遂以蒐田。有司表貉誓民，鼓遂圍禁，火弊，獻禽以祭社。中夏教茇舍，如振旅之陳。群史撰車徒，讀書契，辨號名之用，……遂以苗田如蒐之法，車弊，獻禽以享礿。中秋教治民，如振旅之陳，辨旗物之用，……其他皆如振旅，遂以獮田如蒐之法，羅弊，致禽以祀祊。中秋教大閱，前期，群史戒眾庶，修戰法。……乃陳車徒如戰之陳，皆坐，群史聽誓於陳前，斬牲以左右徇陳，曰：不用命者斬之。

由上述所載，其訓練方式均假農隙以講武。蓋春秋以前（含春秋），城市商業尚未發達，士卒皆爲農民。〔註38〕是以亦民亦兵，乃與戶稅役合一相發明也。

（二）作戰以車徒為主，吳楚兼及舟師

春秋之際，作戰方式以車徒爲主。車徒之用，或以車徒配合運用，或單用車，或單用徒，均視實際需要而定。如《左傳‧隱公九年》，北戎侵鄭，鄭伯禦之，患戎師曰：「彼徒我車，懼其侵軼我也。」戎用徒，鄭用車，車徒顯然對立。又魯襄公元年，晉韓厥、荀偃帥諸侯之師伐鄭，敗其「徒兵」於洧上，則單言鄭之徒兵也。又魯昭公元年，晉荀吳帥師敗狄於大鹵，以狄用徒兵，魏舒獻謀，毀車以爲行，五人爲伍，五乘改爲二伍，即十五人，雖用徒兵，猶襲車陣之名。大體「險野人爲主，易野車爲主。」〔註39〕因扼於地，宜步不宜車，遂創爲制勝之略；平原作戰，則通常用車。抑或有車徒配合運用者，若《周禮‧夏官‧大司馬》云：

鼓戒三闋，車三發，徒三刺，乃鼓退，鳴鐃且卻，及表乃止，坐作如初。

言車三發，徒三刺，無疑乃車徒配合之作戰演習。又《左傳‧昭公元年》：

晉中行穆子……爲五陳以相離，兩於前，伍於後，專爲右角，參爲左角，偏爲前拒，以誘之，翟人笑之，未陳而薄之，大敗之。

言「兩於前」，即車在前；言「伍於後」，即步卒在後。且有前拒及左右角而成五陳。

至於南方之吳、楚，因地理環境之特異，已因水戰而有舟師。楚居長江上游，常以舟師攻吳。〔註40〕吳之舟曰餘皇，用以抗楚。長岸之戰，吳既敗，餘

〔註38〕參見楊幼烱《中國文化史》第四篇第七章第二節，頁 198。

〔註39〕語見《周禮‧夏官‧大司馬》。

〔註40〕案《左傳‧魯襄公二十四年》云：「楚子爲舟師以伐吳師。」

皇被擄，公子光仍使長鬣者三人，潛伏於舟側，曰：我呼餘皇則對，師夜從之。三呼！皆迭對，楚人從而殺之，楚師亂，吳人大敗之，取餘皇以歸。〔註41〕

因之，綜觀春秋之際，作戰方式除車徒以外，吳、楚已粗具舟師之規模。至若騎兵之用，已在春秋之後，戰國之際矣。〔註42〕

（三）戰爭連年，民黎失所

春秋之際，諸侯征伐既頻，兼併亦盛。計春秋書戰者二十二次，直書敗者十七次，凡四十次。〔註43〕春秋書例赴告者書之，不告則闕之，故雖言戰伐四十次，實猶未止於此數也。兼之諸侯內部輒起爭權鬩鬪，〔註44〕外則夷狄屢屢犯邊，〔註45〕幾無一日是靖。處此戰亂不寧之際，首當其衝者厥為民黎百姓。民黎既承賦役之苛虐，復罹流離喪命之痛，其處水深火熱，足可想見矣。試觀《詩經》所述歷歷如繪，令人淒惻：

> 肅肅鴇羽，集于苞栩。王事靡盬，不能蓺稷黍。父母何怙？悠悠蒼天，曷其有所。（〈唐風鴇羽〉）

> 中谷有蓷，暵其濕矣！有女仳離，啜其泣矣！啜其泣矣！何嗟及矣。（〈王風・中谷有蓷〉）

> 有兔爰爰，雉離於羅。我生之初，尚無為。我生之後，逢此百罹，尚寐無吪！（〈王風・兔爰〉）

> 苕之華，其葉青青。知我如此，不如無生！二

> 牂羊墳首，三星在罶。人可以食，鮮可以飽。三（〈小雅・苕之華〉）

征役勞苦，搶天呼地！骨肉乖離，不如無生！逢此百罹，嗟嘆何及！皆為諸侯征伐連年之後遺症。與此後遺症相對者，則為聖賢思求治國安民之道，百家之說遂以興焉。同時，累積連年征伐之戰爭經驗，遂產生軍事哲理與軍事原則，其影響後世之深，不下於百家之學也。

〔註41〕長岸之戰見《左傳・昭公十七年》所載。
〔註42〕參見楊幼炯《中國文化史》第四篇第七章第二節，頁203。
〔註43〕見劉伯驥《春秋會盟政治》，頁72。
〔註44〕案齊桓、晉文之立即為顯明例子。桓公之兄襄公無道，鮑叔牙知亂將作，奉小白奔莒，管夷吾、召忽奉公子糾奔魯，各假外力以爭位。晉文公亦因獻公幸驪姬，引起內亂，在外十九年，方得返國就位。其他內亂之例，《左傳》屢見不鮮。
〔註45〕見本章第二節所引。

第三章　孫子思想淵源之研究

　　夫學術思想之起，既爲漸積而成，且互爲激盪影響。〔註1〕故古之所謂道術皆原於一也。〔註2〕惟自一生二，二生三，三生萬物，而後學術亦隨而區分。於是有同出而異名焉，有同源而異流焉。夫「子」自「經」出〔註3〕子與子亦相貫而互爲發明。〔註4〕夫言吾國學術之起，或言自老子始，或言自孔子創。〔註5〕言自老子始者，以爲道學胚胎於黃帝，集成於老聃，而首出於百家。其爲道也，常寬容於物，後起諸子，未聞有與道家之說大相齟齬者也。〔註6〕言自孔子創者，則以孔子之學無所不窺，亦無常師，雖爲儒者所宗，然不僅儒者一家之學，故爲百家所自出焉。〔註7〕要之，爲說皆言之成理，各有立據焉。

〔註1〕見前章所論。

〔註2〕語見《莊子・天下篇》。

〔註3〕班固《漢志》云：「易曰：『天下同歸而殊塗，一致而百慮』，今異家者，各推所長，窮知究慮，以明其指。雖有蔽短，合其要歸，亦六經之支與流裔。」是諸子皆歸本六經者也。

〔註4〕諸子之學，首推黃老，然孔子學於老聃，而爲儒家之祖，慎到學黃老道德之術，而所著十二論爲法家，申不害學本於黃老，而主刑名，韓非與李斯俱事荀卿，而喜刑名法術之學。其他諸子之學莫不如此。詳見羅焌《諸子學述》第十二章「諸子之異同」，頁106、頁107。

〔註5〕如胡適《中國古代哲學史》自老子述起、馮友蘭《中國哲學史》則自孔子述起。

〔註6〕詳見羅焌《諸子學述》第十二章「諸子之異同」，與江璵《讀子巵言》第十章「論道家爲百家所從出」。

〔註7〕試觀《漢志》：論道家則引「易之嗛嗛，一謙而百益。」，論法家則引「易曰：先王以明罰飭法。」謙之象辭，噬嗑之象辭，皆孔子所繫也。論名家引孔子

惟學術之源，似如涓涓細流，雖小而豈可以巨橡之鋒所能分斷哉！蓋吾國學術淵源流長，遙承黃帝，歷經諸聖，豈一朝一夕之功哉！吾人之劃分學術，亦利研究方便耳。若必斤斤於末道之分，亦若刻舟求劍之愚也。

自來論子學所自出者，以《莊子・天下篇》及班固《漢志・諸子略》最明確。惟《莊子》所論諸家，不及孫子，班固《漢志》所分九流十家，孫子亦弗論及，僅於兵權謀列之耳。以後《隋志》、《唐志》，以迄近人所論諸子百家，亦均略而不論。孫子地下有知，能不暗自叫屈耶！蓋《孫子》一書雖言兵道，豈徒談兵者哉，蓋亦道術之分化，豈能捨道而獨言兵事哉！〔註8〕夫孫子思想之謹密深邃，亦吾國學術思想之結晶，其哲理之淵源亦根乎吾國文化之精髓，吾人豈可忽視哉！

欲考乎孫子思想之淵源，首乎黃帝始，次論及伊尹、呂尚。蓋《孫子》書云：「黃帝所以勝四帝也。」（〈行軍篇〉）又「昔殷之興也，伊摯在夏；周之興也，呂牙在殷。」（〈用間篇〉）惟黃帝距今渺遠，其書已逸；〔註9〕伊、呂之書亦不可考，〔註10〕僅可試從後出典籍，窺其蛛絲馬迹而已。另於易道及老子哲理，孫子書中雖無明言，然其思想脉絡與之息息相關，今人已有論之者，言或未詳，〔註11〕今則試詳論之。

曰：「必也正名乎？名不正則言不順，言不順則事不成。」於縱橫家引孔子曰：「誦詩三百，使於四方，不能專對，雖多亦奚以爲。」又曰：「使乎！使乎！」。於農家引孔子曰：「所重民食。」。於兵家引孔子曰：「爲國者足食足兵。」以不教民戰，是謂棄之。」於小說家引孔子曰：「雖小道，必有可觀者焉。」又王充《論衡・本性篇》云：「孔子道德之祖，諸子之中，最早者也。」言諸子自孔子出者，大抵本此說。

〔註8〕 見南懷瑾序陳行夫《孫子白話解》。

〔註9〕 《漢志・道家》載黃帝四經四篇，黃帝銘六篇、黃帝君臣十篇。注云：「起六國時，與老子相似。」雜黃帝五十八篇。注云：「六國時賢著所作。」隋志以後無著錄，書佚已久。清儒嚴可均輯佚文十數條，皆本秦漢以著諸子所引，蓋古代學黃帝道者所傳述之微言也。

〔註10〕 《漢志・道家》載伊尹五十一篇。又〈小說家〉伊尹說二十七篇。注云：「其語淺薄，似依託也。」《隋志》《唐志》均不載，已亡佚也。清馬國翰《玉函山房輯佚》書子編伊尹書一卷。嚴可均《輯上古三代文》中伊尹文十一篇。《漢志・道家》載太公二百三十七篇，謀八十一篇，言七十一篇，兵八十五篇。注云：「呂望爲周師尚父，本有道者，或有近世又以爲太公術者所增加也。」嚴可均輯太公書二卷，政語、四輔、六韜合一卷，陰謀金匱兵法合一卷。

〔註11〕 如李浴日《孫子兵法總檢討孫子兵法的哲學思想》一文，逐條羅列孫子與老子思想相近者，未能作深入之比較，且有些附會略顯牽強。又姚季農《孫子十三篇讀本孫子十三篇思想淵源初探》一文，論及孫子思想淵源於易理及老

第一節　孫子思想遠源於黃帝、伊尹、呂尚之探索

（一）遠源於黃帝者

黃帝乃吾國始祖，姓公孫，生於姬水，故姓姬。《史記》言其與炎帝戰於阪泉，與蚩尤戰於涿鹿，北逐葷粥。〔註 12〕又《太公六韜》言黃帝七十戰而定天下。考黃帝與炎帝用兵之端，說各不同。一曰諸侯相侵伐，虐百姓，而神農弗能征。一曰炎帝欲侵陵諸侯。〔註 13〕一曰赤帝為火災。〔註 14〕要之，殆當時藉於用兵之辭耳。及與炎帝戰於阪泉之野，三戰而後得其志。〔註 15〕夫曰得其志，則黃帝謀統一也久矣。蚩尤為九黎之君也，默觀神農世衰，知事機不可失，乃潛鑄金類，以為利器。〔註 16〕遂即率眾北向，以侵中國，與黃帝遇於阪泉、涿鹿之野，為黃帝所敗。

夫炎帝亦諸夏之一支，黃帝與之戰，乃止內亂也。蚩尤則為異族，黃帝之敗蚩尤，乃免夏族於淪亡也。是黃帝安內攘外之功，奠定華夏民族立國之基礎。其歷經七十戰而定天下之經驗，確立其戰爭本質之觀念。亦即戰爭亦為立國基礎所不可不備也。雖後之聖人湯、武亦不能不以戰爭弔民伐罪，安邦寧國。故《淮南子・兵略訓》云：「夫兵者，所以禁暴討亂也，炎帝為火災，故黃帝禽之，共工為水災，故顓頊誅之，教之以道，導之以德而不聽，則臨之以威武；臨之以威武而不從，則制之以兵革。故聖人之用兵也，若櫛髮耨苗，所去者小，而所利者多。」是兵者雖不祥之器，乃不可不用，不可不備也。

兵之不可缺失，乃立國要道之一，其影響孫子者，厥為〈計〉篇云：「兵者，國之大事。死生之地，存亡之道，不可不察也。」夫兵象似水，載舟覆舟，其固能保國安民；用之不慎，則國家覆亡，百姓塗炭，故不可不謹慎察之。賈林註云：「得其利則生，失其利便死，⋯⋯得之則存，失之則亡。⋯⋯書曰：有存道者，輔而固之；有亡道者，推而亡之。」賈林之解，頗明用兵利害。善用兵者，輔國之固；否則，無異加速國之滅亡。故兵端不可輕啟，

子者雖切合，然未詳盡也。

〔註 12〕見《史記・五帝本紀》。
〔註 13〕以上二說均見《史記・五帝本紀》。
〔註 14〕《太平御覽》卷七十八引文子。
〔註 15〕語見《史記・五帝本紀》。
〔註 16〕見《山海經》及《管子・地數篇》。

亦不可無備，乃繫乎國家存亡，關乎百姓生死，焉可等閒視之哉！

至於黃帝之實戰經驗，是否遺留寶貴之戰爭原理原則，以時代久遠，史籍難徵，已無法詳考。《孫子‧行軍篇》云：

> 凡處事相敵：絕山依谷，視生處高，戰隆無登，此處山之軍也。絕水必遠水，客絕水而來，勿迎之于水內，令半濟而擊之，利。欲戰者，無附于水而迎客，視生處高，無迎水流，此處水上之軍也。絕斥澤，惟亟去勿留，若交軍于斥澤之中，必依水草，而背眾樹，此處斥澤之軍也。平陸易處，而右背高，前死後生，此處平陸之軍也。
>
> 凡此四軍之利，黃帝之所以勝四帝也。」

案張預注曰：「山、水、斥澤、平陸之四軍也。」吾華夏民族初居於黃河流域，黃帝與蚩尤、炎帝之戰於涿鹿、阪泉，前者約在今直隸涿州，後者在涿州城東，〔註17〕均乃平原陸地，陸戰經驗宜較多。惟蚩尤乃九黎之君，黎處南溟，即今江南沼澤之地。黃帝之與蚩尤接觸，或自蚩尤吸取水戰經驗。李筌注曰：「黃帝始受兵法於風后，而滅四方，故曰勝四帝也。」案今傳有風后氏之《握奇經》，已證為後人偽託，〔註18〕吾人自無法知曉黃帝受風后之兵法若何？又梅堯臣注曰：「言黃帝得四者之利，處山則勝山，處水則勝水，處斥澤則勝斥澤，處平陸則勝平陸也。」黃帝從戰爭經驗之中，得知因地制勝之道，殆無疑矣！要之，迄於春秋時代，孫武將此綿延千百年來之戰爭經驗歸納整理，自有可能。故張預注曰：「兵家之法，皆始於黃帝。」故歷來言兵者，莫不尊黃帝為始祖也。

（二）遠源於伊尹者

伊尹名摯，力牧之後，〔註19〕初事夏桀，後相商湯為阿衡。〔註20〕《漢志‧道家》伊尹五十一篇，〈小說家〉伊尹說二十七篇，書均佚已久。故其思想大略已不可考，或近於道家，兼及小說家。今試從《呂覽》、《孟子》推之：《呂覽‧先己篇》云：

> 湯問於伊尹曰：「欲取天下若何？」伊尹對曰：「欲取天下，天下不

〔註17〕參見夏曾佑《中國古代史》第一篇第一章第十二節，頁13。
〔註18〕詳見張心澂《偽書通考》，頁791。
〔註19〕《史記》索引引世紀。
〔註20〕《詩經‧商頌箋》云：阿，倚也。衡，平也。伊尹，湯所倚而取平，故以為官名。

可取，身將先取。」

其下則推論之曰：

> 凡事之本，必先治身，嗇其大寶，用其新，棄其陳。腠理遂通，精
> 氣日新，邪氣盡去，及其天年，此之謂眞人。昔者先聖王成其身而
> 天下成，治其身而天下治。故善響者不於響於聲，善影者不於影於
> 形，爲天下者不於天下於身。

準此觀之，伊尹似爲道家之言。莊子云：「道之眞，以治其身，其緒餘以爲國
家，其土苴以治天下。」老子亦云：「貴以身於天下，則可以託天下；愛以身
於天下，則可以寄天下。」又云：「天下神器，不可爲也。」凡此皆言「先取
己身」，則可取天下也。

《孟子·萬章篇》云：

> 伊尹曰：「何事非君，何使非民。」治亦進，亂亦進，曰：「天下生
> 斯民也，使先知覺後知，使先覺覺後覺，予天民之先覺者也，予將
> 以斯道覺斯民，非予覺之而誰也。」，思天下之民，匹夫匹婦，有不
> 與被堯舜之澤者，若己推而內之溝中，其自任以天下之重也。

案伊尹言行，孟子數稱之，又稱伊尹爲古聖人。〔註21〕又稱曰：「伊尹，聖之
任者也。」〔註22〕詳觀呂、孟二書所載，前爲道家先己觀念，後者純爲儒家
任重精神，二者似爲矛盾，其實亦有相輔相成之處。呂子〈先己〉篇末引孔
子曰：「不出門戶而天下治者，其惟知反於己身者乎！」儒家修身治國平天下
之精神，即重在先身而後天下治。故伊尹之「身將先取」，非「拔一毛而利天
下，不爲也」之私自取身，乃先治其身而天下治也，非徒空言治天下己不治
也。由此觀之，與孟子所載，其精神絲毫無相悖之處。

《孫子·用間篇》云：「昔殷之興也，伊摯在夏；周之興也，呂牙在殷。
故惟明君賢將，能以上智爲間者，必成大功，此兵之要，三軍之所恃而動也。」
蓋間者出生入死，其所搜集情報，與混淆敵方之消息，繫乎國家安危存亡。
故〈用間篇〉又云：「三軍之事，親莫親於間，賞莫厚於間，事莫密於間，
非聖智不能用間，非仁義不能使間，非微妙不能得間之實。」孫子對用間之
愼重可見一斑，而間者亦非一般泛泛之輩所可任也。因此，既需有天下爲己
任之胸襟，亦需有上智之臨機應變。孫子之明舉「伊摯在夏」，豈爲偶然哉！

〔註21〕見《孟子·公孫丑篇》。
〔註22〕見《孟子·萬章篇》。

試觀梅堯臣之注云：「伊尹、呂子非叛於國也。夏不能用而殷任之，殷不能用而周用之，其成大功者爲民也。」是伊、呂之率身爲天下蒼生者，無疑予孫子深深之感動！

（三）遠源於呂尚者

呂尚本姓姜，以其先祖嘗爲四岳，封於呂，子孫即以封地爲姓故也。初事商王紂，去隱海賓，後歸周，周文王以爲師，號曰太公望。武王嗣位，以爲司馬，號曰師尚父。《漢志・道家》太公二百三十七篇，分謀、言、兵三種，書佚已久。司馬遷稱呂尚多兵權與奇計，故後世之言兵及周之陰權皆宗太公爲本謀。〔註23〕班固稱太公本有道者，或有近世爲太公術者所增加也。〔註24〕今傳太公六韜，已證非爲太公所作，乃後人所僞託也。〔註25〕清儒嚴可均曾輯其佚文，成太公書二卷。是以，吾人欲知太公思想大略，而僅能自散置之佚文尋繹之耳。

賈誼新書《修政語》下篇云：

> 師尚父曰：「吾聞之於政也曰：天下壙壙，一人有之；萬民苗苗，一人理之。故天下者，非一家之有也，有道者有也。故夫天下者，唯有道者理之，唯有道者紀之，唯有道者佐之，唯有道者宜處而久之。故夫天下難得而易失也，難常而易亡也。故守天下者非以道，則弗得而長也。故夫道者，萬世之寶也。」

言天下既非一家之有，有道者有之也，故天下者有道者理之。且夫天下難得而易失，難常而易亡，亦因弗守道也。然而道者何？則未明言。試觀《太平御覽》卷八十四引《周書》云：

> 太公曰：夫天下，非常一人之天下也，天下之國，非常一人之國也。莫常有之，惟有道者取之。古之王者，未使民，民化；未賞民，民勸。不知怒，不知喜，愉愉然其如赤子，此古善爲政也。

古之王者，未使民，民化；未賞民，民勸。不知怒，不知喜，愉愉然如赤子，此無爲而治之道也。老子論治亦復如此。蓋處無爲之事，行不言之教，萬物作焉而不辭。悠兮其貴言，功成事遂，無迹無轍。此無爲而治用之於兵，亦神妙無迹。《孫子・形篇》云：

> 見勝，不過衆人之所知，非善之善者也。戰勝，而天下曰善，非善之

〔註23〕見《史記・齊太公世家》。
〔註24〕見《漢志》注。
〔註25〕詳見張心澂《僞書通考》，頁 791～797。

善也，故舉秋毫，不爲多力；見日月，不爲明目；聞雷霆，不爲聰耳。
常人每以爲「一將功成枯骨」，方眞知用兵者也，焉知眞知用兵者，兵不血刃，
不戰而屈人之兵。故善戰者之勝也，無智名，無勇功。《說苑・指武篇》引太
公兵法曰：

> 致慈愛之心，立威武之戰，以卑其眾。練其精銳，砥礪其節，以高
> 其氣。分爲五選，異其旗章，勿使冒亂。堅其行陣，速其什伍，以
> 禁淫非，壘陳之次，車騎之處，勒兵之勢，軍之法令，賞罰之數，
> 使士赴火蹈刃，陷陣取將，死不旋踵，多異於今之將者也。

太公六韜，吾人今未能見其眞，此處或可知太公用兵之概略。致慈愛之心，
立威武之戰，是用兵根本，其下則爲末節。蓋慈以養勇，暴虐臨下，雖強實
怯。戰陣無勇，雖名將復生，無以易戰道之勝敗也。威武臨敵，士卒果敢，
氣勢如虹，敵則膽寒心驚，不戰自怯矣。因之，致慈愛之心，立威武之戰，
是用兵根本。孫子於此道，亦頗能應用發明之。其〈地形篇〉云：

> 視卒如嬰兒，故可與之赴深谿；視卒如愛子，故可與之俱死。

即爲「致慈愛之心」也。又〈行軍篇〉云：

> 卒未親附而罰之，則不服，不服則難用。卒已親附而罰不行，則不
> 可用。故令之以文，齊之以武，是謂必取。

此即爲「立威武之戰」也。

《淮南子・要略訓》云：

> 文王欲以卑弱制強暴，以天下去殘除賊而成王道，故太公之謀生焉。
> 文王業之而不卒，武王繼文王之業，用太公之謀，悉索薄賦，躬擐
> 甲胄，以伐無道而討不義。

以卑制強暴，惟可智取，不可力鬥。欲伐無道而討不義，則宜先施仁義也。《孫
子・形篇》云：「善用兵者，修道保法，故能爲勝敗之政。」言施愛於民，令
民與上同意也。又〈計篇〉云：「利而誘之，亂而取之，實而備之，強而避之，
怒而撓之，卑而驕之，佚而勞之，親而離之，攻其無備，出其不意。」是爲
卑弱制強暴之道，以智取，非以力鬥也。

　　因之，由上述引證，呂尚非但爲孫子立以「上間」之標的，〔註26〕其兵
謀治道，孫子與之頗有暗合之處，孫子之取則前聖亦明矣。

〔註26〕見遠源於伊尹者所論及《孫子・用間篇》。

第二節　孫子思想哲理與易理之印證

（一）易理與孫子基本哲理

《易‧繫辭傳》云：「古者包犧氏之王天下也，仰則觀象於天，俯則觀法於地。觀鳥獸之文，與地之宜。近取諸身，遠取諸物。於是始作八卦，以通神明之德，以類萬物之情。」是言伏羲仰觀俯察，歸納天地萬物之理，以八卦象之。觀天之象有日月星辰，察地之法有山陵川澤，取諸身有氣之呼吸，形之頭足，取諸物有蟲介羽毛，雌雄牝牡。雖複雜繁多，約之但分二而已。此二者何？曰：健與順，剛與柔，奇與偶，大與小，長與短之類也。前者陽以一表之，後者陰以－－之。此一陰一陽又自生一陰陽，如此殖衍，生生不已，萬物滋焉。〔註27〕故《易‧繫辭傳》云：「易有太極，是生兩儀，兩儀生四象，四象生八卦。」是則宇宙之母一太極也，其生化原理則自陰陽二極滋焉。

易之理，自太極生兩儀，而後演化滋滋不已。其理甚簡，亦永恆不逾，故又有三易之說。《易‧緯乾鑿度》云：

> 易一名而含三義，所謂易也，變易也，不易也。……易者，其德也，……
> 變易者，其氣也；其位也。……

鄭玄依此義作易贊及易論云：「易一名而含三義，易簡一也，變易二也，不易三也。」釋之以爲「易」者，言生生之德，有易簡之義，變易者，言生生之道，變而相續；不易者，言天地定位，不可相易也。

因此易一名而含三義，然後儒言易之定義，類多偏於變易之說。孔穎達《周易正義》云：「易者，變化之總名，改換爲殊稱；自天地開闢，陰陽運行，寒暑往來，日月更出，孚明庶類，亭毒群品，新新不停，生生相續，莫非資變化之力，換代之功。」楊萬里《誠齊易傳》亦云：「易之爲言變也。易者，聖人通變之書也。」此皆異乎易緯鄭玄之說。

《易‧繫辭》云：「一陰一陽之謂道。」又云：「爲道也屢遷，變動不居，周流六虛，上下無常，剛柔相易，不可爲典要，唯變所適。」故所謂易者，即一陰一陽之爲道，簡而易明也。雖以天地之大，事物之眾，不能改易此一陰一陽之道也。然其贊化之功，厥在變易乎！〔註28〕

揆上之說，易之道在陰與陽，互變相生，滋滋不息。《孫子》一書，其基

〔註27〕上述易說參見狩野直喜《中國哲學史》第六章〈易〉，頁80。
〔註28〕以上三易及變易之說，取自林師景伊《群經大義講義易經略說》。

本哲理亦在乎道化二元，互變互濟，應用無窮。此道化二元者何？曰：常與變，正與奇，實與虛，靜與動，守與攻。前者相通，似陽也；後者相貫，似陰也。此二元之變，如循環之無端，然不離「常」「變」二極，甚簡易，亦永不易也。以《孫子·計篇》言之：

> 故經之以五事，校之以計，而索其情。一曰道，二曰天，三曰地，四曰將，五曰法。……主孰有道，將孰有能，天地孰得，法令孰行，兵眾孰強，士卒孰練，賞罰孰明。

此五事知己，治內也；彼七計知己知彼，兼及內外也。五事七計皆為常法也。又〈計篇〉云：

> 兵者，詭道也。故能而示之不能，用而示之不用，近而示之遠，遠而示之近，利而誘之，亂而取之，實而備之，強而避之，怒而撓之，卑而驕之，佚而勞之，親而離之。攻其無備，出其不意。

此詭道，即為變法也。五事、七計、詭道三大綱領，乃孫子開宗明義用兵之廟算也。雖為三大綱領，實可歸納為常變二法。〔註29〕又〈勢篇〉云：

> 凡戰者，以正合，以奇勝。故善出奇者，無窮如天地，不竭如江河，終而復始，日月是也；死而復生，四時是也。聲不過五，五聲之變，不可勝聽也。色不過五，五色之變，不可勝觀也。味不過五，五味之變，不可勝嘗也。戰勢不過奇正，奇正之變，不可勝窮也。奇正相生，如循環之無端，孰能窮之哉！

此言奇正相生，應用無窮也。

又〈勢篇〉云：「兵之所加，如以碬投卵者，虛實是也。」〈虛實篇〉云：「故善戰者，致人而不致於人。」致人者，以實乘虛也。〔註30〕故虛實之用，則能「攻而必取者，攻其所不守也。守而必固者，守其所不攻也。」（〈虛實篇〉）攻守之際，亦不過虛實之用耳。

又〈虛實篇〉云：「微乎！微乎！至於無形，神乎！神乎！至於無聲，故能為敵之司命。」杜牧注云：「微者，靜也。神者，動也。靜者守，動則攻。敵之死生，悉懸於我，故如天之司命。」故動靜之中，寓乎攻守之理，其運用之極，則為任「勢」使「能」。〈勢篇〉云：「任勢者，其戰人也，如轉木石。木石之性，安則靜，危則動，方則止，圓則行。故善戰人之勢，如轉圓石于

〔註29〕上述常變之說參見李君奭譯佐藤堅司《孫子的體系的研究》，頁 1～2。
〔註30〕李君奭譯《孫子的體系的研究》引恩田仰岳《孫子纂注》，見頁 142。

千仞之山者，勢也。」勢之積雖爲靜，其動則雷霆萬鈞，攻無不破矣。

因之，由上述證驗，《孫子》基本哲理無不契合易理。孫子兵道之二元素（常與變，正與奇，實與虛，靜與動，守與攻）即如易道之陰陽也。二者循環互生，互爲表裏。陰陽之衍，萬物化焉；常變之用，兵道無窮也。

（二）易「幾」與兵「幾」

大凡事物之起，莫不由微而顯，由簡趨繁，由易入難。故一葉知秋，自小觀大。聖人之所以贊化育之功，蓋由此也，故《易·繫辭傳》云：

> 夫易，聖人所以極深而研幾也。唯深也，故能通天下之志，唯幾也，
> 故能成天下之務。

易道既由陰陽繁衍萬物萬事，溯本追源，其發端亦微小而簡易也。故極深而隱藏未現者爲幾。《易·繫辭傳》云：

> 幾者，動之微，吉之先見也。

因之，無論成敗禍福，莫不由「幾」發端。知「幾」者，則能轉危爲安，趨吉避禍。惟知幾者，非有聖智之明無以知之；既知幾矣，則又必見幾而作，劍及履及，方可收防微杜漸之功。兵道非一，變化萬端，然其初露，亦非無迹可尋。故《孫子》言兵道，特重兵「幾」。蓋兵「幾」瞬發即逝，尤不可捉摸。然其關乎成敗，繫乎安危，切切乎不易也。

《孫子·形篇》云：

> 古之所謂善戰者，勝于易勝者也。故善戰者之勝也，無智名，無勇
> 功。故其戰勝不忒，不忒者，其所措必勝，勝已敗者。故善戰者，
> 立于不敗之地，而不失敵之敗也。

勝于易勝者，乘敵一露微隙，一舉而擊之，費力微小，常人不及見之。故善戰者，無智名，無勇功也。然其戰無不勝，立于不敗之地。故對敵言，敵微露敗象，則機不可失；對己言，深藏不露，雖有瑕隙，敵亦不易窺知。因此，〈虛實篇〉云：

> 故形兵之極，至于無形。無形，則深間不能窺，智者不能謀。因形
> 而錯勝于眾，眾不能知。人皆知我所以勝之形，而莫知吾所以制勝
> 之形；故其戰勝不復，而應形於無窮。

制勝之道，唯在無形。無形對己言，則藏「幾」不露，敵不知我也。然則我知敵之「幾」，不失敵之敗也。人莫知我知「幾」之微也，故人莫知我所以制勝之形也。因之，勝敗之道，唯在知「幾」藏「幾」耳，是以兵「幾」亦易

「幾」之一端也。

（三）兵戎在易辭者

易辭所載，頗多有關兵戎之事，孫子書中亦有與之暗合者，今條舉印證之：

（1）〈乾鑿度〉卷上

孔子曰：「隨者，二月之卦，隨德施行，藩決難解。」

言二月之時，陽氣已壯，施生萬物，而陰氣漸微，不能爲難，以障蔽陽氣，故曰：「藩決難解也。陰陽互爲消息，陽盛則陰衰，陰盛則陽衰。」〔註31〕

案《孫子‧九地篇》云：「凡爲客之道，深入則專，主人不克，掠於饒野。……。」兵道侵人國境曰客，守之者曰主。凡客強則主弱，主強則客弱，客主之互爲強弱，亦如易道陰陽之互爲消息也。

（2）師　卦

卦辭曰：「貞，丈人吉，无咎。」

丈人之言長，能禦眾有正人之德，以法度爲人之長。吉而無咎，謂天子諸侯主軍者。〔註32〕

案《孫子‧計篇》云：「故經之以五事，校之以計，而索其情。一曰道，二曰天，三曰地，四曰將，五曰法。」又云：「將者，智、信、仁、勇、嚴也。將者，率兵主戰事者也，一身繫乎全軍安危，國家存亡。故將爲五計之一，選將亦不可不愼，必也俱五德者。〈謀攻篇〉云：「夫將者，國之輔也。輔周則國必強，輔隙則國必弱。」不亦「丈人吉，無咎」之意乎！

（3）師　卦

初六云：「師出以律，否臧凶。」

師出用律，律不善則凶。〔註33〕

案《孫子‧計篇》云：「故經之以五事，校之以計，而索其情，一曰道，二曰天，三曰地，四曰將，五曰法。」又「法者，曲制，官道，主用也。」又〈形篇〉云：「善用兵者，修道而保法，故能爲勝敗之政。」凡此皆云制軍必有軍紀，否則形同烏合之眾，戰則必敗，危軍危國，禍莫大焉。

〔註31〕見胡師自逢《周易鄭氏學》，頁154。
〔註32〕見胡師自逢《周易鄭氏學》，頁223。
〔註33〕以下3-8條易說參見李漢三《兵戎在易辭》。（見大陸雜誌第25卷第10期）。

（4）隨　卦

九五云：「孚于嘉，吉。」

于，猶有也，嘉謂嘉賞，言「俘獲敵人者有賞。」

案《孫子‧作戰篇》云：「故殺敵者怒也，取敵之利者貨也，故車戰，得車十乘以上，賞其先得者，……」為激動士氣，均大獎戰功，古今一也。

（5）蒙　卦

上九云：「擊蒙，不利為寇，利禦寇。」

擊蓋征伐意也。蒙者，當謂冥頑不率教者。寇者，攻也。禦寇者，守也。言不利則攻，利則守之。用兵常法，大抵力不足則守之，力有餘則攻之。然此一變常法，乃用兵之神也，蓋蒙者為冥頑不率教之野人也，焉知機謀之為用也。當不利之際，易守為攻，蒙者以為我力有餘也，必膽寒而怯。當有利之際，則易攻為守，蒙者以為我力不足也，則輕舉來犯，我則伺機擊之，一舉殲滅也。

案《孫子‧形篇》云：「守則不足，攻則有餘。」孫子十家注均言吾所以守者，力不足也；所以攻者，力有餘也。難探孫子神髓。何守法音註云：「蓋守者之法，則每匿其壯形，而佯示敵以不足，示不足，敗敵雖來攻，不測虛實，而我得聚於一處以防之，所以敵不可勝我。攻敵之法，則每張其虛勢，而多示人以有餘，示有餘，則聲東擊西，邀前薄後，而敵不知何以守之，所以我可勝敵。」何氏之注，深得孫子用兵之機矣！亦遙承蒙卦之神矣！

（6）同人卦

九三云：「伐戎于莽，升其高陵，三年不興。」

書立政篇曰：「其克詰爾戎兵。」疏云：「戎，亦兵也。」此爻言伏兵於草叢中以伺敵，然又升於高陵上，暴露目標，欲伺擊敵，反為敵敗，三年不得興矣！

案《孫子‧行軍篇》云：「軍行有險阻、潢井、葭葦、山林、翳薈者，必謹覆索之，此伏姦之所處也。」隱蔽險阻之地，利於伏擊，然若輕舉妄動，遠「利」趨高，遂反為敵所乘，豈非受敵「利而誘之」耶？

（7）萃　卦

初六云：「有孚不終，乃亂乃萃；若號，一握為笑，勿恤。」

孚，信也，號令為信守之物，有孚即謂有號令。乃，猶其也，萃，謂萃聚，實亦可指為隊伍。若，順也。《詩‧蒙民毛傳》：「若，順。」是也。握，

釋文引鄭玄云：「握當爲夫三爲屋之屋。」乃農事之編制，古者兵農不分，亦即軍事之編制。此爻言號令不能貫徹到底，亂其隊伍；遵從號令，則一屋喜笑，無憂患矣！

　　案《孫子・軍爭篇》云：「軍政曰：言不相聞，故爲金鼓；視不相見，故爲旌旗。夫金鼓旌旗者，所以一人之耳目也。」制軍必有號令，所以整齊專一，勇者不得獨前，怯者不得獨退。金鼓旌旗者，所以施號令之具也。苟不從號令，則各行其是，不知進退，戰陣危矣。孫子引軍政曰，或從古者。號令之有，自與戎事生，易卦之云，或爲古者與！

（8）師　卦

六五云：「田有禽，利執言。」

朱傳云：「六五用師之主，柔順而中，不爲兵端者。敵加於己，不得已而應之，故田有禽之象，而其古利以搏執而无咎也。言，語辭也。」

　　朱傳之解，大抵切合。惟朱云：「言，語辭也。」則宜商榷。屈翼鵬《讀易簡端》引丁晏曰：「執言即執訊也。」即謂執所生得者而訊問之也。古來戰爭，於俘虜必詳加考問，探取軍情，以利我戰也。

　　案《孫子・九地篇》云：「不用鄉導者，不能得地利。」〈用間篇〉云：「鄉間者，因其鄉人而用之。內間者，因其官人而用之。」凡言鄉導、鄉間、內間者，皆以敵爲我所用也。欲知敵者，莫如由敵洩之。欲敵爲吾所用，則必利以誘之，威以加之。孫子雖無明言鄉導、鄉間、內間即爲俘擄，然自俘虜訊之以叩軍情，無異爲簡捷之道。以俘擄扣之爲資嚮導，或斥回以爲我所用。至於自俘擄所獲軍情之可靠與否，端在主帥之聖智明斷，然其用俘者一也。

第三節　孫子思想近承老子之考究

　　諸子百家之中，以道家最不諱言兵。蓋道家以黃帝爲宗師，漢志述老莊學派，伊尹太公之書均列之。如本章第一節所述，黃帝、伊尹、太公莫不言及兵道者，是則道家與兵家最切合矣。老子之學，博大精深，亦如孔子之於儒家，乃道家之集大成也。考《老子》一書，非惟明言兵道，且其哲理與《孫子》一書幾無二致，故其二者之間必互有承受。孫子約略與孔子同時，查《史記・老子韓非列傳》與《禮記・曾子問》均載孔子問禮於老聃，則老聃先於孔子，自亦先於孫子，則宜乎孫子受老子影響也。然近世學者，有主《老子》

爲戰國時代之作品者。〔註34〕如此，則《孫子》宜在先矣。故欲述《孫子》是否承受老子思想，宜先辨明《老子》思想之所起，庶不致疑惑莫定也。

　　論《老子》思想之淵源，自來諸說紛紜。日人平原北堂《支那思想史》即列有六說。〔註35〕一者，老子之學受印度婆羅門與佛教之影響，非中國所固有之思想。二者，受地理環境之影響。三者，出自史官。四者，源出《易經》。五者，老子學於仙人容成子。六者，自古所傳虛無清淡思想之集大成。此六說中，一、三、五之說較無論據。言受婆羅門與佛教影響，非中國思想固有者，皆爲外人所主張。〔註36〕彼輩不明中國學術之所以，固無足論矣！言受地理環境影響者，以中國學術分齊、魯之學與荊楚之學，前者分佈於黃河流域，後者分佈於長江流域，主此說者，均爲日人。〔註37〕然詳考《史記‧老子韓非列傳》，老子，楚苦縣人也。苦縣原本陳國之地，後陳亡歸楚，即今河南省歸德府，非在長江流域，故言老莊乃荊楚之學者，亦不可靠也。言學之仙人容成子者，蓋仙家之言，亦不可信。至於三、四、六之說，則較有足徵。要之，三者均有關聯，以第六說總成之。言出自史官，本諸《漢志》，自來學者均宗是說。蓋老子亦太史官也，以能觀是非成敗、存亡得失者也。言源出《易經》，則諸子之學亦六經之遺也。〔註38〕至於言自古所傳虛無清淡思想之集大成，最爲切要而不違三、四之說也。吾國典籍載高行隱者不乏其人，許由發其端。〔註39〕伯夷、叔齊踵其後。〔註40〕楚狂接輿、長沮、桀溺、荷篠丈人等亦均爲此中翹楚。老子既爲史官，綜理諸人之高蹈言行而集其大成，自是順利成章也。因之，老子之書縱有後人竄入修定者，然其思想淵源流長，且孔子問禮於老聃之說，儒道二家均有記載。〔註41〕老聃其人尤不容置疑也。由是觀之，老子先於孫子，孫子思想與老子既有相通之處，其受老子影響亦明矣！茲分數端印證之。

〔註34〕梁啓超、馮友蘭、顧頡剛、錢穆諸人均主是說，詳見《古史辨》所論。

〔註35〕見平原北堂《支那思想史》第二篇〈道家思想〉第一章「道家思想的淵源」，頁198。

〔註36〕主此說者，爲法人 Horlez; Panthier Eitel; Douglas 等人，又見狩野直喜《中國哲學史》第二節〈老莊學派の起源〉，頁182。

〔註37〕見平原北堂《支那思想史》第二篇第一章，頁200。

〔註38〕見《漢志》及本章第二節引章學誠說。

〔註39〕見《史記‧伯夷列傳》。

〔註40〕亦見《史記‧伯夷列傳》。

〔註41〕即《史記‧老子韓非列傳》與《禮記‧曾子問》。

（一）老子之道體與孫子之兵道

老子以道爲天地之始，萬物之奧，生於萬有之先，故其言道之本體曰：

> 有物混成，先天地生，寂兮寥兮，獨立而不改，周行而不殆，可以
> 爲天下母，吾不知其名，字之曰道。（二十五章）

然道非惟無名，亦且無聲無息，其云：

> 視之不見名曰夷，聽之不聞名曰希，搏之不得名曰微，此三者不可
> 致詰，故混而爲一。（十四章）

即老子之道超越視覺，超越聽覺，唯一無二之存在也。因此，老子又以「一」呼之。其云：

> 一生二，二生三，三生萬物。（四十九章）
> 昔之得一者，天得一以清，地得一以寧，神得一以靈，谷得一以盈，
> 萬物得一以生，侯王得一，以爲天下貞。（三十九章）

故「一」者亦道之代名，道「一」者，亦可名之曰「大」。其云：「強爲之名曰大。」（二十五章）故道者，萬物之本體也。自「數」觀之，唯一存在也；自「量」觀之，無限之實在也。〔註42〕因之，道雖不可見，不可聞，不可搏，然其周流萬物，無所不在，無所不存。自「無」觀之，道也，自「有」觀之，萬物也。故又云：

> 天下萬物生於有，有生於無。（四十章）

王弼註曰：

> 天下之物，皆以有爲生，有之所始，以無爲本，將欲全有，必反於
> 無也。

因此，道之存在以「有」表之，其體則「無」也。故道體雖超越現象之認識，其周布萬物則爲「有」，吾人可識可形容也。老子以下語擬喻之：

> 三十輻共一轂，當其無，有車之用。埏埴以爲器，當其無，有器之
> 用。鑿戶牖以爲室，當其無，有室之用。故有之以爲利，無之以爲
> 用。（十一章）

吾人但知轂器之有用，不知乃因「無」，方能有所用。因之，道之「有」「無」乃互爲表理，互爲體用。是道化二元，復歸於一也。故《老子》又云：

> 反者，道之動；弱者，道之用。（四十章）

道之本體，靜也，動則其本體之作用。雖動而逝，逝而遠，然必復歸於靜，

〔註42〕見武內義雄《中國哲學史》第五章〈老子と其後學〉，頁47。

所謂「反」也。反，復也，歸也。〔註43〕是以道之理，乃周而復始，反而復為用，其本體則惟一靜止，永恆不變。因此，動靜亦道之一體兩面也。

是以，老子之道雖為絕對一元論者，〔註44〕其作用則道化二元，「有」「無」是也，「動」「靜」是也。其終極又復歸於一也。老子之道論，應用於實際者，厥為「以正治國，以奇用兵。」（五十七章）「正」「奇」用或不同，其治國寧民則一也。

因之，由上述之論，吾人可考知老子之道上承易道，下啟孫子之兵道。易之道，太極也，太極生兩儀，萬物化焉。然終歸原始，乃出太極也。故宜乎阮籍之言：「易謂之太極，春秋謂之元，老子謂之道。」〔註45〕孫子常變之道，奇正之用，變化無窮，無出乎兵道之一體兩面，其邀勝於戰道，以保國衛民亦一也。是者，吾人亦可從此窺出易、老、孫三者一貫之理矣。

（二）柔弱謙下之用

老子處世哲學，以柔弱謙下為主，其云：

專氣致柔，能嬰兒乎？（十章）

天門開闔，能為雌乎？（十章）

知其雄，守其雌，為天下谿。（二十八章）

處世既以柔弱謙下為主，故宜「不爭」「處下」「處後」。其云：

夫唯不爭，故天下莫能與之爭。（二十二章）

是以欲上民，必以言下之；欲先民，必以身後之。（六十六章）

吾不敢為主而為客，吾不敢進寸而退尺。（六十九章）

雖為柔弱處下而不爭，然實為以退為進，夫惟不爭，故天下莫與之爭。爭強似為佔上，實為處下。惟有柔能克剛、弱能制強。其云：

天下之至柔，馳騁天下之至剛。（四十三章）

人之生也柔弱，其死也堅強；萬物草木之生也柔脆，其死也枯槁。

故堅強者死之徒，柔弱者生之徒。（七十六章）

弱之勝強，柔之勝剛，天下莫不知，莫能行。（七十八章）

老子為明「柔克剛，弱勝強」之理，更以水喻之，其云：

〔註43〕參見羅焌《諸子學述》中篇第二章「道家」，頁314。

〔註44〕見武內義雄《中國哲學史》第五章，頁47。

〔註45〕見阮籍《通老論》。

天下莫柔弱於水，而攻堅強者莫之能勝也。（七十八章）

江海所以能爲百谷王者，以其善下之，故能爲百谷王。（六十六章）

既知柔克剛，弱勝強矣，然如何柔弱謙下而不爭？其術之用，老子亦明言之。其云：

將欲歙之，必固張之；將欲弱之，必固強之；將欲廢之，必固興之，將欲奪之，必固與之。是謂微明。柔弱勝剛強，魚不可脫於淵，國之利器，不可以示人。（三十六章）

聖人不積，既以爲人己愈有，既以與人己愈多。（八十一章）

凡此欲歙固張之理，皆爲柔術之爲用也。清魏源曰：

老子主柔賓剛，而取牝取雌取母，取水之善下，其體用皆出於陰。陰之道雖柔，其機則殺。故學之而善者，則清靜慈祥；不善者則深刻堅忍，而謀術兵權宗之。雖非其本眞，而亦勢所必至也。〔註46〕

魏氏論柔術之流於深刻堅忍，雖非老子本眞，然其於兵機深矣！殆兵師取之，亦爲不爭之事實也。孫子言兵，最得老子柔術之用。〈計篇〉云：

兵者，詭道也。故能而示之不能，用而示之不用，近而示之遠，遠而示之近。利而誘之，亂而取之，實而備之，強而避之，怒而撓之，佚而勞之，親而離之。攻其無備，出其不意，此兵家之勝，不可先傳也。

又〈軍爭篇〉云：

善用兵者，避其銳氣，擊其惰歸，此治氣者也。以治待亂，以靜待譁，此治心者也。以近待遠，以佚待勞，以飽待饑，此治力者也。無邀正正之旗，勿擊堂堂之陳，此治變者也。

又〈九變篇〉云：

途有所不由，軍有所不擊，城有所不攻，地有所不爭。

凡此論兵之詭道權變，渾爲老子柔術之化身。蓋兵道多方，惟在機巧應變，不可拘於常法也。然每有論譏孫子詭道者，〔註47〕此乃不眞知孫子者也。蓋孫子言兵，常變互濟，非但使詭道之變法也，其於老子柔術，不能以魏氏之論「學之而不善者」視之，此不贅述，俟於下章詳論之。

〔註46〕見魏源《老子本義論》老子四。
〔註47〕如王世貞云：「其書自始計至於用間，大率權譎多而難測。」載溪云：「其操術權謀有餘，而仁義不足。」見《孫子的體系的研究》所引，頁88。

（三）道「幾」與兵「幾」

易道論「幾」以贊化育之功，老子論道，亦重「幾」微以圖治。故老子於幾亦肩承先啓後之功，由此亦可見易、老、孫三者一貫之理。老子云：

> 合抱之木，生於毫末；九層之台，起於累土；千里之行，始於足下。

（六十四章）

凡物均由小積大，行千里路者，亦由足下之始步也。故凡事起始易為，及其積重則難返矣！故老子又云：

> 圖難於其易，為大於其細，天下難事必作於易，天下大事必作於細。
>
> 是以聖人終不為大，故能成大。（六十三章）
>
> 其安易持，其未兆易謀，其脆易泮。（六十四章）

幾兆未萌，即識而謀之，力小而功大，事無不為矣。故凡事宜慎其始微也。老子又云：

> 大小多少。（六十三章）

高亨註云：

> 大小者，大其小也，小而以為大也。多少者，多其少也，少而以為
> 多。視星星之火，謂將燎原；觀涓涓之水，云將漂邑，即謹小慎微
> 之意。（《老子·正詁》）

因之，謹小慎微，所以防微杜漸，無俟星火燎原，杯水難為功矣！故老子雖無明言「幾」，然其見「幾」而作，則隱然可見矣。

孫子之言兵「幾」，已於前節論之，茲不再贅述。

（四）老子相對論與兵道之利害相存

老子以道為絕對無二而永恆之存在，然道所表現之現象世界，則為暫時之相對存在。其云：

> 天下皆知美之為美，斯惡矣；皆知善之為善，斯不善矣。故有無相
> 生，難易相成，長短相形，高下相傾，音聲相和，前後相隨。（二章）

此為老子之相對論也。老子以為物相相對者，一則存於人之認識，二則存於物之本體。推而言之，善惡相存，善不善相因也。〔註48〕物物既為相對存在，故禍福亦相倚，其云：

> 禍兮福之所倚，福兮禍之所伏。（五十八章）

〔註48〕上述老子相對論之說見高亨老子正詁。

常人每易樂見福不見禍，乃不知禍福之相伴也。故能深知禍福之相因相倚者，方眞知禍福者也。

孫子言兵，亦深知物相相對者，故能雜知用兵利害。〈九變篇〉云：

> 智者之慮，必雜於利害。雜於利，而務可信也；雜於害，而患可解也。

又〈作戰篇〉云：

> 故不盡知用兵之害者，則不能盡知用兵之利也。

利害兩者亦相存相因，惟智者能詳察之。利害之權衡，以墨子釋之最切，《墨子·大取篇》云：

> 斷指以存掔，利之中取大，害之中取小也。害之中取小也，非取害
>
> 也，取利也；其所取者，人之所執也。

凡事無百利，必兼雜利害。故知利害之相存，乃能取捨利害也。老子言禍福，孫子言利害，其歸於一也。

（五）其他老子書中之言兵者

上述所論，均老子哲理爲孫子活用者，另老子書中亦復不少言及兵道者，孫子書中所述均能與之相通，殆亦見師承之迹。今逐條印證之。

（1）

> 兵者，不祥之器，不得已而用之。（三十一章）

老子言兵，乃本柔弱無爲之道，而以知足不爭爲主旨，故其言兵者，乃不得已而用之也。

案《孫子·計篇》云：「兵者，國之大事，死生之地，存亡之道，不可不察。」兵者，關乎生死存亡，乃不祥之至也，故不可不察。故〈火攻篇〉又云：「怒可以復喜，慍可以復悅，亡國不可以復存，死者不可以復生。故明君愼之，良將警之。」夫輕啓兵端，人死國亡，即淪於萬劫不復之境矣。是故不可激一時之慍怒，致國人於兵燹間。因此，由此可見老子、孫子對兵事均能愼之又愼，非窮兵黷武之輩所可及也。

（2）

> 天下有道，卻走馬以糞；天下無道，戎馬生於郊。（四十六章）

> 師之所處，荊棘生焉；大軍之後，必有凶年。（三十章）

此皆言兵災之禍，可與前條相發明。

案《孫子·作戰篇》云：「其用戰也勝，久則鈍兵挫銳，攻城則力屈，久

暴師則國用不足。」又曰：「國之貧于師者遠輸，遠輸則百姓貧；近於師者貴賣，貴賣則百姓財竭，財竭則急于丘役，力屈財殫，中原內虛于家，百姓之費，十去其七，公家之費，破車罷馬，甲冑矢弩，戟楯蔽櫓，丘牛大車，十去其六。」孫子所覘兵災予國計民生之影響，見之深矣。夫唯知其害，故能慎其事而得其所利。故用兵者必雜于利害也。由此，均見老子、孫子均能深窺用兵利害，非徒急功近利者所可比也。

（3）

　　善戰者不怒。（六十八章）

王弼注云：「後而不先，應而不唱，故不在怒。」

　　老子之道，既以柔弱處下爲本，故不爭強，不爭先，焉怒之有？怒之所生，蓋爭強爭勝者也。

　　案《孫子·九變篇》云：「忿速可侮。」又〈火攻篇〉云：「主不可以怒而興師，將不可以慍而致戰。」慍怒致戰，必輕躁急進，戰道危矣。故爲主爲將者宜謹其心志，守其柔下，不可小不忍而亂大謀，其不亦善戰者不怒與！

（4）

　　夫慈以戰則勝，以守則固。天將救之，以慈衛之。（六十七章）

蓋慈能養勇，令上下一心，故戰者無不勝，守則無不固。

　　案《孫子·地形篇》云：「視卒如嬰兒，故可與之赴深谿；視卒如愛子，故可與之俱死。」視卒如己出，必由慈愛之心，如此若骨肉聯心，利害與共，同心同德，焉有無可入之地哉？故老子、孫子均有異曲同工之妙也。

（5）

　　抗兵相加，哀兵勝矣。（六十九章）

高亨注曰：

　　　抗兵相加，有樂之者，有哀之者。樂之者敗，哀之者勝。蓋哀之者
　　　有不忍殺人之心，處不得不戰之境，在天道人事皆有必勝之理也。
　　（《老子正詁》）

夫哀兵者，迫而後動，處生死存亡之關頭也。故能同仇敵愾，激必死之心，投之無所往矣。

　　案《孫子·九地篇》云：「兵士甚陷則不懼。」又「死地吾將示之以不活。」又「投之亡地然後存，陷之死地然後生。」凡此，孫子均妙用「哀兵必勝」之理也。

第四章　孫子思想之基本哲理

第一節　孫子思想之本體論

（一）根乎於易老思想

　　孫子之基本哲理，既如前所述，遠承於黃帝、伊、呂，近根於易、老。故欲述其基本哲理之前，不可不將易、老思想作一綜合之探討。

　　易之義雖有三易，然以變易為主，故易乃一講求變化之哲學。蓋天地之間，一切萬物生生不息，宇宙萬象，無時無刻莫不在流轉變化之中。換言之，宇宙乃一動之機體，其生生不息，乃造化之妙。人生存於其間，小至個人生死榮辱，大至國家民族之興衰存亡，莫不受其支配。故「天行健，君子自強不息。」最深合宇宙自然之契機。《易‧繫辭傳》云：

　　　　子曰：知變化之道者，其知神之所為乎！

又曰：

　　　　夫易，聖人所以極深而研幾也。唯深也，故能通天下之志；唯幾也，
　　　　故能成天下之務；唯幾也，故不疾而速，不行而至。

朱熹注云：

　　　　幾，微也；所以極深者，至精也，所以研幾者，至變也。

由此，吾人知宇宙之變化雖無窮，然亦有其綱領脈絡可尋，即極深而研極也。故《易‧繫辭傳》又云：

　　　　子曰：知幾其神乎！君子上交不諂，下交不瀆，其知幾乎。幾者，
　　　　動之微，吉之先見也；君子見幾而作，不俟終日。

是故，宇宙變化雖無窮，然知幾之神，則動而不迷，趨吉避凶矣。職是之故，易之道，由太極生陰陽，而後萬物演化不息。然而，若探木溯源，循之幾微，又可返之本真也。

　　老子之道亦主變化。道體雖一，然萬物由此滋焉，故曰：「一生二，二生三，三生萬物。」（四十九章）又「天下萬物生於有，有生於無。」道體雖「無」為「一」，其演化則無窮。惟其動而知返，故曰：「反者，道之動。」又曰：「夫物芸芸，各復歸其根。」道雖周流萬物，然必知反歸根。尋根之本，厥在知幾乎！故老子又曰：

　　　　合抱之木，生於毫末；九層之台，起於累土；千里之行，始於足下。
　　　　（六十四章）

　　　　圖難於其易，為大於其細，天下難事必作於易，天下大事必作於細。
　　　　是以聖人終不為大，故能成其大。（六十三章）

凡物均由細而大，由微而顯，故成事功，必由細微始。老子雖無明言幾微，然實有幾微在。由此，亦窺見易、老相通處。故章實齋曰：「老子說本陰陽。」〔註1〕因此，綜理易、老之思想，乃言「變化」之哲學。雖變化無窮，知「幾」則條理通焉。孫子之基本哲理，即根乎此推衍而成。

（二）經權奇正之變化

　　宇宙既瞬息萬變，生生不息，兵道尤為變中之變，詭測難知。試觀《孫子·勢篇》云：

　　　　凡戰者，以正合，以奇勝。故善出奇者，無窮如天地，不竭如江河，
　　　　終而復始，日月是也；死而復生，四時是也。聲不過五，五聲之變，
　　　　不可勝聽也。色不過五，五色之變，不可勝觀也。味不過五，五味
　　　　之變，不可勝嘗也。戰勢不過奇正，奇正之變，不可勝窮也。奇正
　　　　相生，如循環之無端，孰能窮之！

此段文意，可綜理為二要點：一、兵道之變，無窮如天地，不竭如江海。二、雖變化無窮，然亦有條理可尋，即如日、月之終而復始，如四時之死而更生。兵道之變亦不外奇正之循環無端也。

　　因此，如前章所述，兵道變化多端，若尋其條理，不外二者之變。即常與變，正與奇，實與虛，靜與動，守與攻是也。孫子最明言者即為正奇之變。

〔註1〕章實齋《文史通義·詩教篇》。又參見第三章第三節所論。

縱觀《孫子》全書，此正奇、常變若似經緯二絲交織貫串。自〈計篇〉始，此常變即昭然若揭。日人山鹿素行於〈計篇〉申論之曰：

> 內外齊備，經權並行，常變相通，正奇相序，即兵法之齊全也。（《孫子諺義》）

王晳於注「經之以五事」亦云：「經，常也。……兵之大經，不出道、天、地、將、法耳。」又注「勢者，因利而制權也」云：「勢者，乘其變者也。」王陽明亦批之云：「權正對前經而言。」〔註2〕於此，可知「經與權」正對「常與變」。前章曾論及常與變，正與奇，實與虛，靜與動，守與攻，前者相通，似如易之陽，後者亦相通，似如易之陰。今若純以孫子思想本身言之，吾人即可綜理之曰：前者曰經也。因此，兵道之化，不外經權二端，孫子全書旨意，莫出經權之用也。

（三）知 幾

兵道不外正奇之變，正奇互生如循環之無端。然何時用正？何時用奇？此乃在於「知己知彼，知天知地。」故孫子於〈地形篇〉云：「知己知彼，勝乃不殆；知天知地，勝乃可全。」此四知日人山鹿素行詮釋云：

> 知己知彼，百戰不殆，語出於〈謀攻篇〉。於此復又說勝乃不殆，是百戰不殆之意也。如天地者，因通於兵法之全體，故能全勝。所謂全勝，是無些少之缺點也。知彼知己，人事不遺也。知天知地，天變地理不遺，是謂全勝。（《孫子諺義》）

是此四知含天地人三才，然不外以「知」為勝。故〈地形篇〉又云：「故知兵者，動而不迷，舉而不窮。」然而所謂知，又必有時間之遲速，先知者為勝，後知者為敗。何以先知，孫子以用間為本。其於〈用間篇〉云：

> 故明君賢將，所以動而勝人，成功出於眾者，先知也。先知者，不可取於鬼神，不可象於事，不可驗於度，必取於人，知敵之情者也。

欲先知，必取於人，然非人人均有先知之能也，故吾國自古即有「先知覺後知，先覺覺後覺」之語。孫子於此亦能明之，故〈用間篇〉又云：

> 非聖智不能用間，非仁義不能使間，非微妙不能得間之實。微哉！微哉！無所不用間也。

孫子於此所強調者為「聖智、仁義、微妙。」仁義所以得仁心，以防叛我也。

〔註2〕見王陽明手批《武經七子・孫子計篇》。

先知要決乃在聖智、微妙也。於此段文字，日人恩田仰岳之注頗得孫子神髓，其云：

> 用間，其要有三。其始得人，其中得心，其終察實。如三者缺一，
> 用間如能無誤者鮮矣。夫厚貌深情，人固難知，故非能以聖智而通
> 於幾微者，孰能知其人之心術而用之也。人有所感激，而為我盡力。
> 非能以仁感之，以義激之，孰能入於敵境；履至急、苦心、勞躬，
> 以觀其密謀秘計乎。（《孫子纂注》）

恩田仰岳之注最值得注意者，乃「能以聖智而通於幾微者也。」於此，吾人可窺知孫子用兵之所在矣。蓋知其幾微，則能見幾而作，兵不血刃，最符孫子旨意。關於此，孫子於〈形篇〉即首露端倪，其云：

> 古之所謂善戰者，勝於易勝者也；故善戰者之勝也，無智名，無勇
> 功。故其戰勝不忒；不忒者，其所措必勝，勝已敗者也。故善戰者，
> 立於不敗之地，而不失敵之敗也。

杜牧之注云：

> 敵人之謀，初有萌兆，我則潛運以能攻之也，用力既少，制勝既微，
> 故曰：易勝也。

張預之注曰：

> 交鋒接刃，而後能制敵者，是其勝難也。見微察隱，而破於未形者，
> 是其勝易也。故善戰者常攻其易勝，而不攻其難勝也。

張、杜二氏之注，均以為見微察隱，而破於無形，乃善戰者之易勝也。由此，孫子之兵「幾」萌矣。試再觀何守法之注云：「伐謀未形，見隱察微，未廢一矢，不損一卒，而敵自屈，此真善戰者也，若必待交兵接刃，兵燹生災，豈善者之善哉，此處亦可觀孫子之仁心。」（孫子音注）伐謀未形，未廢一矢，不損一卒，全國全軍，是真善戰者也。何氏之注，已直探兵道哲理之本心矣。而此兵道哲理之本心，在於能洞著先機，察微見隱也。

（四）貴　因

孫子之兵道哲理，與知幾關係最密切者，厥為貴因思想。所謂因者，乃乘而用之也。今人馬起華即謂因者，有因地制宜，因勢乘便，及憑藉利用等涵義。而運用之者，以人為首，並兼有無為而治之義。〔註3〕《孟子·公孫丑

〔註3〕見馬起華〈貴因簡釋〉。《六陸雜誌》第十四卷第2期。

篇》云：「雖有智慧，不如乘勢；雖有鎡基，不如待時。」是因之內涵以乘勢待時為要。其功則無為而治，用力少而功著也。然勢之始蓄，時之始和，非人人所能用之。故乘勢待時必由知幾始。夫幾之萌，雖微矣神矣，乃吉凶禍福之所動也，識者乘而利之，不識者失之交臂。是故，所因者何也？曰幾也。

夫萬物萬事莫不有幾，故萬物萬事莫不可因。即人心之始念，亦有動機，故「道心惟微，人心惟危。」是人亦可因。「因」之凝聚，乃時空交錯之最適切點，即時勢也。孫子之貴因，曰因天、因地、因自然之理、因敵、因人，而於形、勢二篇發揮於極致。

因天者、因天時也。孫子於〈計篇〉云：「天者、陰陽、寒暑、時制也。」天者，孫子雖列為五計之一，然直至於〈火攻篇〉始再論及之，亦惟止於天候而已。實則冬夏不興師，所以兼愛民也。〔註4〕《左傳》之謂「春蒐、夏苗、秋獮、冬狩。」均天之為用也。〔註5〕〈火攻篇〉云：

　　發火有時，起火有日。時者，天之燥也。日者，月在箕、壁、翼、軫也。凡此四宿者，風起之日也。

火攻必因天時，即天之燥也，風起之日也。赤壁之戰，諸葛亮之借東風，乃預知天時，因而用之也。

因地，因地之宜也。孫子於論地最詳細。〈地形篇〉論地之道六項：通形、挂形、支形、隘形、險形、遠形。與〈九地篇〉所論之九地：散地、輕地、爭地、交地、衢地、重地、圮地、圍地、死地。均為論如何因地之宜以克敵制勝也。然〈地形篇〉之六項地形，乃自然所形成之地形也，〈九地篇〉之九地乃主客相對之人為地形，故除因地之外，尚兼及因人心理。〔註6〕

因自然者，因自然之原則法理也。〈形篇〉云：「勝者之戰民也，若決積水於千仞之谿者，形也。」單為積水並無能量，積水於千仞之上，一旦潰決，則雷霆萬鈞，銳不可當。是蓄積之際，乃形也；潰決之時，則轉為勢能。運用物理學之能量原理也。又〈勢篇〉云：

　　故善戰者，求之於勢，不責於人，故能擇人而任勢。任勢者，其戰人也，如轉木石；木石之性，安則靜，危則動，方則止，圓則行。

〔註4〕曹操注引司馬注。

〔註5〕參見第二章第三節所論。

〔註6〕楊昌言《孫子‧九地篇》新解即以人之心理與精神，說明與九地之關係，頗具慧見。見李浴日《孫子兵法總檢‧附錄》P124。

故善戰人之勢，如轉圓石於千仞之山者，勢也。

此段所述與〈形篇〉所云有異曲同工之妙。物理之靜動，加之高下之勢能，其用力微，其威力則無與倫比。故由此亦可窺出形勢之動靜關係。形之蓄乃靜也，勢之能乃動也，二者互為表裏，隱含經權正奇之變也。

又〈虛實篇〉云：「夫兵形象水，水之形，避高而趨下；兵之形，避實而擊虛；水因地而制流，兵因敵而制勝。故兵無常勢，水無常形。能因敵變化而取勝者，謂之神。」

此以水因地而制流之自然法理，喻知兵因敵而制勝。十家注之中，以王晳之注最切。王氏云：

> 兵有常理，而無常勢；水有常性，而無常形。兵有常理者，擊虛是也；無常勢者，因敵以應之也。水有常性者，就下也；無常形者，因地以制之也。夫兵勢有變，則雖敗卒，尚復可使擊勝兵，況精銳乎！

夫方圓斜直，遲速之勢，水因地而成形，是無常形也。然水之就下，恆古如一，是其常性也。兵勢亦然，兵勢雖變，因虛則勝。故孫子以水無常形，喻兵無常勢，然若因其常性，則能圓流轉通，此於自然法理發揮於極致。

孫子以自然法理喻知兵之因敵而制勝，實乃孫子貴因思想之畫龍點睛。蓋因天、因地、因自然之法理，其最終之用，乃在因敵之制勝也。此因敵之用，孫子於〈用間篇〉論之甚詳，其云：

> 鄉間者，因其鄉人而用之；內間者，因其官人而用之；反間者，因其敵間而用之。

又云：

> 必索敵間之來間我者，因而利之，導而舍之，故反間可得而用也。因是而知之，故鄉間、內間可得而使也；因是而知之，故死間為誑事，可使告敵；因是而知之，故生間可使如期。

孫子所謂之五間，即有三間因敵而用之。即如我之死間、生間亦混敵之耳目，乘而因之。夫用間所以知敵，知敵乃所以知敵之虛實，避其實，擊其虛，戰無不勝矣。

此外，孫子於敵我雙方之心理析之入微。蓋敵我言動之際，莫不始乎人心之初念。故掌握人之心理動向至為切要，吾人謂之因心理法則之用也。

〈軍爭篇〉云：「是故朝氣銳，晝氣惰，暮氣歸；故善用兵者，避其銳氣，

擊其惰歸，此治氣者也。以治待亂，以靜待譁，此治心者也。」朝、畫、暮之氣，不能望文生義，以早歸爲辭。十家註之中，以張預論之最詳，其云：

> 凡人之氣，初來新至則勇銳，陳久人倦則衰。故善用兵者，當其銳盛，則堅守以避之，待其惰歸，則出兵以擊之。此所謂善治己之氣，以奪人之氣者也。

氣之惰銳，繫乎人之心理狀態。夫敵之初至，磨刀霍霍，宜避其鋒銳，以收怠敵之功。迨其師老思歸，則氣惰乏力，一舉擊之，則必勝也。如曹劌之論戰是也。

治之待亂，靜之待譁，雖曰治心，實乃因心也。蓋「治己之心，以奪人之心。」（張預注）無乃因乎敵我雙方之心理狀態也。又〈九變論〉云：

> 故將有五危：必死，可殺也；必生，可虜也；忿速，可侮也；廉潔，可辱也；愛民，可煩也；凡此五者，將之過也，用兵之災也。覆軍殺將，必以五危，不可不察也。

我將有五危，則我軍危矣；敵將有五危，則敵軍覆矣。必死之心，勇而無謀也。（李筌注）必生之心，怯而不果也。（梅堯臣注）忿速者，剛怒褊急，性不厚重也。（杜牧注）廉潔之心，徇名不顧。（梅堯臣注）愛民之心，不審利害，因小失大，流於宋襄之仁也。凡此五危，敵乘其一，我軍敗亡；我乘敵之一，戰無不勝。是皆因將之心理動向也。

至此，孫子貴因思想可作一綜合之論述矣。兵道之貴因，非惟因於一也，乃因天、因地、因自然之法理、因敵、因人之結合，造成某一形勢之蓄積，於最適切之時空焦點驟然併發，勢銳力銳，令敵措手不及，此可以〈勢篇〉之一段文字作最適切之說明。〈勢篇〉云：

> 激水之疾，至於漂石者，勢也。鷙鳥之擊，至於毀折者，節也。是故善戰者，其勢險，其節短。勢如彍弩，節如機發。

「激水之疾」杜牧注之曰：

> 言水性柔弱，石性剛重，至於漂轉大石，投之洿下，皆由急疾之流，激得其勢。

水之急速，乃時間之瞬暫；水所以急速，乃得空間高下之勢。因此，至柔之水得以漂轉至剛之大石，乃在於時間空間之適切掌握。

「鷙鳥之疾」句，張預注之曰：

> 鷹鸇之擒鳥雀，必節量遠近，伺候審而後擊，故能折物。

又鄭友賢《孫子遺書》申之曰：

> 力雖甚勁，非節量短近而適其宜，則不能害物。魯縞之脆也，彊弩
> 之末不能穿；毫末之輕也，衝風之衰不能起；鷙鳥雖疾也，高下而
> 遠來，至於竭羽翼之力，安能擊搏而毀折哉？

節量遠近，乃空間之調度，兼之掌握時間之契機，是鷙鳥之擊至於毀折者也。因此，今人每於釋「節」之義，均謂凡時間及空間相去合度者謂之節。〔註7〕

　　上述「激水之疾」與「鷙鳥之擊」兩小段文意，於修辭學上託屬託喻，下述「是故善戰者，其勢險，其節短。」則點出其兵道思想之本意矣，總而言之，孫子之貴因思想，乃置其所因於時空之焦點上，用之兵道，則勢險節短，似如彊弩發機，攻無不破，戰無不勝矣。

第二節　孫子思想之人生論

（一）人本思想

　　孫子兵道哲理最大之特色，乃為人本思想。行動以人謀為指標，待人以慈愛為本，威法為用。重視人之價值，重視人之生命。此人本思想，鄭子產、仲幾已發其端。〔註8〕與孫子約略同時之孔子亦云：「未能事人，焉為事鬼。」〔註9〕至孫子於人本思想已闡發無遺矣！

　　《孫子‧計篇》云：「故經之以五事，校之以計，而索其情，一曰道，二曰天，三曰地，四曰將，五曰法。」此五計乃《孫子》全篇中最重要之五項。試將五者分析，道、將、法三事屬於人事，而與天地成三才。〔註10〕即五計之中，人佔其三。孫子之言天，亦非超於人格之神天，其於〈計篇〉自注云：「天者、陰陽、寒暑、節制也。」是故，天者，乃自然之天候季節之變換也。自然界天候季節雖有變換，亦有其常，即「終而復始，日月是也；死而復生，四時是也。」（〈勢篇〉）因天之常以為利，乃人也，故人乃主天也。

　　孫子之言地，〈計篇〉自注云：「地者，遠近，陰陽，廣狹、死生也。」復於〈行軍〉、〈地形〉、〈九地〉三篇不厭其詳加以論述。如前所述，孫子言

〔註7〕如陳啓天《孫子兵法校釋》，陳行夫《孫子兵法白話解》，均以時間空間合度
　　　　釋「節」之義。
〔註8〕見第二章及第一節所論。
〔註9〕見《論語‧雍也篇》。
〔註10〕見李君奭譯佐藤堅司《孫子的體系的研究》。P14。

地，除論人由地利之用外，亦論及人之心理、精神與地之關係。故主宰地者亦人也。因此，若將天地人三者比重加以衡量，亦可窺出三者次序之先後。蓋人因天主地，人置於最上層，孫子論天，除〈計篇〉外，僅於〈火攻篇〉言及之。如孟子所云：「天時不如地利，地利不如人和。」也。孫、孟之論可先後相輝映。

　　孫子之人本思想，猶可自去迷信之思想證之。〈九地篇〉云：「禁祥去疑，至死無所之。」曹操注云：「禁妖祥之言，去疑惑之計。」夫禁妖祥之言，去疑惑之計是前提，其結論雖無明語之，顯必以人謀為依歸也。又〈用間篇〉云：

　　　「故明君賢將，所以動而勝人，成功出於眾者，先知也。先知者，
　　不可取於鬼神，不可象於事，不可驗於度，必取於人，知敵情者也。」

張預注之曰：

　　　鬼神、象類、度數皆不以求先知，必因人而後知敵情也。

孫子於此段文字，條理一貫，其意甚明。明君賢將欲動而勝人，成功出於眾者，必先知。先知者，鬼神、象類、度數均不足取，唯取於人之知敵情也。主旨、前提、結論一貫直下，最後點出因人而取勝也。

　　總之，自〈計篇〉始，迄於〈用間篇〉，孫子之人本思想莫不自始至終相貫相承。

（二）以智為用，以慈為本

　　孫子之兵道哲理，由前述知其以人為本。人為萬物之靈，既有外在之軀殼，復有異於禽獸之「幾希」。是人之善惡成敗，厥在於「幾希」哉！孫子於此「幾希」所強調者何？曰慈，曰智。即以智為用，以慈為本。專智捨慈，易流於權詐殘苛；反之，捨智惟慈，不辨利害，不審是非，易流於宋襄之仁。是智慈二者必互濟互助，倚為表裏，智者其用，慈者其本也。

　　如前所論述，兵道哲理之神妙，在於知幾貴因，知幾貴因必由智之為謀。無智無以知幾，將何以因乎？即以孫子十三篇論之；〈計篇〉即為智之始謀。經之五事，校之七計，所恃者何？曰智也。勢者，因利而制權，所恃者何？曰智也。兵者，詭道也。如何運籌帷幄以克敵制勝，所恃者何？曰智也。夫未戰而廟算勝者，未戰而廟算不勝者，此所謂廟算計於廟堂之上也。其所恃者何？曰亦智也。將之五法，亦列智於首。故曰〈計篇〉之始，無乃智謀之始乎！其他見於諸篇者，如伐謀為上，正奇之變，虛實之用，迂直之計，莫

不因智之爲謀也。即以末篇之用間，亦曰：非聖智不能用間。因之，孫子十三篇不外乎智之爲用也。

於智之解，唐李衛公以「易之所謂聰明、叡智、神武而不殺。」解之。〔註11〕實爲孫子之最佳詮釋者也。夫智者非惟使計謀而已，猶必有「神武而不殺」之本心，可謂直探孫子思想之中心所在矣！故於下可復從孫子之「慈愛」論證之。

孫子於〈計篇〉對軍國大計設想之周全，愼乎於「死生之地，存亡之道。」純發自乎慈愛之本心也。其云：「道者，令民與上同意。」即能令君民同心，生死相與，利害相共。非如古之暴君，憑己好惡，窮兵黷武；亦非如近世之獨裁，置人民於不顧，壓榨巧取也。再試觀〈作戰篇〉，論久戰暴師，民生凋弊，指陳戰爭予國家經濟之傷害，亦本仁民愛物之慈心也。因此，孫子於〈謀攻篇〉論戰略層次，即以伐謀爲上，務必全國全軍，不傷敵我之一卒，不能耗敵我之一矢，其於戰道之用心亦深矣。復再審孫子論待卒之道，亦以慈愛爲本。〈行軍篇〉云：

> 令之以文，齊之以武。

張預之注曰：

> 文恩以悅之，武威以肅之，畏愛相兼，故戰必勝，攻必取，或問曰：書云：威克厥愛，允濟，愛克厥威，允罔功。言先威也。孫武先愛，何故？曰：書之所稱，仁人之兵也。王者之於民，恩德素厚，人心已附，及其用之，惟患乎寡威也。武之所陳，戰國兵也。霸者之於民，法令素酷，人心易離，及其用之惟患乎少恩也。

張預之注以王霸之分，別文武之先後。實者，兵道之幾，務必待之以慈，威之以武，要之必皆文之先於武也。因此，孫子之本意，乃以慈爲本，後齊之以武也。又〈地形篇〉云：

> 視卒如嬰兒，故可與之赴深谿；視卒如愛子，故可與之俱死。

張預注曰：

> 將視卒如子，則卒視將如父，未有父在危難，而子不致死。故荀卿
> 曰：「臣之於君，下之於上也，如子弟之事父兄，手足之捍頭目也。」

待士卒必以慈愛爲本，方能若手足之相連，同心同力，團結一致。敵不犯我則已，若犯我則必戰無不勝，全軍全國。又〈火攻篇〉云：

〔註11〕見《太宗李衛公問對》下卷。

故曰：明主慮之，良將修之，非利不動，非得不用，非危不戰。主
不可以怒而興師，將不可以慍而致戰；合於利而動，不合於利而止。
怒可以復喜，慍可以復悅，亡國不以復存，死者不可以復生。故明
君慎之，良將警之，此安國全軍之道也。

孫子力主慎戰，重視生命之安危，國家之存亡，不可輕啟戰端，務必以全國
全軍為上，此若非有慈愛之心，焉能致之哉！

因此，吾人歸納孫子十三篇之思想，一言以蔽之曰：以智為用，以慈為
本。

（三）德力兼備

孫子思想之另一特色，即德力兼備之思想。德力兼備之思想，自管仲、
子產以來，即有此傾向。〔註12〕迄孫子則已集其其精粹所在矣。如前所述，
孫子以慈為本。然而徒慈不足以治軍，必以威法佐之。又自兵道本身言，無
兵遑言兵道哉！兵之不可廢，自古已然。故孫子不似其他諸子，惟言理想之
治國，乃力陳兵之不可不備也。故孫子於〈計篇〉即云：「兵者，國之大事，
死生之地，存亡之道，不可不察也。」孫子非徒空言理想，尤付之實際，言
兵不可不察，謹慎之至也。即孫子以為有國必有兵，所以安內而攘外也。若
不得已而用兵，必也伐謀伐交，全軍全國，仁之至也。再等而下之，不得已
而見之兵刃，務必速戰速決，以免影響國計民生。故〈作戰篇〉云：「兵貴勝，
不貴久。」因此，孫子之兵道哲理，既以慈為本，兵亦不可不備，乃德力思
想之繼承者。日人金谷治言孫子乃基於現實之理想主義者，〔註13〕實為一語
中的之言。

復以治軍言之，孫子雖以慈為本，然猶必佐之以法，方能克竟其功。蓋
兵道者，危道也。戰道之端，生死交關。士卒勇怯不一，必威之以法，齊其
心志，則勇者不得獨進，怯者不得獨退。將帥麾軍若使一人，焉有不克之敵
哉！故孫子言「令之以文，齊之以武。」前引張預之注，即言先修仁德，後
肅之以威。又〈形篇〉云：

善用兵者，修道而保法，故能為勝敗之政。

此處言修道保法，與「令之以文，齊之以武。」句雖異而義實同。試觀杜牧
注之曰：

〔註12〕見第二章第一節所論。
〔註13〕參見李君奭譯佐藤堅司《孫子的體系的研究・附錄》，頁332。

> 道者，仁義也。法者，法制也。善用兵者，先修理仁義，保守法制。
>
> 自爲不可勝之政，伺敵有可敗之隙，則攻能勝之。

仁義、法制乃用兵之不可或缺，然其次序，必先修仁義，後守法制也。於此，尤可溯回〈計篇〉所言之道、法二事。日人山鹿素行之注，頗爲綿密適切。其云：

> 道者，於始計所云五事之第一也。法者五事之第五也。意謂良將之用兵，使上下一心，使其能保守曲制、官道、主用之法，故能作勝敵、敗敵之政也。……近世談兵法者，只言保法，不專於修道。談儒者，只言修道，不知保法。攻或既失之，或爲不得之。孫子修道保法之一句，體用、本末、理形兩者兼備，最爲古今之兵戒也。（《孫子諺義》）

山鹿之解，最能道出孫子兵道哲理之特色。即孫子非如後世之言兵者，只言保法，殘苛寡恩；亦非如談儒道，迂濶空言。是孫子之思想兼具德力，亦即理想主義與現實主義之結合。今人姚季農即以爲孫子不同於老子者，老子猶在其本身階段，作其理論之探討，而孫子已向實用階段作發展。〔註14〕此實亦孫子之與其他諸子所以相異者也。

第三節　結　語

　　自來言諸子百家思想者，每每視《孫子》一書爲徒言兵者，近世之著思想史者，亦捨孫子而不談，實非平正之見也。孫子既根乎易老之哲學思想，亦有其獨特之見解。即以戰爭之本身言之，既爲藝術，且富人性哲理。蓋如何伐謀伐交，以全軍全國，而不着痕迹，豈非極高明而盡神妙乎！又戰端初起，即蘊殺機。人處其間，交乎生死攸關，人性尤爲流露無遺。吾國古訓不亦云乎：「疾風知勁草，亂世識忠臣。」以彼視此，不亦可云：「生死見本眞」乎！故日人金谷治即言孫子之兵道思想，若細加玩味，蘊含無比深刻而普徧性之人生哲學。〔註15〕今試將前所論述加以綜理歸納之，亦可窺出孫子一脈相貫之宇宙觀、人生觀與處世哲學，尋此脈絡，可直探孫子兵道思想之核心矣！

〔註14〕見姚季農《孫子白話句解》，〈孫子十三篇思想淵源初探〉。
〔註15〕同註13。

　　孫子以爲宇宙萬物之變化無窮盡，然亦有其常性，即不外乎經權，正奇之變。經權、正奇之變，其始乎幾微。知其幾微，因而利之，則力微而功顯。識幾因幾，厥在人也。故人爲主宰，非關乎鬼神。人之所以能爲主宰，以其智爲謀，以其慈爲本，故能聰明叡智，神武而不殺。化育同類，安寧同胞。人生於世，有其理想，亦不能忽視存在於現實之問題。故合理之人生觀，乃結合理想與現實於一爐。因之，孫子之哲理思想，自有其一貫之條理。今試再以圖說明之，尤易於理解：

$$\text{宇宙（幾）}\begin{cases}\text{經（正）——理想——慈}\\\text{權（奇）——現實——智}\end{cases}\text{人（因）}$$

　　即宇宙之變，不外經權正奇之變。人以智爲謀，以慈爲本，有其理想，亦能正視現實問題，介乎二者之媒介，以贊化育之功者，厥爲知幾，因而利之也。

第五章　孫子之戰爭觀及其戰略思想

　　前章已就孫子之基本哲理作抽絲剝繭之解析，乃欲有助於理解孫子兵道思想之底蘊。蓋孫子之一切兵道觀念，莫不由此推衍展開。今既已明孫子之基本哲理，試再就其戰爭觀與其戰略思想作詳細之探討。

第一節　孫子之戰爭觀

（一）慎戰論

　　夫戰爭之起，自與人類始。遠自古代之圖騰社會，畫刺青以識別氏族。不同氏族若遇之於野，輒起爭鬥。〔註1〕此原始之戰爭型態，淵源已久。即如今世科學文明之時代，冷戰則此起彼落，熱戰則籠罩核子陰影。是戰爭之與人類如影隨形，不可不正視之。《呂氏春秋・孟秋紀》云：

> 古聖王有義兵，而無有偃兵。兵之所自來者上矣，與始有民俱。凡兵也者，威也；威也者，力也。民之有威力性也，性者，所受於天也，非人之所能為也。武者不能革，而工者不能移。兵所自來者久矣，黃、炎固用水火矣，共工氏固次作難矣，五帝固相與爭矣。遞興遞廢，勝者用事。人曰：蚩尤作兵，蚩尤非作兵也，利其械矣。未有蚩尤之時，民固剝林木以戰矣，勝者為長，長則不足治之，故

〔註1〕案圖騰（Totem）原始社會人類作為團體之徽幟及其共有之姓，或以生物或以非生物表之，並認為其祖先所自出。若詩商頌玄鳥：「天命玄鳥，降而生商，宅殷土芒芒。」商人即自認為玄鳥所生，即以玄鳥為圖騰。參見李宗桐《中國古代社會史》第一章第一節圖騰定義及其性質，及第三節中國古代始祖降生的神話。

立君，君又不足以治之，故立天子。天子之立也出於君。君之立也
出於長。長之立也出於爭。爭鬥之所自來者久矣，不可禁，不可
止。……誅伐不可偃於天下，有巧有掘而已矣。故古之聖王，有義
兵而無偃兵。夫有以殣死者，欲禁天下之食，悖。有以乘舟死者，
欲禁天下之船，悖。有以用兵喪其國者，欲偃天下之兵，悖。夫兵
不可偃也，譬之若水火然，善用之則爲福，不能用之則爲禍。若用
藥者然，得良藥則活人，得惡藥則殺人，義兵之爲天下良藥亦大矣，
且兵之所自來者遠矣，未嘗少選不用。貴賤長少賢者不肖相與同，
有巨有微而已矣，察兵之微，在心而未發，兵也。疾視，兵也。作
色，兵也。傲言，兵也。援推，兵也。連反，兵也。侈鬥，兵也。
三軍攻戰，兵也。此八者皆兵也，微巨之爭也。今世之以偃兵疾說
者，終身用兵而不自知，悖，故說雖彊，談雖辨，文學雖博，猶不
見聽。故古之聖王有義兵而無偃兵。

《呂氏春秋》以人性說明戰爭之起源，及其不可禁，至今仍可奉爲圭臬。近
世達爾文之進化論，闡揚生存競爭，優勝劣敗，亦仍爲自然界不可或易之眞
理。故《呂氏春秋》言「古之聖王有義兵而無偃兵。」確爲正的之論。孫子
於戰爭之認識，亦猶此也。其於〈計篇〉，即開宗明義，首揭此種觀念，其云：

兵者，國之大事，死生之地，存亡之道，不可不察也。

兵之一義，說文云：「兵，械也，从廾持斤併力之皃。」〔註2〕是兵之始義，
乃兵械也。然由兵械推而廣之，其用多矣。如單指士卒，廣指兵眾。此處兵
之義，杜牧注之曰：「傳曰：國之大事，唯祀與戎。」兵之義，即與戎相當。
戎，說文謂从戈甲，即披甲持戈爲戎，〔註3〕已有動之意味。故此處兵之義，
如以現代語釋之，即爲戰爭也。《孫子》書中言兵者甚多，然以戰爭之義最廣
泛。孫子此句即爲其對戰爭之基本概念，今人陳啓天釋之頗詳，特引出於左，
陳氏云：

第一，言戰爭之主體爲國家，而非個人。國家戰爭觀念，在西洋各
國至近代始有之，然孫子於二千餘年前已首揭明其義矣。孫子既認
戰爭之主體爲國家，故其所言之原理，乃國家對國家之戰爭原理。
而國內之戰爭，則爲孫子所不屑論者。因此，全書之中，無一言及

〔註2〕見《說文》（藝文印書館印），頁105。
〔註3〕見林師景伊《中國文字學概說》，頁119。

於內戰之事。……第二，戰爭爲關於國家存亡與國民生死之一大事，
非同小可者。國家之存亡，決定於戰爭之勝敗。國民之生死，亦決
於戰爭之勝負。此爲何等嚴正之大事，必須確切加以認識，而不可
輕易軒輊之。厭戰論者，以戰爭之可亡國家，死國民，每過非之。
然戰爭之來，不因厭戰論者之過非而減少，反因其過非戰爭，而懈
於戰備，益陷國家於亡，國民於死，豈非大可發人深省者乎！黷武
論者，又以戰爭之可存國家，生國民，而過好之，致輕於挑戰浪戰，
亦陷國家於亡，國民於死，此又可大發深省者也。孫子之戰爭概念，
既無厭戰之成分，亦無黷武之成分，惟確示戰爭爲關於國家存亡與
國民死生之大事而已。第三，戰爭既爲關係國家存亡與國民死生之
大事，故不可不察也。所謂察者，謂在未戰之前，須力求其能先勝
全勝也；既戰之際，又須力求其能必勝速勝也。……察之爲言，審
之又審，明之又明也。吾人於先勝、全勝、必勝、速勝之戰爭原理
審而且明，則可與言戰爭矣。〔註4〕

綜觀陳氏之解析，孫子之戰爭觀念明確無遺矣。簡而言之，戰爭之主體爲國
家，非關個人之喜怒好惡也。以其戰爭乃國家大事，繫乎國家存亡與國民生
死，故於戰爭宜愼之又愼，察之又察，乃十足之愼戰論者。日人佐藤堅司雖
認爲孫武所著之《孫子》，與德國克勞塞維次（claseuitz）〔註5〕所著之《戰爭
論》同爲東西兵法之雙璧，然佐藤又以爲克勞塞維次之著書，徹底以戰爭屈
服敵人爲目的；孫子則以不戰屈服敵人爲主眼。又以爲克氏以戰爭爲政治之
延長，視戰爭爲常法；孫子則以不戰主義視戰爭爲變法。故認爲克氏爲主戰
論者，孫子則爲實質之和平論者。〔註6〕佐藤氏以和平論者視孫子，實能更深
一層檢視孫子戰爭觀念之核心。蓋愼戰論者必不輕啓戰端，迫而後動，所以
自衛自全也，其與和平論者有何異乎？吾人復可審視〈火攻篇〉所言，益可
證孫子之愼戰矣。〈火攻篇〉云：

　　主不可以怒而興師，將不可以慍而致戰。合於利而動，不合於利而
　　止。怒可以復喜，慍可以復悅，亡國不可以復存，死者不可以復生。

〔註4〕見陳啓天《孫子兵法校釋》，頁4～6。
〔註5〕案大英百科全書 Encyclopedic Britannica 所載：Clansewitz Karl Von（1780 － 1831），Prussian General and Military Writer。
〔註6〕以上之說見李君奭譯佐藤堅司《孫子的體系的研究》，頁1。

故明君慎之，良將警之，此安國全軍之道也。

孫子於戰爭之慎之又慎，警之又警，可謂用心良苦矣。故宜乎張預之注曰：「君常慎於用兵，則可以安國，將常戒於輕戰，則又可全軍。」由此視之，安國全軍之道，務在慎戰乎！

（二）萬全主義者

由孫子於戰爭之慎之又慎，嗣發展爲十全十美，慎密周詳之萬全主義。孫子於戰爭思想之設想周全，亦於〈計篇〉已表露無遺。孫子首揭之「經之以五事，校之以七計。」乃其戰爭思想之經也，常也。即無論戰時平時均需經之營之。另孫子所云「計利以聽，乃爲之勢，以佐其外，勢者，因利而制權也。」曹操之注即以爲此乃常法之外也。勢之所以爲常法之外，所以需因利而制權，杜牧之注頗足以說明之，杜牧注曰：

> 自此便言常法之外一勢。夫勢者，不可先見，或因敵之害，見我之
> 利，或因敵之利，見我之害，然後始可制權而取勝也。

夫敵非我者也，雖定計於內，猶需因敵以制勝，故未能定之常也，必因利而制權也。因此，孫子自茲以下即云：「兵者，詭道也。」此詭道者何？即「能而示之不能，用而示之不用。近而示之遠，遠而示之近。利而誘之，亂而取之，實而備之，強而避之，怒而撓之，卑而驕之，佚而勞之，親而離之。攻其無備，出其不意。」此詭道即本老子柔道之用。〔註7〕以其乃因敵之變，故孫子特言「此兵家之勝，不可先傳也。」因此，孫子之所謂勢者，詭道也，即常法之外，不可先定之於常也。

然而，孫子之所謂詭道。素爲人所誤解而評擊之。此蓋不明兵道者也。亦非眞知孫子者也。如高似孫評之云：

> 兵流於毒，始於孫武乎！武稱雄於言兵，往往舍正而鑿奇，背義而
> 依詐。凡其言反覆，其變無常，智術相高，氣驅力奪。故詩書所述，
> 韜匱所傳，至此皆索然無遺澤矣。〔註8〕

高氏之論，未得其實，所謂惟見其一，不見其二者也，夫孫子亦於〈計篇〉揭示經之五事，校之七計，然後爲勢佐外，因利而制權也。〈勢篇〉不云乎：「戰者，以正合，以奇勝。」是孫子之戰爭思想，必以經、正爲本，後以權、奇佐之，非僅使詐謀者也。於詭道之論，前章已略引山鹿素行之見解，最得

〔註7〕 見第三章第三節所論。
〔註8〕 見《中國歷代經籍典》第四百四十二卷孫子部，頁2226（中華書局印行）。

孫子本心，爲避免孫子之受誤解，實有再次引證之必要。山鹿氏曰：

> 孫子談兵之此一句（案爲計利以聽句）是超出古今，而爲萬世所明
> 爲依據者也，既說五事七計齊備是必勝原因，又說計利以聽，乃爲
> 之勢，以佐其外，且說宜以權道機變爲臨戰之助。於是內外齊備，
> 經權並行，常變相通，正奇相序，即兵法之齊全也。古今論兵者，
> 或流於權謀而不知其道，或拘於仁義而不知合乎變，是故非可謂乃
> 兵法之全備也。（《孫子諺義》）

山鹿氏之論，實能得孫子兵道之精髓。一般迂儒，不知兵法之實，往往以自己之胸臆度武人之膽識，斗筲之器，何足算哉！是以總歸孫子戰爭思想，即以經、正爲本，佐之以權、奇。經者何？即五事七計也。權者何？即詭道之柔用也。五事所言之「道、天、地、將、法」乃治內也。七計所謂之「主孰有道，將孰有能，天地孰得，法令孰行，兵眾孰強，士卒孰練，賞罰孰行。」乃治內兼及知外也。五事七計已得，則「知己知彼，勝乃不殆；知天知地，勝乃可全。」立己於不敗之地，動敵於可勝之境。至於詭道之「能而示之不能」至「親而離之」，乃列舉所以權變十二種戰爭方略，宜相敵應機而選用。「攻其無備，出其不意。」八字，則爲一切戰爭方略之總原則，所以求易於制勝者也。因之，孫子於〈計篇〉所揭之「廟算」，蘊含經權、正奇之變，所以能立於不敗之地，而求動敵之易勝也，實乃縝密周詳之萬全主義者。

第二節　孫子之戰略思想

（一）孫子戰略思想之層次

　　由於孫子對戰爭之力持審愼，務爲萬全之策，故其戰略思想亦務求完美，以全軍全國，兵不血刃爲上。因之，〈計篇〉所論之「廟算」即爲戰略思想之總綱領，無分平時戰時，務必營而備之。一旦動敵，則宜伐謀伐交爲上策，若不得已而伐兵攻城，則爲下下策矣。此伐謀伐交之戰略思想，由〈謀攻篇〉之全軍全國次第展開。〈謀攻篇〉云：

> 凡用兵之法，全國爲上，破國次之；全軍爲上，破軍次之；全旅爲
> 上，破旅次之；全卒爲上，破卒次之；全伍爲上，破伍次之。是故
> 百戰百勝，非善之善者也，不戰而屈人之兵，善之善者也。

張預之注曰：

尉繚子曰：「講武料敵，使敵氣失而師散，雖形全而不為之用，此道勝也。破軍殺將，乘堙發機，會眾奪地，此力勝也。」然則所謂道勝、力勝者，即全國破國之謂也。夫弔民伐罪，全勝為上；為不得已而至於破，則其次也。

張預以道勝力勝作全國破國之分野，頗可見孫子戰略思想之基因所在。孫子由慎戰而為萬全主義者，莫不本乎愛民人重人命之本心，此本心即為慈也。故孫子戰略思想之最高理想，即在全國全軍，不廢一矢，不損一卒，我全敵亦全也，純乎人類之博愛精神。因此，孫子以為百戰百勝，非善之善者也，惟有不戰而屈人之兵，乃其理想中之「善之善」者也。於此，試再引山鹿素行之解以證之，山鹿氏云：

我能樹立道德，舉義旗，則天應人順，上下能一志，以道義使彼之心感動時，彼將自屈。縱使彼之主將反抗，其國之人民，將皆倒戈，背其主而投降於我。古來聖賢用兵之實理，實為神武而不殺之人道也。是可謂善之善者也。（《孫子諺義》）

山鹿指出樹立道德，神武而不殺，乃聖賢用兵之實用，是可謂善之善者也，一如孟子之「仁者之兵」，所向無敵也。是善用兵者，其基礎乃在修道本慈，務在全國全軍，不戰而屈人之兵也。至於運用方法，則以伐謀為上，伐交次之，故孫子又云：

故上兵伐謀，其次伐交，其下攻城。

嚴格說，伐謀已非善之善者也。蓋「上兵」與「善之善者」語意已顯然有別，非孫子用兵之最高理想，已等而下之矣，然亦不失為上策之用兵也。蓋伐謀者，伐敵之始謀。（李筌注）猶未及兵刃也。杜牧之注，舉晉平公欲攻齊，使范昭使於齊。范昭伴醉欲辱景公，為晏子所窺破。范昭歸國之後，言於平公曰：「齊未可伐，臣欲辱其君，晏子知之。」杜牧又述孔子評晏子曰：「不越樽俎之間，而折衝於千里之外，晏子之謂也。」因此，杜牧下斷曰：「夫晏子之對，是敵人將謀伐我，我先伐其謀，故敵人不得而伐我。故敵欲謀伐，伐其未形之謀。我若伐敵，敗其已成之計。」杜牧舉實例而論證之，實為伐謀之最佳詮釋者。

至於伐交何以又次於伐謀？鄭友賢《孫子遺說》釋之最詳，其云：

伐交之智，何異於伐謀之士，而又次之，曰：破謀者，不費而勝；破交者，未勝而費。惟帷幄樽俎之間，而揣摩折衝，心戰計勝其未形

已成之策，不願毫釐之費，而彼奔北降之不暇者，伐謀之義也。或
遣使介，約車乘聘幣之奉；或使間諜，出土地金玉之資。張儀散六
國之從，陰厚者數年；尉繚子破諸侯之援，出金三十萬。如此之類，
費已廣而敵未服，非加以征伐之勞，則未見全勝之功，宜乎次於晏
嬰、子房、寇恂、荀彧之智也。

鄭友賢之論，非惟說明伐交之所以次於伐謀，且詮釋伐交之道。惟伐交雖遣
使約聘，出土地金玉之資，然猶未及兵刃，亦不失為上策之計。至於其下之
伐兵攻城，既訴之兵刃，便有殺人盈野，血流漂櫓之災，乃下下策矣，不得
已而用之也。因之，總歸孫子之戰略思想，自有條貫而相對之高下層次。即
以不戰而屈人之兵為善之善者也，其次伐謀，其次伐交，其下則為伐兵攻城
也。由此，亦可窺知孫子之戰略思想，乃本理想與現實之結合也。蓋孫子之
用兵，有其兵不血刃，全國全軍之理想，然亦不排除兵已形成，好戰敵國侵
我之可能性。是故，研讀孫子必自理想與現實兩方面視之，否則易流於偏失。
日人佐藤堅司即言：於孫子之文章中，含有類似老子之幽玄性，與論語之現
實性，〔註9〕實值得研究孫子者所注意也。

　　孫子相對層次之戰略思想，與西方兵聖克勞維次之單一絕對之戰略思想相
較，尤可襯出孫子戰略思想之特色。克氏以為戰爭乃是「企圖驅逐吾人之敵人
以實現吾人之願的一種暴力行為。」〔註10〕克氏既認為戰爭乃為徹底之暴力行
為，故演為戰略思想即為殲滅主義者。故克氏不信惻隱之情，認為戰爭之本質
無溫和或仁慈之可言。〔註11〕其於暴力之界線，亦予以無限之使用。其云：

　　　戰爭是暴力行為，其行使沒什麼界限；所以某方行使暴力，他方就
　　　不得不酬之以抵抗之暴力，這樣所生之相互作用，在概念上，是不
　　　知極限的。〔註12〕

由此暴力之無限使用，故不問對象，不論空間時間，凡敵之所有皆為暴力所
需摧毀之使用範圍。故克氏之戰略思想實為絕對而單一之殲滅主義。孫子之
戰略思想則為相對層次具有彈性之慎戰論者，尤其「不戰而屈人之兵」之戰
爭藝術，亦不排除訴諸兵刃之暴力行為。若〈軍爭篇〉之「侵掠如火」「掠鄉

〔註 9〕見李君奭譯《孫子的體系的研究》，頁110。
〔註10〕見王漢中等合譯《近代各國戰爭論》上冊第五章克勞塞維次，頁162。
〔註11〕同註10第五章，頁160。
〔註12〕見李浴日《孫子兵法綜合研究》，頁64所引。

分眾，擴地分利。」九篇之「千里殺將」，〈火攻篇〉之殘烈火攻，均為訴諸武力之暴力行為。故以克氏之戰略思想置於孫子戰略思想之相對層次中，僅為下下層而已，未能昇華為以慈為本之戰爭藝術，於此亦可見東西兩大兵聖境界之高下矣。

孫子雖不排除訴諸暴力之可能性，然亦基於仁道之表現。蓋一旦敵危我軍民性命安全之際，唯有對己仁慈，對敵殘暴。亦即以戰止戰，以仁制暴。於此，可試引《司馬法・仁本篇》說明之。其云：

> 國雖大，好戰者必亡，天下雖安，忘戰者必危。

對於好戰忘戰之窮兵黷武者，已難服之以仁義，唯有訴諸暴力，以殺止殺，以戰止戰。故〈仁本篇〉其下云：

> 是故，殺人能安人者，殺之可也。攻其國能愛其民者，攻之可也。
>
> 以戰止戰，雖戰可也。

孫子既云：「不戰而屈人之兵，善之善者也。」又云：「故善用兵者，屈人之兵而非戰也。」故孫子以非戰全愛為第一義，亦為其戰略思想之最高理想，其不得已而伐兵攻城，亦有其愛之差等，仁之先後，此與儒家思想亦有相通之處。

義人馬基雅弗利（Maehiavelli）〔註13〕歸納戰爭為二類型，一為人間之方法，二為獸之方法。前者以人之理智和道德之方法，後者以獅子之暴力與狐狸之狡智代表獸類之方法。〔註 14〕如以馬氏之歸納視諸孫子，無疑孫子以前者為其戰略之最高理想，乃為戰爭之最高藝術；以後者為不得已之權變之道。總之，孫子之戰略思想有其理想性，亦有其現實性。理想與現實間又有相對之層次，由高而下，秩然分明。

（二）孫子戰略思想之要旨

孫子於〈計篇〉廟算之所論，乃戰略思想之總綱領，〈謀攻篇〉所述者，則為戰略思想運用之不同層次。另於其他各篇之中，論及甚多戰略行動之要旨，同時亦適於戰術戰鬥之用。蓋戰術戰鬥之用，必以戰略為依歸，〔註 15〕

〔註13〕案馬基雅弗利（Machiavelli）義大利政治家、軍事家，西元 1469 年，迄西元 1527 年因病逝世。其著名之著作有史論 Discovers 與霸術 The Prince。參見王兆荃譯《政治哲學》引論第六章馬基弗利論政治科學，頁 93～94。

〔註14〕見李君奭譯《孫子的體系的研究》，頁 107 所引。

〔註15〕案戰略乃指揮軍事，計劃與指導戰役之方法，戰術則為戰時處理兵力之方法。二者之關係，猶之於樂隊之不同於個樂器。參見《近代各國戰略論》（王漢中

故一併歸納整理之：

（1）先　知

孫子之戰略思想最重要者厥為先知。如以現代術語稱之，即為情報之搜集。孫子之所謂先知，總歸在於四知，即〈地形篇〉所論之「知己知彼，勝乃不殆；知天知地，勝乃可全。」明劉寅注之云：「知彼之虛實，知我之強弱，戰則必勝，不至於危殆。知天時之順，知地利便，戰勝之功，又可以全得也。」（《孫吳兵法直解》）因此，敵之虛實，我之強弱，以及天時地利，必知之周詳，戰乃不殆而全勝也。如以戰略論之，即〈計篇〉之七計，如以戰術戰鬥論之，〈地形篇〉所云之「知吾卒之可擊」，迄於「而不知地形之不可戰，勝之半。」，皆為戰鬥前之先知也。先知則動而不迷，舉而不窮，乃為孫子戰略思想最重要之一環。故孫子不憚其煩分於各篇詳論之，實深具用心矣。茲依知己知彼知天知地四者列舉於下：

關於知己者，如〈謀攻篇〉云：「知可以與戰，不可以與戰者勝。識眾寡之用者勝。上下同欲者勝。以虞待不虞者勝。將能而君不御者勝。」又「知己知彼，百戰不殆；不知彼而知己，一勝一負；不知彼不知己，每戰必敗。」是兼較知己知彼也。關於知彼者，如〈行軍篇〉云：

> 敵近而靜者，恃其險也。遠而挑戰者，欲人之進也。其所居易者，利也。眾樹動者，來也。眾草多障者，疑也。鳥起者，伏也。獸駭者，覆也。塵高而銳者，車來也；卑而廣者，徒來也；散而條達者，樵採也；少而往來者，營軍也。辭卑而益備者，進也。辭強而進驅者，退也。輕車先出居其側者，陳也。無約而請和者，謀也。奔走而陳兵車者，期也。半進半退者，誘也。杖而立者，飢也。汲而先飲者，渴也。見利而不進者，勞也。鳥集者，虛也。夜呼者，恐也。軍擾者，將不重也。旌旗動者，亂也。吏怒者，倦也。粟馬肉食，軍無懸甀，不返其舍者，窮寇也。諄諄翕翕，徐與人言者，失眾也。數賞者，窘也。數罰者，困也。先暴而後畏其眾者，不精之至也。來委謝者，欲休息也。兵怒而相迎，久而不合，又不相去，必謹察之。

此皆於戰場上之敵情也，必使斥候以刺之。

等譯）緒論，頁 3。

關於知天者，如〈火攻篇〉云：「發火有時，起火有日。時者，天之燥也。日者，月在箕、壁、翼、軫也。凡此四宿者，風起之日也。」又「火發上風，無攻下風，晝風久，夜風止。」火攻繫乎風向，故必知風之動向。其實天非惟風也，蓋陰陽、寒暑、時制均屬之也。（〈計篇〉）關於地，如〈虛實篇〉云：「故知戰之地，知戰之日，則千里而會戰。不知戰地，不知戰日，則左不能救右，右不能救左，前不能救後，後不能救前，而況遠者數十里，近者數里乎？」孫子於論地最詳，〈地形篇〉與〈九地篇〉所敍，幾皆言所以知地之用也。

四知既得，戰乃不危而可全也，然何以先知？孫子以使間爲最簡捷明當之途徑，其於〈用間篇〉云：

> 故明君賢將，所以動而勝人，成功出於眾者，先知也；先知者，不
> 可取於鬼神，不可象於事，不可驗於度，必取於人，知敵之情者也。

先知不依鬼神、象類、度數，必恃間而知敵情，渾與現代情報戰相脗合，孫子亦可謂二千多年前之「先知」矣！

（2）運兵計謀

既已先知矣，隨必計劃周詳，因敵制勝，用天之順，得地之利。〈計篇〉之廟算，乃一切戰略之總計劃，即與敵對陣，亦需詳審對策。如〈形篇〉云：

> 兵法：一曰度，二曰量，三曰數，四曰稱，五曰勝。地生度，度生
> 量，量生數，數生稱，稱生勝。

明趙本注之云：

> 地，戰地。度，以地言。量，以兵言。數，以步言。稱，以敵言。
> 勝，以策言。欲戰之地，必先按視地形中間、廣狹、險易、生死之
> 處，皆度之以心，此地之生度也。既度之，則其地之所言者何陣？
> 或當用廣用長，用圓用方，奇正當居何處？當分爲幾陣？皆可知矣，
> 此度生量也。因其量車騎步三者相參之數，陣隊奇正相去之數，無
> 不定之，此量又生數也，數定則節制在我，然後取彼與我，而較其
> 優劣之爭，較其優劣，則所以戰勝之算有所主矣，此數之生稱，稱
> 之生勝也。（《孫子校解引類》）

是以，戰前之審愼計畫，乃爲克敵制勝之基礎。棋道云：錯一步棋，滿盤皆輸。兵道尤然，偶一不愼，牽一髮而動全局。況棋輸猶可重下，戰敗則淪爲萬刼不復矣！故寧可戰前多一分計劃，却不可戰後悔恨無及。故孫子於此莫

不一再諄諄告誡。如〈九地篇〉亦云：「運兵計謀，爲不可測。」又「踐墨隨敵，以決戰事。」此復進一步言，運計謀於不可測，令敵無知，我則依計行事，深守法制，隨敵之形，若有可乘，一舉殲滅之也。

（3）立於不敗之地

孫子之兵道哲理，雖爲經權正奇之變，然猶有其重要之基本前提即經爲本，權爲佐；正爲先，奇爲後。如以政治與戰爭言之，政治是常經，戰爭是權變。如以戰爭本身言之，五事七計是正，詭道爲奇。故孫子於〈勢篇〉云：「凡戰者，以正合，以奇勝。」因此，孫子應用於戰略者，亦置經、正於先。經、正置於先之最大特色，乃能立己於不敗之地。於此日人恩田仰岳之解最爲得當，其云：

> 節制分明之謂正。凡奇正者……以體言之。則正者循繩墨，愼進
> 止。……奇者進退輕銳，變化無方，……襲虛而投隙。正者守己，
> 故不敗。奇者以應形，故必勝。（《孫子纂注》）

故孫子之兵道思想所以能千古不滅者，務在以守己爲本。非若輕戰忘戰者之不自量力，易陷戰爭之泥淖而不可自拔。若第二次世界大戰之德日即爲最佳之鑑照。孫子於此守己爲本之戰略思想亦三復斯言。如〈形篇〉云：

> 昔之善戰者，先爲不可勝，以待敵之可勝。不可勝在己，可勝在敵。

王晢注云：

> 不可勝者，修道保法也。

何守法注曰：

> 用兵之道，當先自治爲本，而不可徒求於敵之可勝，此孫子之旨，
> 所以爲精於兵也。（孫子音注）

王、何二氏之注，均甚得孫子深意。夫修道保法，以自治爲本，務必先求備於己也。今人陳啓天亦以爲守勢主義立戰爭之根本。〔註16〕亦爲孫子用兵之最佳注腳。故〈形篇〉又云：

> 故善戰者，立於不敗之地，而不失敵之敗也。是故勝兵先勝而後求
> 戰，敗兵先敗而後求勝。

此段所論，顯然「立於不敗之地。」乃「不失敵之敗。」之前提。敵有敗亂之徵，我則無可乘之隙，以無隙乘有隙，則游刃有餘矣！否則，敵有敗亂，

〔註16〕見陳啓天《孫子兵法校釋》，頁102。

我亦敗亂，以亂乘亂，俱失之於亂矣！夫立於不敗之地，亦重在自治守己。張預之注，以審吾法令，明吾賞罰，便吾器用，養吾武勇，是立於不敗之地也。此可與前王、何二氏相互發明。因之，勝兵敗兵之別，惟在能自治守己與否。勝兵「先勝而後求戰」，十家注大抵均以爲用兵先定必勝之計，然後興師，以戰則克，可謂理一則同矣。

又〈九變篇〉云：「故用兵之法，無恃其不來，恃吾有以待之。無恃其不攻，恃吾有所不攻也。」又〈九地篇〉云：「是故不爭天下之交，不養天下之權，信己之私，威加於敵，故其城可拔，其國可隳。」均爲力陳自治守己之理，茲不復申論。其所以再引述著，非欲自招畫蛇添足之譏，乃所以見孫子三復其言，諄諄告誡之苦心也。

（4）非利不動

孟子見梁惠王，王曰：「叟，不遠千里而來，亦將有以利吾國乎？」孟子對曰：「王何必曰利，亦有仁義而己矣！」由此可見孟子言仁義不言利。至於孫子則毫無隱諱，一再言利。此爲孫、孟最相異之處，亦可見孫子理想與現實之結合。唯孫子言利，主著眼在國家之大利，非盡爲私利也。孫子雖亦言及士卒之賞利，然其動機乃在激勵士氣，克敵制勝，以達衛國保民之目的。故孫子之言利，可歸之爲二：一爲「利之動」，一爲「利之用」。前者爲目的，後者爲運用手段。茲分述之：

利之動，乃見利而後動，亦即興師之前，必審計合利與否，合於利而動，不合於利而止。（〈九地篇〉）不可輕舉妄動，費師無功。若此「軍以利動，不利則止」之原則，孫子於他篇均一再陳言。如〈火攻篇〉云：「非利不動，非得不用，非危不戰。主不可以怒而興師，將不可以慍而致戰。合於利而動，不合於利而止。」又〈軍爭篇〉云：「故軍爭爲利，軍爭爲危。」「故兵以詐立，以利動。」因之，利與不利，顯然爲孫子用兵動向之準則。故孫子云：「智者之慮，必雜於利害。」（〈九變篇〉）不利者，害也。慮雜於利害，即參雜利與不利而詳審之也，此慮雜於利害，《荀子‧不苟篇》亦論及之，其云：

> 見其可欲也，則必前後慮其可惡也者；見其可利也，則必前後慮其可害者也。而兼權之孰計之，然後定其欲惡取舍，如是，則常不失陷矣。

荀子以權計利害而免失陷，與孫子之慮雜利害，足能相互發明。又《墨子‧大取篇》云：「利之中取大，害之中取小也。」因此，荀、墨雖非專言兵道，

其言利害者一也。故孫子之言利害不孤也。

　　兵既以利而動，以害而止。故善用利害，亦爲策略之運用。今人陳啓天就此申論之曰：

　　　　慮必雜於利害，然後乃能深明利害之道，以應變制敵焉。我之所以慮，必雜於利害者，乃便於趨利避害已耳。而趨利避害，亦夫人之恒情。故可運用利害之道，以控列國。〔註17〕

夫趨利避害，非惟人之常情，亦爲用兵之準則。我既以利爲動，敵必亦唯利是圖。故示敵以微利而陷誘之，是爲兵法之用也。孫子於〈計篇〉云：「利而誘之。」〈勢篇〉云：「以利動之，以卒待之。」是皆佯示敵以利，入我殼中也。此利害之用，既可用之戰場，亦可施之於列國之間。〈九變篇〉云：「屈諸侯者以害，役諸侯者以業，趨諸侯者以利。」善用利害，則可運諸侯於掌中焉。

　　孫子於利之用，既用之於誘敵，亦以賞利激勵士卒。〈作戰篇〉云：「取敵之利者，貨也。車戰，得車十乘以上，賞其先得者。」即以重賞而勸進也。又〈九地篇〉云：「施無法之賞也。」鄭友賢《孫子遺說》云：「夫進有重賞，有功必賞，賞法之常也。吳子相敵，北者有賞；馬隆募士，未戰先賞。此無法之賞也。」以利獎賞戰功，有其常法，北者未戰者亦有賞，乃無法之賞也。噫！利之賞用大矣！妙矣！

（5）我專而敵分

　　《孫子・虛實篇》云：「故形人而我無形，則我專而敵分。我專爲一，敵分爲十，是以十攻其一也，則我眾而敵寡；能以眾擊寡者，則吾之所與戰者，約矣。」

　　此段文意脈絡一貫：「形人而我無形」是大前提。「我專而敵分，我眾而敵寡。」是小前提。「吾之所與戰者，約矣。」則其結果。試先觀明劉寅之解，再加以分析。劉寅直解云：

　　　　故亦奇正之形於人，而我實無形使敵窺之。敵不能窺我之形則我之力專，而敵之力分也。謂吾之正，使敵視爲奇；吾之奇，使敵視爲正，形人也。以正爲奇，以奇爲正，變化紛紜，使敵莫測，無形者也。敵形既見，我乃合眾以臨敵，我形不彰，彼必分勢以備我，此

〔註17〕見陳啓天《孫子兵法校釋》，頁148。

我專而敵分之說也。

我專而敵分，敵則備多力分，我則專一集中，取得絕對優勢之兵力。欲能我專而敵分，其先決條件，在於我知敵形，敵則不知我形，其所以如此者，以奇正變人之耳目也。故兵無加多，順奇正之變者多也。我既專而為一，則眾也；敵備多力分，則寡也。我眾敵寡，若以一對十，與之敵戰，則用力少而成功多，即為約矣。因之，由上所述，孫子兵力之佈置運用，務在我專而敵分，其所以然者，以能順奇正之變，形敵而我無形也。

如前章所論，奇正與虛實相貫相通。故專分之理，除奇正之變外亦乘虛實之用。若〈虛實篇〉云：

> 出其所不趨，趨其所不意；行千里而不勞者，行於無人之地也；攻
> 而必取者，攻其所不守也；守而必固者，守其所不攻也。故善攻者，
> 敵不知其所守；善守者，敵不知其所攻。微乎微乎！至於無形；神
> 乎神乎！至於無聲，故能為敵之司命。進而不可禦者，衝其虛也；
> 退而不可追者，速而不可及也。故我欲戰，敵雖高壘深溝，不得不
> 與我戰者，攻其所必救也；我不欲戰，劃地而守之，敵不得與我戰
> 者，乖其所之也。

此段論攻守之理，純繫乎虛實之用。即我知敵之虛實，能以實繫虛；敵則不知我之虛實，故不知其所守，亦不知其所攻。因此，戰守由我，故能從容調配兵力，我欲戰則無一閒卒，欲守則無處不兵；欲守則力分，以其備多也。

總歸上述之論，善順奇正之變，善乘虛實之用者，能得「我專而敵分，我眾而敵寡。」之利。同時，戰守由我，我致人而不致於人，故曰：攻而必取，守而必固。

（6）其疾如風

以上所論之戰略原則，皆屬戰前之謀略與佈陣。至於接敵之行動，孫子貴以速為主。前章論及「幾」乃時空之交接之適合矣，失此「幾」點，便失勝機。其實時空之交合，乃重在時間之掌握。欲掌握時間，必在於行動之迅速。故孫子於〈九地篇〉云：

> 兵之情主速，乘人之不及，由不虞之道，攻其所不戒也。

敵露不及、不虞、不戒之便，即予我有隙可乘，我必疾速擊之，以不失戰機也。因此，張預之注曰：「用兵之理，惟尚神速，所貴乎速者，乘人之倉卒，使不及為備也。」以神速乘敵之隙，令敵倉卒不及備之，敵我雙方之勝敗，

不言而喻矣！

　　兵情主速，孫子復於〈九地篇〉強調之，其云：「厲於廊廟之上，以誅其事；敵人開闔，必亟入之。」又「是故始如處女，敵人開戶，後如脫兔，敵不及拒。」此處所論，隱含靜動常變之理。即未戰之先，我密靜深謀，即常經之準備也。俟敵有隙，迅疾擊之，權變之發動也。孫子以處女脫兔之靜動之理，實合兵道之玄機。孫子於〈軍爭篇〉云：

　　　　其疾如風，其徐如林。

日人恩田仰岳注之曰：

　　　　奇兵之趨於虛者，迅速而直前，如風之倏忽扇物。正兵之持重者，
　　　　齊整而徐進，如林之森然而不亂也。（《孫子纂注》）

疾徐之際，隱含奇正虛實之理，可與「處女」一段文意相互發明，由此亦可見孫子兵道之用，無時無刻不離經權、正奇之經緯也。

　　孫子兵情主速，非但自擊敵之利視之，亦自所以害我者詳考之。是故，用兵必慮雜於利害也。〈作戰篇〉云：

　　　　其用戰也勝，久則鈍兵挫銳，攻城則力屈，久暴師則國用不足。夫
　　　　鈍兵、挫銳、屈力、殫貨，則諸侯乘其弊而起，雖有智者，不能善
　　　　其後矣。故兵聞拙速，未睹巧之久矣；夫兵久而國利者，未之有
　　　　也。……國之貧於師者遠輸，遠輸則百姓貧；近於師者貴賣，貴賣
　　　　則百姓財竭，財竭則急於丘役，力屈財殫，中原內虛於家，百姓之
　　　　費，十去其七，公家之費，破車罷馬，甲冑矢弩，戟楯蔽櫓，丘牛
　　　　大車，十去其六。……故兵貴勝不貴久。

〈作戰篇〉所論，純著眼於戰爭所予國家經濟之災害，可謂深思熟慮頗具遠見。夫師老無功，古有明訓。如傾全國之力，戰不可期之功，雖或能邀勝於一時，然陷民生於凋弊，斷國力之根基，亦終不免國家之敗亡。因此，孫子絕對不贊同於長期之征伐，如不得已用兵，必亦速戰速決以貴勝為要。因此，如前所論，孫子之戰略思想，自有其高下之層次，不得已而用兵，乃下下之策也。惟一旦兵刃相見，則血流漂櫓，生靈塗炭。故孫子之速戰速決，以貴勝為要，乃在免除國家陷於長期兵燹之災也。為求速戰速決，即如殘苛之火攻，亦在所不惜加以用之。蓋長痛不如短痛，壯士斷腕，要在祛除永患。戰爭毒瘤一日不除，國家則無一日或寧。故為求速戰速決，非常手段之用在所難免。論者或以為《孫子》全書皆意盡於九地而絕於火攻，此不明孫子全盤

戰略思想所在，亦不知孫子兵情主速之所以也。

（7）難知如陰

前引孫子之「其疾如風，其徐如林。」以闡明動靜寓含奇正虛實之理，於其下又言「侵掠如火，不動如山。」此與上二句語意相當。其下又云：「難知如陰。」，則總歸奇正虛實之變幻莫測，未可出示於人也。梅堯臣注之曰：「幽隱莫測。」何氏注之曰：「暗秘而不可料。」皆言「其形藏，其勢不可測。」如以現代術語稱之，即守秘也。孫子於〈計篇〉論詭道時總言「此兵家之勝，不可先傳也。」曹操注之曰：「傳，洩也。」我之策略行動，不可先洩；先洩則敵知我如掌，戰道危矣。《易‧繫辭傳》云：「幾事不密則害成。」即此意也。孫子以「知己知彼，知天知地。」為克敵制勝之先決條件，反言之，敵如得此四知，我則反受制於敵矣。因此總歸前六項所論之戰略要旨，務必「難知如陰」，不可洩之於人也。

孫子於此守秘原則，無不一再強調之。〈形篇〉云：「善守者，藏於九地之下。」即言善守者，韜形晦迹，如藏於九地之下，隱之深而不可知，非直藏於九地之下也。又〈九地篇〉云：「易其事，革其謀，使人無識；易其居，迂其途，使人不得慮。」即所以變人耳目，而不定之於常也。〈同篇〉又云：「是故政舉之日，夷關折符，無通其使。」張預之注曰：「廟算已定，軍謀已成，則夷塞關梁，毀折符信，勿通使命，恐泄我事也。」是言防敵之間我也。夫我使間以間敵，敵亦必使間以間我。間者，乃刺探情報之最佳工具，故自積極方面言之，我自藏於無形，令敵間無從窺伺。〈虛實篇〉：「故形兵之極，至於無形。無形則深間不能窺，智者不能謀。」即此意也。自消極方面言之，兵謀大事，泄者當誅，告者亦殺，恐傳諸眾也。故〈用間篇〉云：「事莫密於間……間事未發，而先聞者，聞與所告者皆死。」即此意也。

總而言之，守秘乃一切戰略要旨之第一要義。苟廟謀不密，軍情外洩，則非惟苦心謀畫之策略付之流水，且陷國家於覆亡，豈能不惕之！豈能不慎之！夫間者愈密，守秘愈切。孫子之三復斯言，良有以也。其實豈徒守秘為然，孫子於繫乎安危存亡之處，莫不一再諄諄告誡，此不可不知也。

第六章　孫子之政治思想與外交思想

　　夫戰爭之起，實非單純之軍事行動，必涉及其他政治、外交、經濟、社會等諸問題。是以近代各國軍事學家於戰爭之認識，已由狹義之純軍事，拓展為包含政治、外交、經濟、社會等之廣義戰爭思想。因此，一國之政治、外交、經濟、社會，甚或民族性格與心理差異，莫不為決定戰爭之因素。〔註1〕西方兵聖克勞塞維次即認為作戰、戰爭與政治事務形成一總體。克氏甚至認為戰爭乃不過政治之延長，為欲實行政治目的之手段。克氏之戰爭思想影響西方約達百年之久，及乎第二次世界大戰之發生，其契機情況與規模具有錯綜複雜之多面性，非克氏之戰爭思想所能詮釋。故另一軍事學家魯屯道夫（Ludendof）〔註2〕即提出總戰力論，謂戰爭乃基本之社會現象，政治、經濟、文化等均為戰爭之必要手段。此段戰爭觀與克氏之戰爭觀，其目的與手段可謂絕然相反。〔註3〕亦即魯氏以為一旦發生戰爭，政治、經濟、文化等即為戰爭之必要手段。因之，無論就克氏或魯氏之戰爭觀言之，雖有目的與手段之差異，其論戰爭之非單純軍事行動則一也。

　　至若我國兵聖孫子之兵道思想，自二千多年前已注意及整體戰力之重要性。其於經濟方面，已敘及戰爭於國計民生之破壞與影響，惟猶未論及富國強兵之策。然於情報之搜集與運用，以「知」與「間」綜貫之，頗為精切奧

〔註1〕見王漢中等譯《近代各國戰略論》上冊，頁6。
〔註2〕案魯屯道夫 Ludendorf Erich（1865～1937）乃德國著名之將領與軍事學家，參見《大英百科百書》。
〔註3〕以上克、魯二氏戰爭觀之說見豈畔豪雄戰爭史論第二章戰爭とその他の社會現象，頁71。

妙。至於政治與外交方面，亦具獨特深邃之見解與運用，故特闢一章以專論焉。

第一節　孫子之政治思想

孫子於〈計篇〉云：「兵者，國之大事，死生之地，存亡之道，不可不察也。」嗣云經之以五事，一曰道，二曰天，三曰地，四曰將，五曰法。此五事之中，道、將、法均及於人事，故論孫子之政治思想，則不出此三者也。

（一）修道保法

《孫子·形篇》云：「善用兵者，修道保法，故能爲勝敗之政。」乃孫子政治思想最重要之基礎。日人板井末雄曰：「修道保法爲全篇主眼，本論已盡於此，下爲餘論。」〔註4〕言「下爲餘論」雖略嫌誇張，然修道保法確爲孫子兵道思想之主眼。蓋修道保法能以守己治內，立於不敗之地也。孫子之兵道思想貴在愼戰，貴在不戰而屈人之兵，伐兵攻城則爲不得已之下下策矣。故孫子之兵道思想務以修明政治爲前提。修明政治非惟立己於不敗之地，且爲勝敵之資也。故戰道之勝，不決於戰時之戰鬥，而決於平時之政治也。《淮南子·兵略訓》云：「修政於境內，而遠方慕其德；制勝於未戰，而諸侯服其威，內政治也。」不亦孫子「修道保法，故能爲勝敗之政。」之最佳寫照乎？因此，孫子之兵道思想，乃以政治爲常經，訴之兵刃則爲不得已之權變也。此根乎吾國平和文化之兵道思想，與西洋動輒訴諸武力之戰爭觀念，可謂相異其趣。

（1）修　道

修道保法既能爲勝敗之政，然修道者何？保法者何？先就修道詮釋。道之義，孫子於〈計篇〉云：「道者，令民與上同意，可與之死，可與之生，而不畏危也。」「令民與上同意。」是道之體，「可與之死，可與之生，而不畏危也。」是道之用。蓋用兵以人和爲本，能役民有道，而使之與上同意，則可與之共履死生之地，而不畏危亡矣。試觀劉寅注之曰：

> 道者，仁、義、禮、樂、孝、悌、忠、信之謂。爲君者漸民以仁，
> 摩民以義，維持以禮樂，教之以孝悌忠信，使民知親其上，死其長；

〔註4〕參見李浴日《孫子兵法綜合研究》，頁98所引。

故與君同心同德，上下一意，可與之同死，可與之同生，雖有危難，
而不畏懼也。昔武王有臣三千，同心同德，是與上同意也；紂有億
兆人，離心離德，是不與上同意也。荀卿曰：「仁人之兵，上下一心，
三軍同力。臣之於君也，下之於上也，若子弟之衛父兄，手足之捍
頭目而覆胸臆。」斯可與同死同生也。(《孫吳兵法直解》)

劉寅之解，以君之於民，必施之以仁、義、禮、樂、孝、悌、忠、信，令君
民同心同德，故能同死同生也。乃純乎儒家仁民愛物之王道思想也。另明人
趙本學則以為孫子之道兼含王霸，其云：

言使其民體君之意，從君之命，與之同患，至死而不逃去者，則為
有道之君也。或曰聖賢用兵之所恃，亦不外此，孫子之言，蓋與之
脗合。愚謂道有王霸之異。其曰：節用而愛人，使民以時。其曰：
民之所好好之，民之所惡惡之。其曰：省刑罰，薄稅歛，謹庠序之
教，申之以孝悌之義，此王道也。王道之民，同心同德，尊君親上，
如子弟之衛父兄，手足之捍頭目，與之生死，何畏之有？其曰：仁
言以入民心，私惡以悅民意，厚戰士之家，急有功之賞，哀死而同
傷，同甘而分苦，此霸道也。霸者之民，驩虞喜悅，趨事敵愾，以
進死為榮，退生為辱，亦與之同生死，而不危也。孫子詭譎之學，
其所謂道，蓋兼王霸而已矣。

如以孫子常經權變之應用視之，趙氏之解較逼近孫子旨意。夫平時施政，澤
之仁愛，履臨戰道，則未可守之以常也，必以權變佐之。故孫子之兵道思想，
兼含王霸，雖以儒為本，而不純乎用儒也。

今人陳啟天即以道釋為政治修明之旨。政治之事，有方略焉，有人才焉，
以適宜之人才實施適宜之方略，而成績昭昭在人耳目者，始謂之政治修明。
政治修明乃可令國民與政治合為一體，故曰：「道者，令民與上同意。」〔註5〕
又李浴日亦以為元首或政府勵行廉潔政治，救濟失業人口，改善人民生活，
改良社會制度，發展產業與文化等，是謂有道。道之目的，乃使民族一致團
結，或舉國一致。〔註6〕陳李二氏以現代政治學觀點詮釋孫子之道，均有一得
之見，頗足以發明之。

上下親和之道非獨孫子主之，詳審先秦諸子言及兵者，莫不強調之，茲

〔註 5〕見陳啟天《孫子兵法校釋》，頁 66。
〔註 6〕見李浴日《孫子兵法綜合研究》，頁 10。

舉孟子、荀子、商君為例：

《孟子・梁惠王下篇》云：

> 鄒與魯鬨，穆公問曰：「吾有司死者三十三人，而民莫之死。誅之則不可勝誅，不誅則疾視其長上之死而不救。如之何則可也！」孟子對曰：「凶年饑歲，君之民老弱轉乎溝壑，壯者散而之四方者，幾千人矣。而君之倉廩實，府庫充，有司莫以告，是上慢而殘下也。」曾子曰：「戒之！戒之！出乎爾者，反乎爾者也。」夫民今後得反之也，君何尤焉；君行仁政，斯民親其上，死其長矣。

《荀子・議兵篇》云：

> 凡用兵攻戰之本，在乎壹民。……士民不親附，則湯武不能以必勝也。故善附民者，是乃善用兵者也。故兵要在乎善附民而已。

《商君書・戰法篇》云：

> 凡戰法必本於政勝。……政不若者，勿與戰。

孟子以君行仁政，則斯民親其上；荀子以兵要在乎善附民；商君戰本於政勝，皆力主上下同意，乃戰道之本也。故何守法《孫子音注》曰：

> 豈知天下之道，一而已矣，欲得人同心致死，豈易感哉！觀曹劌之論戰，以察獄為可？荀卿之論兵，以仁為尚！子犯亦曰：當先教之以禮義信。而謂孫子不知大道，可乎？

是者上下親和之道，一也，乃源乎吾國固有平和文化之特質也。

（2）保　法

至若保法者何？法之義，孫子於〈計篇〉自注云：「法者，曲制官道主用也。」今人陳啟天釋之曰：

> 法，謂法制，或法治。治軍須有法制，治國尤須有法制，建立治國及治軍之法制，為戰爭準備之一大項。故《商君書》之本篇云：「凡用兵勝有三等，兵未起而錯法，錯法而俗成，俗成而用具。此三者必行於境內，而後兵可出也。」法制須於未戰前建立者甚多，而其最要者為曲制官道主用之建立。曲制，猶今言軍制。《管子・七法篇》云：「曲制時舉，不失天時，無壙地利。」古兵制寓兵於農，故須依農時教練之。周禮所謂中春教振旅，中夏教茇舍，中秋教治兵，中冬教大閱，是也。其制分劃曲制。官道，猶今言官制，兼指武官制與文官制。主用，主，掌理也；用，兼言財用與器用，自國家財政

制度，軍械制度，皆主用之制也。〔註7〕

因此，法即法制，包含軍制官制及一切財用器用之制也，換言之，即泛指國家之一切法制也。一國法制之健全與否，繫乎一國之安危強弱。何者？法制不全，則上下無所遵循；上焉者一意孤行，下焉者僭越犯上。如此則國亂矣！亂則危矣！兵未出境，已先自敗，遑言勝敵乎；故孫子於〈計篇〉之七計云：「法令孰行。」即謂比較敵我誰能嚴守法度，實行法令也。是以孫子言「修道保法，能爲勝敗之政。」平時施政除澤愛於民外，亦宜謹修法度，兩者不可偏廢矣。

夫法之行也，必自上始。孔子云：「其身正，不令而行。其身不正，雖令不從。」〔註8〕商君云：「法之不行，自上犯之。」〔註9〕管子云：「禁勝於身，則令行於民矣。」〔註10〕韓非子云：「不避親貴，法行所愛。」〔註11〕皆言法滯於上，則不行於下也，蓋乃法之深意也。孫子雖無明言法必自上始，然觀其斬吳王之愛姬曰：「約束不明，申令不熟，將之罪也：既已明而不如法者，吏士之罪也。」〔註12〕亦足見孫子頗得法之深意也。若其後之兵家司馬穰苴之斬監軍莊賈，諸葛亮之揮淚斬馬謖，亦莫不傳爲美談。是以樹立法紀。須自不避親貴始，因此，孫子之修明政治，以儒爲體，佐法爲用也。

（二）統御之藝術

孫子之統御藝術，根乎於修道保法，茲分恩威並濟與治眾如治寡兩端詳述之：

（1）恩威互濟

《孫子・地形篇》云：「視卒如嬰兒，故可與之赴深谿；視卒如愛子，故可與之俱死。」此與「道者，上與民同意。」語異義同。此雖言「卒」，然春秋時代亦兵亦農，〔註13〕待卒亦所以待民也。視卒如己出，則卒豈無知恩以反報之情乎？故梅堯臣注之曰：

撫而育之，則親而不離，愛而勗之，則信而不疑。故雖死與死，雖

〔註 7〕見陳啓天《孫子兵法校釋》，頁 68。
〔註 8〕見《論語・子路篇》。
〔註 9〕見《史記・商君傳》。
〔註 10〕見《管子・法法篇》。
〔註 11〕見《韓非子・外儲說右上篇》。
〔註 12〕見《史記・孫吳列傳》。
〔註 13〕詳見第二章第三節。

危與危。

夫人之生雖胡越異體，若撫之以慈恩，則能令之若骨肉連心，死生與共，此乃人所以異於禽獸之至性也。老子云：「慈故能勇……夫慈以戰則勝，以守則固，天將救之，以慈衛之。」是慈之於治大矣，於戰道之用亦妙矣！

然則，撫卒固貴於慈恩，然御眾亦不可廢法。若徒愛之厚之，而不能使之治之，則如富家驕惰之子，狎恩恃愛，犯法背逆，是以不可用之於戰地。恩威兩全，不苛亦不弛，斯得其道也。故孫子於下又云：

厚而不能使，愛而不能令，亂而不能治，譬如驕子，不可用也。

張預注之曰：

恩不可以專用，罰不可獨行。專用恩，則如驕子而不能使。此曹公所以割髮而自刑，臥龍所以垂泣而行戮，楊素所以流血盈前而言笑自若，李靖所以十殺其三使畏我而不畏敵也。獨行罰，則士不親附，而不可用。此古將所以投酒，楚子所以挾纊，吳起所以分衣食，闔閭所以同勞佚也，在易之師初六曰：「師出以律」，謂齊家之法也。九二象曰：「師中承天寵」，謂勸士以賞也。以此觀之，王者之用兵，亦德刑參任，而恩威並行矣。尉繚子曰：「不愛悅其心者，不我用也，不嚴畏其心者，不我舉也。」故善將者，愛與畏而已。

張預之注以恩不可專用，罰不可以獨行，上承易之師掛，下迄唐之李靖，義例昭著，千古所同也。故恩威並用乃所以互濟長短，克臻中道也。孫子於〈行軍篇〉復申論之，其云：

卒未親附而罰之，則不服，不服則難用也。卒已親附而罰不行，則不可用也。

大恩信未洽，不可以刑罰齊之，反之恩信已敷，未能齊之以刑罰，則驕不可用也。故恩威洽切，方足以治民用卒也，人謂領導統御之所以藝術稱之，乃端乎恩威圓熟適切之妙用也。因之，領導統御若必臻之於藝術之善境，務必先令之以文，後齊之以武，總綜之以教，孫子〈行軍篇〉即指出其運用程度與方針，其云：

令之以文，齊之以武，是謂必取。令素行以教民，則民服；令不素行以教其民，則民不服，令素行者，與眾相得也。

曹操注：「文，仁也；武，法也。」李筌注：「文，仁恩也；武，威罰也。」是文武恩威之謂也。恩威兼得，攻而必取，戰而必勝。惟恩必先於威也，明

趙本學即云：「必以文令之於先，而以法齊之於後。」〔註14〕唐李衛公亦云：
「愛設於先，威設於後，不可反是也。若威加於前，愛救於後，無益於事矣。」
〔註15〕蓋恩所以結人心也，人心結則能視如己也。既視如己矣，則雖有威法
之用，亦無怨也。夫兄父之責子弟，一本愛之深，責之切。亦豈怨之有乎？
子夏云：「君子信而後勞其民，未信則以為厲己。」〔註16〕不亦此之謂乎？蓋
此乃人性之常也。御人治民之術，其在順乎人性而已矣！

　　夫仁恩之施也，人感而動也，不待教而知也，惟威法之用，必待教而明
之。故「令之以文，齊之以武。」爾後孫子示之以「令素行以教其民。」令
素行之義，宜為法令平時即能深入人心，並能貫徹執行，非徒託之空言也。
若以此教民則民服而相得矣！再深一層釋之，法令之實行，不分貴賤，不分
階級，皆宜遵行之。最忌恃寵而驕，恃功而傲者也。故法令之推行，平時即
宜暢行無礙，而以此教民，則民服也。反之，則民不服也。因此，令素行以
教其民，乃所以固結民心，令無怨懟而生仁心也。三令五申，示人不惑也。
法令簡當，議在必行，然後可以與眾相得也。此固治軍統御之道，治國治民
亦當若是也。

（2）治眾如治寡

　　夫統軍治民，雖無躬親之勞，然無有不得之姦，無有不揭之罪，無有不
違之情，此乃在於層層節制，執節御繁也，故孫子於〈勢篇〉云：

　　　凡治眾如治寡，分數是也。

曹操之注曰：

　　　部曲為分，什伍為數。

明趙本學之注曰：

　　　分者，所以定上下貴賤之分，數者，所稽尺籍伍符之數目也。司馬
　　　法五人為伍，伍有長，二十五人為兩，兩有司馬。百人為卒，卒亦有
　　　長，五百人為旅，旅有師。二千五百人為師，師有帥。萬人為軍，
　　　軍有將。此軍中之分數也。

因此，分數乃部隊之組織編制，為法之一端。〔註17〕古昔兵民不分，軍隊組

〔註14〕見趙本學《孫子書校解引類・行軍篇》。
〔註15〕見《李衛公問對》卷中。
〔註16〕見《論語・子張篇》。
〔註17〕案「法者，曲制、官道、主用也。」詳見本節（一）（2）條保法所論。

織與地方組織關係密切，官長之制亦均兼攝。〔註18〕是以治民統軍無有分別，其理治之方亦一也。蓋若各有建制，專責其成，上焉者惟總其綱領，雖治百萬之眾，亦猶治寡也。此執簡御繁，分層負責之治術，淵源於老子虛靜無爲之學，迄韓非則雜之以法而爲法家人君御民之術矣！〔註19〕

夫統軍治民既以執簡御繁，層層節制爲要，臨之戰道，用兵既眾，相去必遠，耳目之力，或有未逮，故設金鼓旌旗以爲號令之具焉。〔註20〕因之，金鼓旌旗之設也，所以示號令，一人之耳目也，夫旌旗之動也，士卒進退森然；金鼓之動也，士卒攻守有序。將帥無有奔波之勞，無有聲嘶之竭，人自專一，勇者不得獨進，怯者不得獨退，職是之故，與敵對陣，雖戰百萬之眾，猶戰一人也。故孫子於〈勢篇〉又云：

> 鬥眾如鬥寡，形名是也。

形名者，曹操之注曰：「旌旗曰形，金鼓曰名。」即陳號令之具也。果號令素明，則戰陣齊一，戰而必勝矣，反之，號令不行，戰陣凌亂，不戰自敗矣，因之，陳百萬之軍，鬥百萬之眾，如使一人，如戰一敵，蓋形名之示號令以齊一士卒之故也。

總之，道之結人心，自內凝之也；法以齊號令，自外束之也。御人統軍之術必也「道」修「法」保，則能內凝外束，齊勇若一，雖治百萬之眾，然携手若使一人也。

（三）論　將

《孫子》書中於論將最精亦最詳。蓋將者，國之輔，民之司命也。若〈計篇〉云：「兵者，國之大事，死生之地，存亡之國，不可不察也。」主兵者，將也，亦不可不察也。因之，孫子於將之要求頗嚴，綜貫全書，無不一再論

〔註18〕案周禮春官疏：「五人爲伍，即五家爲比：家出一人，在家爲比，在軍爲伍。五伍爲兩，即五比爲閭：閭二十五家，兩二十五人。四兩爲卒，即四閭爲族：族百家，卒百人。五卒爲旅，即五族爲黨：黨五百家，旅五百人，五旅爲師，即五黨爲州：州二千五百家，師二千五百人。五師爲軍，即五州爲鄉，鄉萬二千五百人。以營農事，比長領之；及其出軍，家出一人，五人爲伍，則伍長領之，在家閭胥領之，閭在軍則爲兩，司馬領之。在家爲族師，在軍爲卒長。在家爲州長，在軍爲師帥。在鄉爲大夫，在軍爲軍將。」是以古昔軍隊之組織與徵發，比照地方組織責成之，其官長亦兩兼攝之。又並參見第二章第三節。

〔註19〕案韓非言術，實原於老子之學，見林師景伊《中國學術思想大綱》，頁85。

〔註20〕案《孫子・軍爭篇》：「軍政曰：言不相聞，故爲金鼓；視不相見，故爲旌旗。」

及之。古今中外，爲將者多，名垂青史者少，足見將之難爲也，尤其古昔兵民合一，將者平時治民，戰時領兵，均具文武才略。若姜太公即兼文武之資，終助武王伐紂之盛舉；孔子教人，禮樂射御書數六藝兼備，洎乎後世，或重文輕武，或揚武偃文，非流於國衰民弱，即溺於窮兵黷武，良可嘆也。

夫修道保法，故能爲勝敗之政，將之栽培選任，亦豈可倏及爲之哉？蓋古昔教民治兵合一，必賴平時陶之練之，此其一也。既啓兵端，將者乃士卒之所共仰賴，此端乎爲將者平素之維繫人心，此其二也。故選將任將必宜自平時審慎爲之，若必兵端已肇，方匆促選任，〔註21〕豈無臨渴掘井之譏乎！

孫子十三篇始自〈計篇〉，而終於〈用間篇〉，莫不皆言將道之事，今試理繹三端分述之：

（1）將　危

夫論將自將危始，何故？蓋見危所以見安也。夫人之情，樂見吉不見凶，習於安不知危。首示之以危，所以惕之怵之以求安也。故見將危，亦所以求將德將能之備也。

夫將之危，始則殺士卒，繼之覆軍，嗣之亡國，不可不謂之大矣。

《孫子‧謀攻篇》云：

> 將不勝其忿，而蟻附之，殺士卒三分之一，而城不拔者，此攻之災
> 也。

李筌解之曰：

> 將怒而不待攻城，而使士卒肉薄登城，如蟻之所附牆，乃木石所殺
> 之者，三有一焉，而城不拔者，此攻之災也。

此言將既無智謀，不能伐謀伐交於先，以全軍全國，復不勝其忿，冒然攻城，令士卒如蟻緣牆，以血肉之軀以擋木石之堅，罔顧人命，莫此爲甚！

夫將之一怒，已致攻城之災，況將猶有五危足以覆軍殺將，〈九變篇〉云：

> 故將有五危，必死，可殺也；必生，可虜也；忿速，可侮也；廉潔，
> 可辱也；愛民，可煩也。凡此五者，將之過也，用兵之災也。覆軍
> 殺將，必以五危，不可不察也。

此言將之五危，亦所以見將才之難備也，必死，勇而無謀，期必於死鬥耳，則可以設伏誘而殺之。必生，臨陣畏怯，期必於生命者，則可襲而虜之。性

〔註21〕若岩畔豪雄戰爭使論即以將帥選任爲開戰時政治工作之一項。見《戰爭史論》，頁83。

之剛忿急速者，則可以陵侮而致之，來以敗之。性之廉潔者，可設計詬辱之，辱之必致其怒而輕出，則當而擊之。性之仁慈愛人者，惟恐殺傷士眾，可出奇煩而擾之。〔註22〕凡此五者，若必死、廉潔、愛民亦本優良之德也。然若處之不愼，則爲敵所乘矣。故爲將者身負一國安危之重任，却不可貪一德之令譽，而予敵以有機可乘，必也忍辱負重，審愼權變之道。故張預論之曰：

> 庸常之將，守一而不知變，故取則於己，爲凶於兵。智者則不然，雖勇而不必死，雖怯而不必生，雖剛而不可侮，雖廉而不可辱，雖仁而不可煩也。

是以將才難求，古今所同，其性失之一偏，即有一危之災，既有偏才之災，故須責將才之全也。

夫將者繫乎一國之安危與全軍之成敗，故舉凡平時之教練，軍紀之維持，以至戰時之指揮調度，莫非將之重任也，故偶一失愼，陷於崩敗亂走，亦莫不將之過也。〈地形篇〉云：

> 故兵有走者，有弛者，有陷者，有崩者，有亂者，有北者，凡此六者，非天地之災，將之過也。夫勢均，以一擊十，曰走；卒強吏弱曰弛；吏強卒弱，曰陷；大吏怒而不服，遇敵懟而自戰，將不知其能，曰崩；將弱不嚴，教道不明，吏卒無常，陳兵縱橫，曰亂；將不能料敵，以少合眾，以弱擊強，兵無選鋒，曰北。凡此六者，敗之道也；將之至任，不可不察也。

以上所言六種敗兵之由，均不在地形，不在天災，不在敵人，乃在於爲將者平時未能律己教人，審愼從事，戰時復統御不良，與指揮不善，以致淪之於敗也。夫戰局之轉逆，牽一髮而動全局，一戰之敗，雖有名將復起，亦難轉機矣！況乎六者之敗，豈無淪於覆軍亡國萬刼不復之境乎？是故，將之危深矣！大矣！

（2）將德將能

夫將爲國家安危之所繫，故孫子對之評價甚高，〈作戰篇〉云：

> 故知兵之將，民之司命，國家安危之主也。

即謂知兵之將，如司命星然，可操人民之生死也。勝則國安，敗則國危，故知兵之將，又爲國家安危之所繫也。又〈謀攻篇〉云：

〔註22〕以上五危之解，參見劉寅《孫武兵法直解》。

夫將者，國之輔也，輔周則國必強，輔隙則國必弱。

輔者，車之兩傍夾木也。〔註23〕言國之強弱必在於將。將輔於君而才周，其國則強，不輔於君，內懷其貳，則國弱。〔註24〕故將者必懷才略，兼修內德也。才略所以謀慮深周，用事不敗；內德所以公忠體國，不懷二心也。因此，王晢之注曰：「周，謂將賢則忠才兼備。」夫任重責深，必有非常人之才德方足以堪之。孫子於將之才德亦求之周備而無隙也。〈計篇〉所論將之五德，即孫子將德之標的也。其云：

將者，智信仁勇嚴也。

關於孫子所論將之五德，最引起討論者，厥何以智為先？杜牧即謂先王之道，以仁為首，兵家者流，用智為先。日人山鹿素行則謂孫子談兵於戰國，故以智為先。〔註25〕其實孫子以智為用，以仁為本，不可偏廢。〔註26〕又以將之五危視之，將德不可有所偏，偏則危矣。必也五德互濟，攝之均衡。故賈林之注曰：

任智知則賊，偏施仁則懦，固守信則愚，持勇力則暴，令過嚴則殘。

五者兼備，各適其用，則可以為將帥。

夫將除內修上述五德外，猶須具有四種素養。〈九地篇〉云：

將軍之事，靜以幽，正以治。

明趙本學注之曰：

靜者，鎮重凝定而不躁擾。幽者，沈潛深默而不可測度。正者，嚴屬方特，人不敢犯。治者，周悉縝密，事無遺漏，備此四德，乃可以為大將。

為將者具有靜幽正治之素養，深得全軍之信賴，然後乃可應事勢之變，權宜行事。

以上所述均為將者內在之修養也。惟僅具內在之修養，猶不足以膺軍國之重寄，宜兼具外知之能，方足以堪之。〈計篇〉所云之五事七計為將者首須深曉之。蓋將者定計於廟堂之內，麾軍於千里之外，事無巨細，必知之周詳，否則掛一漏萬，則如蹄釘之失，雖有千里之馬，亦難行寸步矣！

〔註23〕見趙本學《孫子書校解引類注》。
〔註24〕見《孫子十家注・賈林注》。
〔註25〕參見第四章所論。
〔註26〕亦參見第四章所論。

夫能深曉五事七計乃爲將者之根本，運兵帷幄之際，宜知九變之利。故〈九變篇〉云：

> 故將通於九變之利者，知用兵矣。將不通於九變之利者，雖知地形，不能得地之利矣。

何謂九變之利？〈九變篇〉云：

> 圮地無舍，衢地合交，絕地無留，圍地則謀，死地則戰，塗有所不由，軍有所不擊，城有所不攻，地有所不爭，君命有所不受。

夫用兵以知變爲先，九事之變，皆係臨時起意，遇事宜制，不拘常道，然後得其變通之利也。

孫子雖言不知九變之利者不能得地之利，然而，若不知地之利，亦不能權宜九變也。兩者必兼擅而互濟，方克竟其功矣，故孫子亦以地之道，將之至任，不可不察也。因之，〈地形篇〉云：

> 地形有通者，有挂者，有支者，有隘者，有險者，有遠者。我可以往，彼可以來，曰通，通形者，先居高陽，利糧道，以戰則利。可以往，難以返，曰挂。挂形者，敵無備，出而勝之；敵若有備，出而不勝，難以返，不利。我出而不利，彼出而不利，曰支，支形者，敵雖利我，我無出也；引而去之，令敵半出而擊之，利。隘形者，我先居之，必盈之以待敵；若敵先居之，盈而勿從，不盈而從之。險形者，我居之，必居高陽以待敵，若敵先居之，引而去之，勿從也。遠形者，勢均，難以挑戰，戰而不利。凡此六者，地之道也，將之至任，不可不察也。

此論六種地形之狀況，並依其狀況論對敵應戰之策。夫地形不一，對敵之策自宜隨機應變，方能制取先機，致人而不致於人也。故明趙本學即云：「愚謂六地之要，一言以蔽之曰，致人而不致於人而已。」〔註 27〕縱觀《孫子》全書之中論地頗詳，其之論地，亦兼論將。若以〈地形篇〉言之，地之道，將之至任也。又云：「夫地形者，兵之助也。料敵制勝，計險阨遠近，上將之道也。」其終總歸之曰：「知彼知己，勝乃不殆；知天知地，勝乃不窮。」因此，地之於兵頗切，亦乃將之至任也。日人德田邑興即以孫子分說地形，於〈行軍篇〉有十形，〔註 28〕於〈地形篇〉有六形，於〈九地篇〉有九形〔註 29〕統

〔註 27〕趙本學《孫子書校解引類注》。

〔註 28〕案〈行軍篇〉所指地之十形爲山、水、斥澤、平陸、絕澗、天井、天牢、天

共二十五形，各隨天然所有地形，要在於能取利而避害也。〔註 30〕因此，將不知地之利者，不能知用兵矣！

總而言之，將之任既重且深，故必責之以非常人之才德，宜兼具內德之修與外知之能，力足以定計於內，治軍於外，繫軍國安危於一身也。

（3）君將關係

孫子於論君將關係，強調擇賢任能而委之以全責。〈軍爭篇〉云：「凡用兵之法，將受命於君，合軍聚眾，交和而舍，莫難於軍爭。」將自受命於君起，即負軍國大計，肩乎一切成敗得失之重任。以軍爭之難也，故君但委之專責而不可左右之。否則便有中御之患，而失軍爭之先機矣！是以孫子於〈謀攻篇〉特致意於君之患者三，其云：

> 故君之所以患於軍者三，不知軍之不可以進而謂之進；不知軍之不可以退，而謂之退，是謂縻軍。不知三軍之事，而同三軍之政者，則軍士惑矣。不知三軍之權，而同三軍之任，則軍士疑矣。三軍既惑且疑，則諸侯之難至矣，是謂亂軍引勝。

夫用兵之道，固貴於全軍，然守全爭之策者，孫子既歸重於將，故此尤致意於君者，一則欲為將者，必守全爭之策，毋因君命而苟從。二者欲為君者，必聽持重之言，毋求必勝而中御之也。〔註 31〕為免於中御之患，故孫子以「君命有所不受」為九變之利之一，〈九變篇〉又言「將能而君不御者勝。」均致意於中御之切切不可也。此不可中御之觀念，後世言政言兵者莫不引為標的。〔註 32〕若溯其原始，乃孫子之所以為萬世而立律令也。

然此所宜注意者，必也以「將能」為前提，則君尊之崇之而任之以全責，必可成事矣，故明趙本學論之曰：

> 愚謂人君之道，惟當修德行政，求賢任人而已。閫外之事，一寄之

羅、天陷、天隙也。

〔註 29〕案〈九地篇〉所指地之九形為散地、輕地、爭地、交地、衢地、重地、圮地、圍地、死地也。

〔註 30〕德田邕與之說見李君奭譯佐藤堅司《孫子的體系的研究》，頁 202。

〔註 31〕中御之解見趙本學《孫子書校解引類注》。

〔註 32〕若六韜曰：「軍不可以從中御。」《呂氏春秋・孟秋紀》曰：「天子乃命將帥，專任有功。」《淮南子・兵略訓》曰：「從此上至天者，將軍制之；從此下至淵者，將軍制之。國不可從外治也，軍不可從中御也。」又《史記・馮唐傳》曰：「閫以內者，寡人制之；閫以外者，將軍制之。」凡此莫不力言軍不可從中御之也。

將，受命而出，不問所爲，使人得以萬全取勝，制國安民，可也。觀古者天下遣將於太廟，親操鉞，持其首，授其柄，曰：「從此以上至天者，將軍制之。」復操柄授其刃，曰：「從此以下至地者，將軍制之，既而爲之三推其轂」，曰：「進退維時，毋曰寡人。」其禮如此，則無中御之事可知矣！後代之君命將出師，多以親王中官爲監，進退舉動，禁中授以方略，朝令夕改，不知所從，中使道路如織，主將不得自守，便往往軍軍覆沒，喪其名將，如周處、楊業者，不可勝記。(《孫子書校解引類》)

本君之於將既不可中御，將之於君復宜如何？孫子於〈地形篇〉言之甚明，其云：

> 故戰道必勝，主曰：無戰，必戰可也；戰道不勝，主曰：必戰，無戰可也。故進不求名，退不避罪，唯民是保，而利於主，國之寶也。

明趙本學注之曰：

> 此承將之至任，而言爲將者受寄於外，便宜在己，可戰則戰，不可戰則勿戰，顧當如何耳。無以君命之故，畏懼而姑從之也。苟從君命，一身固可以自免，其如三軍之命何？其如社稷之計何？此忠藎老成之士決不爲也。

夫將既受君之所託付，責之以軍國之安危，苟有必勝之道，雖君命不戰，可以戰也。苟無必勝之道，雖君命必戰，可不戰也。與其從其令而敗事，不若違制而成功，寧違於君，不違於眾。夫進不求名，其所以進，乃因見利於國家士民也。夫退豈避罪，其所不退，乃因見及蹙國殘民之害也。故雖罪及其身而終無悔也。因之進退違命，非爲己也。皆所以保民命而合主利，此忠誠款款之情，實國之寶也，亦古今難得之將也。故孫子以爲將之於君，非但輸之愚誠，苟且從命也。惟求戰道之成敗，不計個人之榮辱；惟求保民利主，不計個人之生死也。

第二節　孫子之外交思想

所謂外交，沙陶（Ernest Sataw）於《外交實務指南》云：

> 用和平的方法處理國家之間的事情。〔註33〕

〔註33〕案此乃沙陶於外交指南（Ernest Satow：A Guide to Diplomatic Practice）所下

又《大英百科全書》云：

> 外交是用來代替武力，它的目的是不使用暴力而能得到國家最大的
> 利益，而且還要減少摩擦和不愉快。不過它間或也可以應用脅迫的
> 方法，因為外交代表也常常或多或少地依恃他本國的力量，無論是
> 軍事的、經濟的、道義的，或因與友國聯合得來的總體力量。〔註34〕

是以外交者，與戰爭同為遂行國策，增進國家利益之手段。〔註35〕外交之與
戰爭並有其密切之關係，由於外交之妥善運用，可助戰爭之獲取勝利，甚或
消弭戰爭而能攫取國家之利益，如為戰敗之國，亦可藉外交之運用，避免喪
權辱國之協定。因此，外交之與戰爭，兩者互濟聲息，相替為用也。〔註36〕

上段所述之外交意義，大抵為近代各國外交思想之共同趨勢，至若吾國
之外交思想，自春秋之際已臻成熟之境。蓋其時列國交聘頻仍，盟會綿綿不
絕。〔註37〕其目的則平時修好，以維邦交，戰時結援相助，以壯聲勢。一旦
敵軍壓境，則以之緩軍事之急，而為紓解國難之資。孫子處於春秋之末，百
家爭鳴之端，自然受此影響甚深。是以孫子之兵道思想，外交策略之運用，
亦為重要之一環。孫子之外交策略運用，上焉者欲以伐交以戢戰端，如不得
已而訴之兵刃，則以之佐戰道之勝也。故孫子之外交策略運用，與近代之外
交思想，毫無遜色之處，茲分兩端述之：

（一）伐　交

前章論及孫子戰略思想層次，最高之理想境界乃不戰而屈人之兵，善之
善者也。其次伐謀，其次伐交。此三者均避免訴之兵刃而全軍全國也。因之，
孫子之外交策略亦能以佐兵道也。〈謀攻篇〉云之「伐交」，十家注之中，若
陳皞曰：「敵已興師交合，伐而勝之，是其次之。」何氏曰：「兵欲交合，設
疑兵以懼之，使進退不得，因來屈服。」均以兵之交合以釋伐交之意，實不
得孫子本旨。至若李筌之注曰：「伐其始交也，蘇秦約六國不事秦，而秦閉關
十五年，不敢窺山東也。」言結援以威敵，則較近孫子之本真。蓋孫子於他
篇之中亦一再述及伐交之策也。若〈九地篇〉云：

之簡章外交定義。參見陳劍橫、張道行合編《外交研究》，頁4。
〔註34〕同註33。
〔註35〕參見陳、張二氏合編《外交研究》，頁7。
〔註36〕參見陳、張二氏合編《外交研究》，頁9。
〔註37〕參見第二章第二節所論。

衢地則合交。

衢地者何？〈同篇〉云：

諸侯之地三屬，先至而得天下之眾者，爲衢地。

吳王與孫子問答云：〔註38〕

吳王問孫武曰：「衢地貴先，若我道遠發後，雖馳車驟馬，至不得先，
則如之何？」武曰：「諸侯三屬，其道四通，我與敵相當，而旁有他
國，所謂先者，必重幣輕使，約和旁國，交親結恩，兵雖後至，眾
已居矣，簡兵練卒，阻利而處！親吾軍事，實吾資糧，令吾車騎，
出入瞻候，我有眾助，彼失其黨，諸國犄角，震鼓齊攻，敵人驚怒，
莫知所當。」

故旁有鄰國，三面相連屬之地，必先遣使約聘，交親結恩，務爲己援而孤立
敵國也。

除合交以結外援，孫子亦以利害爲屈役他國之手段。〈九變篇〉云：

是故，屈諸侯者以害，役諸侯者以業，趨諸侯者以利。

制之以害則屈，撓之以事則勞，動之以利，使之必趨，以害、業、利三者運
諸侯於掌中，端賴外交策士謀之於胸臆而曉之於口舌間也。明趙本學雖評之
曰：「非先王救災卹患，講睦修好。」〔註39〕然能以口舌而消弭兵燹之災，亦
猶甚於兵刃間也。

（二）不知諸侯之謀者不能豫交

夫運用外交策略之先，必先知敵之動向。〈計篇〉所云之七計，兼知內外，
日人佐藤堅司即以爲知外可由外交任務完成之。〔註40〕平時遣使約聘，固可
以敦睦邦交，亦乘此以知敵情也。即使於兩國交戰之際，每可自來往使者之
間，窺伺敵之虛實。故孫子於〈軍爭篇〉云：

不知諸侯之謀者，不能豫交。

明趙本學之注曰：

兩國擧兵而鄰之諸侯，必有其謀，知其所謀，則知誰當豫交，一說
知諸侯之智謀孰勝，擇人而與之交也。交諸侯者，一則恐其爲敵之
應也，二則恐其襲我之後也。三則恐其迂途而行，爲其阻截，不得

〔註38〕見《孫子十家注敍錄》，清孫星衍校。
〔註39〕趙本學《孫子書校解引類‧九變篇注》。
〔註40〕見李君奭譯《孫子的體系的研究》，頁301。

歸也。四則可以假道也。愚謂與諸侯交者，睦鄰之道，先王之法也，何有不可？在孫子則爲合縱連橫之術，遠交近攻之策，摟諸侯以伐諸侯也。其於詭計則是，於道理則非。儒者談兵書，不責其詐謀，而責其亂法，爲此故也。

趙之注雖評之以非先王之道而責其亂法也，然若非眞知兵者，亦何以知兵之凶危哉！既啓兵釁，生死存亡之關頭，繫乎瞬息間，適切策略之運用，亦所以速戰兵釁，消弭兵燹之災也。

又孫子於〈行軍篇〉所論相敵三十二法，即有四法自來往使者以窺伺敵之虛實。其云：

辭卑而益備者，進也，辭強而進驅者，退也……無約而請和者，謀也。……來委謝者，欲休息也。

明趙本學之注曰：

使者語辭卑屈，若甚怯弱，觀其守備，愈益嚴謹，此必有進兵之計，特設詐以緩我之心，驕我氣耳，當防其掩襲也。使來語詞傲慢，因示我以強矣，而且進軍不止此，必有他故，欲陰遁去，而懼見追，以詐脅我，令不之覺耳。

又曰：

先無和約，臨戰之時，驟使來請，此必有姦謀也，爲主將者，當謹其言語，閉其形勢，增其守備，行其計謀，不可輕信，而自怠也。

又曰：

使人來致委托稱謝之詞者，必一時窮極，假求休歇，有待而爲之者也。

是以敵遣使來詐我愚我，我則謹當防之，務必詳察實情。甚或因而乘之，佯示其請，乘其隙而擊之。故讀孫子者，不可拘於一也，當有三隅之反而後深得其妙用也。

孫子於〈軍爭篇〉云：「不知諸侯之謀者，不能豫交。」又於〈九地篇〉重申其意，並皆與「不知山林險阻沮澤之形者，不能行軍；不用鄉導者，不能得地利。」爲霸王用兵之三法，其下申述霸王之用兵必結援養權，不可但逞一己之威，而不蓄養機權之計。否則城拔國墮，非智者之所爲矣。此處論外交與武力並存，乃孫子外交策略運用之精髓所在。蓋若能於未戰之先，即以外交策略屈服敵人，最爲理想。若一旦仍訴之兵刃，亦以外交策略以佐戰

道之勝也。尤其若涉及第三國際，尤非求勝於外交戰不可。若但自用一己之力，不依他人之助，敵則可結援而攻我，我反受制於敵矣。故結援爲鄰，我不用之，敵則用之，是以我必爭養天下之交也。

　　惟値得注意者，孫子何以霸王之兵稱之？若以孫子戰略思想之層次論之，除不戰而屈人之兵，善之善者，具仁者之師外，其餘之戰略思想之層次已皆淪爲霸者之兵矣。蓋若兵端已啓，則已非仁者之所稱矣！故若齊管仲之尊王攘夷，九合諸侯，首啓五霸之端，然若用兵志在消弭兵燹之災，護衛生靈，而非廣土略地，窮兵黷武，雖用霸者之手段，尚具仁者之本心，故管仲雖以霸者九合諸侯，孔子猶稱其「如其仁！如其仁！」〔註41〕孫子用兵之本心，純繫乎慈愛，惟其手段不拘泥於一也，此亦研讀孫子者所不可不知也。

〔註41〕見《論語・憲問篇》。

第七章　結論——孫子書之評價

第一節　孫子在諸子學之地位 —— 兼論諸子之戰爭觀

　　夫欲考孫子在諸子中之地位，先試觀歷來對諸子之評述與分類。吾國典籍首對諸子評述與分類者，厥爲《莊子·天下篇》其評述諸子，列爲六派：墨翟、禽滑釐，一也。宋鈃、尹文，二也。彭蒙、田駢、愼到，三也。關尹、老聃，四也。莊周，五也。惠施，六也。此六派之中，不及於孫子。其後《荀子·非十二子》，亦分六派：它囂、魏牟，一也。陳仲、史鰌，三也。田駢、愼到、惠施、鄧析，五也。子思、孟子，六也。〔註1〕荀子之評，亦猶未及於孫子。再試觀《史記·司馬談論六家要旨》，有陰陽、儒、墨、名、法、道六家之名。〔註2〕降及班固，依劉歆之七略而作漢志，其論十家，亦弗論孫子，僅於兵權謀列其著作耳。由上述觀之，歷代論評諸子之四大代表作，均摒孫子於門牆之外。

　　復試考吾國歷代記載經典書籍之著作：《漢書·藝文志》列於兵權謀，《隋書·經籍志》列於兵家、《唐書·藝文志》、《宋史·藝文志》、宋鄭樵《通志》、元馬端臨《文獻通考》、明焦竑《經籍志》等均列於兵書類。由此可見《孫子》一書歷代均認爲兵書之作，而兵書之作，由《莊子·天下篇》以迄《班固·藝文志》均無視於兵書，故皆闕而弗論焉。

〔註1〕見《荀子·非十二子篇》。
〔註2〕見《史記·太史公自序》。

　　夫考「子」之原始，本古代男子美稱之詞，其後遂以子名書，以子名人。春秋戰國之際，百家爭鳴，著述既多，於是遂以諸子爲部類名稱，以別之於經也。〔註3〕是以子書並不寄託微言大義於自具內容之經，而是自持己見，自成一家之言，立說於六經之外也。〔註4〕

　　《孫子》一書既亦稱子，宜乎能自成一家之言，必有其可觀之處。《荀子‧議兵篇》云：「善用兵者，感忽悠闇，莫知其所從。孫、吳用之，無敵於天下，豈必待附民哉！」楊倞注曰：「孫謂吳王闔閭將孫武。」《韓非子‧五蠹篇》亦云：「境內皆言兵，藏孫、吳之書家有之。」又《國語‧魏語》云：「白圭答梁惠王曰：臣治生產，猶伊尹、呂望之謀，孫武用兵，商鞅用法。」由此可見，先秦之際，《孫子》一書已非常流行。即戰國漢初之著作，若《吳子》、《尉繚子》、《鶡冠子》、《呂氏春秋》、《淮南子》、《戰國策》、《史記》、《潛夫論》等書每每稱引其語句。〔註5〕因之，《孫子》一書自來實乃廣受注目，然而歷來論評諸子者何以闕而其論？蓋《孫子》一書既將其歸諸兵家之言，自後世文武分道，視兵者不祥之器，故避而弗論。尤以自漢武之後，儒家獨尊，學者多陰習兵法而陽非之，偶有明目張膽講論者，輒遭腐儒之譏。〔註6〕是以孫子闇而未明，誠可嘆也。

　　然而，先秦諸子大抵均言及兵者而贊武備之要也，今試以先秦重要之儒、道、墨、法四家分證之：

（一）儒　家

（1）孔　子

　　若孔子號稱儒家之始祖，亦云：「子之所愼，齋、戰、疾。」〔註7〕是以孔子非不言兵也，乃宜愼之耳。子貢問政，孔子曰：「足食，足兵，民信之矣。」〔註8〕是孔子論足兵之先，宜予民足食，令民信之，又《論語‧子路篇》曰：

　　　　以不教民戰，是謂棄之。

〈同篇〉又曰：

〔註3〕案《四庫全書總目提要》云：「自六經以外之說者，皆子書也。」
〔註4〕參見嵇哲《先秦諸子學》第一章第一節諸子之命名。
〔註5〕詳見畢以珣《孫子敘錄》。
〔註6〕參見魏汝霖《孫子今註今譯》，頁9。
〔註7〕見《論語‧述而篇》。
〔註8〕見《論語‧顏淵篇》。

善人教民七年，亦可以即戎矣。

又《論語・述而篇》曰：

> 子路曰：子行三軍則誰與？子曰：暴虎馮河，死而無悔者，吾不與
> 也。必也臨事而懼，好謀而成者也。

此均言治民宜先教之練之，臨戰之際，則必慎謀而不可徒恃勇力也。又《論語・憲問篇》曰：

> 陳成子弒簡公，孔子沐浴而朝，告於哀公曰：陳恆弒其君，請討之。

此乃爲正名而討不義也。又〈同篇〉曰：

> 子曰：管仲相桓公，霸諸侯，一匡天下，民至於今受其賜，微管仲，
> 吾其披髮左衽矣。

此孔子稱譽管仲能攘夷狄也。又《左傳・哀公十一年》云：

> 齊師伐我，公爲與其嬖僮汪錡乘，皆死皆殯。孔子曰：能執干戈以
> 衛社稷，可無殤也。

此孔子褒執干戈以衛社稷之義舉也。

由此觀之，孔子雖答衛靈公曰：「軍旅之事，未之學也。」〔註9〕然孔子豈眞避言兵哉？乃所以務先足民以食，教民以信，慎謀而戰也。內之正名分，衛社稷，外之攘夷狄，孔子無不稱也。是以孔子相魯，會於夾谷曰：「有文事者必有武備。」叱辱齊侯，令其伏不敢動。〔註10〕孔子豈眞不知兵者乎？

（2）孟　子

儒家之中，孟子批評戰爭最烈。《孟子・離婁篇》云：

> 善戰者服上刑。

《孟子・盡心篇》云：

> 春秋無義戰，彼善於此則有之矣。……有人曰：我善爲陳，我善爲
> 戰，大罪也。

《孟子・告子篇》云：

> 今之事君者皆曰：我能爲君辟土地，充府庫。今之所謂良臣，古之
> 所謂民賊也。……我能爲君約與國，戰必克，今之所謂良臣，古之
> 所謂民賊也。君不鄉道，不志於仁，而求爲之強戰，是輔桀也。由
> 今之道，無變今之俗，雖與之天下，不能一朝居也。

〔註 9〕見《論語・衛靈公篇》。
〔註10〕見《左傳・定公十年》。

孟子雖非難戰爭，然非徹底反對戰爭，乃痛於其時諸侯之競於擴土掠地，以至於「爭地以戰，殺人盈野；爭城以戰，殺人盈城。」故孟子主必先修仁政而後可從事戰爭，以至仁伐至不仁，倘國君好仁，天下無敵焉。故於〈盡心篇〉云：

> 仁人無敵於天下，以至仁伐至不仁，而何其血之流杵也。……國君好仁，天下無敵。……征之為言正，各欲正己也，焉用戰！

仁人既無敵於天下，然首需行仁政，行仁政，以深得人和為先。〈公孫丑篇〉云：

> 天時不如地利，地利不如人和。……城非不高也，池非不深也，兵革非不堅利也，米粟非不多也，委而去之，是地利不如人和也。故曰……威天下不以兵革之利。得道者多助，失道者寡助。寡助之至，親戚畔之。多助之至，天下順之。以天下之所順，攻親戚之所畔，故君子有不戰，戰必勝矣。

如能修仁政，得人和，即所謂「得道者多助，失道者寡助。」故能不戰而勝矣。因此，孟子於商湯之弔民伐罪，甚稱許之。〈滕文公篇〉云：

> 湯始征，自葛載，十一征而無敵於天下，……誅其君，弔其民，如時雨降，民大悅。

孟子自言春秋無義戰，則孟子之戰爭觀念，可謂止於義戰而已矣。

（3）荀 子

荀子於戰爭肯定其存在與價值。《荀子·議兵篇》云：

> 兵者，所以禁暴除害者也。

兵者，既有其存在之目的與價值，然用兵攻戰之本何也？荀子以為在乎壹民。〈議兵篇〉又云：

> 凡用兵攻戰之本，在乎壹民。弓矢不調，則羿不能以中微。六馬不和，則造父不能以致遠。士民不親附，則湯武不能以必勝也。故善附民者，是乃善用兵者也，故兵要在乎善附民而已。

荀子之言「壹民」，即孟子之所謂「人和」，苟能「壹民」，雖強暴之國亦無足畏也。荀子又於〈議兵篇〉論「以德兼人者王，以力兼人者弱。」「禮修而士服，致平而民安。」「以守則固，以征則強。」因此，〈議兵篇〉足可代表荀子之戰爭觀，即肯定戰爭之存在與價值。用兵攻戰之本，則在修明政治以壹民也。

（二）道　家

道家哲學之根本思想，是「無爲」，戰爭乃「有爲」者也，故諸子之中，道家反對戰爭最烈，幾可謂之厭戰論者，茲以老子與莊子分述之：

（1）老　子

老子云：

> 夫佳兵者，〔註11〕不祥之器，物或惡之，故有道者不處。兵者，不祥之器，非君子之器，不得已而用之，恬淡爲上，勝而不美，而美之者，是樂殺人。夫樂殺人者，則不可以得志於天下矣。（〈三十一章〉）

老子對戰爭之觀念，既認爲不祥之器，有道者不處，又以爲不得已而用之，可謂極相矛盾。因此，老子一面非難戰爭，一面亦提出戰爭之方法。若老子云：

> 以正治國，以奇用兵。（〈五十七章〉）

即言治兵不同於治國，宜以奇謀勝之。又云：

> 用兵有言，吾不敢爲主而爲客，不敢進寸而退尺，是謂行無行，攘無臂，扔無敵，執無兵。禍莫大於輕敵，輕敵幾喪吾寶，故抗兵相加，哀者勝之。（〈六十九章〉）

此乃以柔道用之於戰爭也。又云：

> 夫慈以戰則勝，以守則固。天將救之，以慈衛之。（〈六十七章〉）
>
> 善爲士者不怒，善戰者不武，善勝敵者不與。（〈六十八章〉）
>
> 殺人之眾，以悲哀泣之，戰勝以喪禮處之。（〈三十一章〉）

此皆言用兵必有不忍之慈心，不可逞強輕進。因此，孫子之基本哲理雖與老子息息相關，然其於戰爭之肯定則相異其趣。

（2）莊　子

莊子比老子更爲厭戰。《莊子・列禦寇篇》云：

> 聖人以必不必，故無兵；眾人以不必必之，故多兵。順於兵，故行有求。

莊子既認兵之不必要，因此，儒家用爲義戰之例證，亦認爲「亂人之徒」耳。

〔註11〕案高亨老子正詁引王念孫及夏竦古文四聲韻載道德經證「佳」宜爲「隹」之誤，「隹」即「唯」也。

《莊子・盜跖篇》云：

> 黃帝不能致德，與蚩尤戰於涿鹿之野，流血百里。堯舜作，立群臣，
> 湯放其主，武王殺紂，自是之後，以強陵弱，以眾暴寡。湯武以來，
> 皆亂人之徒。

是以莊子反對人類一切所有之戰爭，先秦諸子之中，可謂最徹底之厭戰論者。

（三）墨　家

墨家對戰爭之觀念，可以墨子為代表。墨子主兼愛，故非攻。其論戰爭之起因，即以為「起不相愛」。《墨子・兼愛上篇》云：

> 當察亂何自起！起不相愛。……大夫各愛其家，不愛異家，故亂異
> 家以利其家。諸侯各愛其國，不愛異國，故攻異國以利其國。……
> 若使天下兼相愛，……視人家若其家，誰亂？視人國若其國，誰
> 攻？……若使天下兼相愛，國與國不相攻，家與家不相亂，……則
> 天下治。……故天下兼相愛則治，交相惡則亂。故子墨子曰：不可
> 以不勸愛人者，此也。

以人各不相愛，彼此相互攻伐，亂由此而起矣。故墨子勸人以愛，極力非攻。惟墨子雖非攻，却不非守，故國必有武備以自守。《墨子・七患篇》云：

> 夫桀無待湯之備，故放，紂無待武之備，故殺。桀、紂貴為天子，
> 富有天下，然而皆滅於百里之君者，何也？有富貴而不為備也。故
> 備者，國之重也。食者，國之寶也，兵者，國之爪也。城者，所以
> 自守也。此三者，國之具也。

墨子以食、兵、城三者為國之具也，足見其對武備之重視。因此，縱觀《墨子》全書中，自備城門至雜守共二十篇，專論防禦戰術，《莊子・天下篇》稱墨子「以繩墨自矯，而備世之急。」所謂備世之急，即指墨子為人盡力救守之故事。如勸魯陽文君勿攻鄭，及說公輸般勿攻宋等均是。因之，總歸墨子之戰爭觀念，極力非攻，亦即反對他人之攻伐戰爭；惟為自衛自守，故必有武備，可謂純以防禦之戰爭思想。

（四）法　家

（1）管　子

《管子》一書後人已疑其非管仲自著，〔註12〕是以，若以之視為管子思

〔註12〕案管子啟人之疑者三：第一：書中稱桓公之諡號，管仲先桓公死，若書為管

想之化身則不可，若僅以代表《管子》一書本身之思想或可通焉。

　　管子於戰爭肯定其功用，與其不可廢。《管子・參患篇》云：

　　　　兵者，外以誅暴，內以禁邪。故兵者，尊主安國之經也，不可廢也。

又〈任法篇〉云：

　　　　主之所處者四！一曰文，二曰武，三曰威，四曰德。此四者，主之
　　　　所處也。

惟管子雖確定兵備之要，然並非好戰黷武者。《管子・兵法篇》云：

　　　　數戰者士罷，數勝者君驕。夫以驕君使罷民，則國安得無危？故至
　　　　善不戰，其次一之。

管子既主張不可濫征濫伐，故為戰之先宜慎定其計。《管子・七法篇》云：

　　　　計必先定於內，然後兵出乎境。計未定於內，而兵出乎境，是則戰
　　　　之自勝，攻之自毀也。

因之，總歸管子對戰爭之觀念，確定兵備之要，力戒輕戰黷武，必詳定其計
而後用之。

（2）商　子

　　法家最注重富國強兵之策，故莫不列兵為治國要務。若商鞅即以戰爭關
係國家之盛衰存亡。《商君書・開塞篇》云：

　　　　今世強國事兼併，弱國務力守。

又〈畫策篇〉云：

　　　　名尊地廣以至於王者，何故？戰勝者也。名卑地削以至於亡者，何
　　　　故？戰罷者也。不勝而王，不敗而亡者，自古及今，未嘗有也。

商鞅以為欲王欲亡，莫不由戰之勝敗！故對厚植戰力特別講求。渠以為務戰
之基礎在於富力與兵力。欲增加富力，必使人民勤於生產；欲加強兵力，必
使人民樂於戰爭。因之，商鞅極力獎勵農戰。《商君書・農戰篇》云：

　　仲自著，自無稱桓公諡號之理。第二：書中記載諸多管仲死後之事。第三：
　　書中所記毛嬙、西施及吳王好劍之事，皆與管仲時代有異，顯然皆後人之附
　　會。因此，朱子云：「管子非仲所著。仲當時任齊國之政，事甚多，稍閒時，
　　又有三歸之溺，決不是閒工夫著書底人，著書者是不見用之人也。」又云：「管
　　子之書雜，管仲以功業著者，恐未必著書。」（以上見《朱子語類》卷百三十
　　七）惟史遷於《史記・管晏列傳》云：「吾讀管子牧民、山高、乘馬、輕重、
　　九府，及晏子春秋，詳哉其言之也。既見其著書，欲觀其行事，故次其傳。
　　至其書世多有之，是以不論，論其軼事。」依史遷之言，管仲曾著書，惟今
　　之《管子》一書恐後人增益之耳。

國之所以興者，農戰也。令民求官爵，皆不以農戰而以巧言虛道，
此謂勞民。勞民者，其國必無力。無力者，其國必削。善爲國者，
其教民也，皆作壹而得官爵。作壹者，搏之於農戰而已矣。

又〈畫策篇〉云：

民勇者戰勝，民不勇者戰敗，能壹民於戰者民勇，不能壹民於戰者
民不勇，聖王見王之致於兵也，故舉國而責之於兵。

由此可見商鞅之治民，平時欲其務於農耕，戰時欲其樂於征伐，而其獎賞壹
以農耕戰功爲資，可謂十足之重農主義者與軍國主義者。

（3）韓非子

韓非子亦如商鞅，以爲戰爭與國家之存亡息息相關。《韓非子·顯學篇》
云：

力多則人朝，力寡則朝於人，故明君務力。

又〈難一篇〉云：

戰而勝，則國安而身定，兵強而威力，雖有後復，莫大於此，萬世
之利，奚患不至。戰而不勝，則國亡而兵弱，身死名息，拔拂今日
之死不及，安暇待萬世之利？萬世之利，在今日之勝。

戰爭之勝敗與否，既能決定國家之安亡，因之，治國之要務必以富國強兵爲
要。故〈五蠹篇〉云：

明主之國無書簡之文，以法爲教；無先王之語，以史爲師；無私劍
之捍，以斬首爲勇。是境內之民，其言談者必軌於法，動作者歸之
於功，爲勇者盡之於軍。是故無事則國富，有事則兵強，此之謂王
資。既畜王資，而承敵國之釁，超五帝，侔三王者，必此法也。

總之，法家之於戰爭，均確認乃國家存亡之所繫。因此，莫不力求富國強兵
之道也。

以上已就先秦諸子中重要之儒、道、墨、法四家對於戰爭觀念作概略性
之敍述，其中除莊子根本否定戰爭之存在與價值外，其他諸子莫不肯定兵備
之不可不設。尤其法家更以兵備爲治道要務。然而，若以諸家對兵備之體認，
則無出於《孫子》一書之兵道思想。是以吾人值得玩味者，何以先秦兩漢之
論諸子者弗評孫子？漢志之論十家，孫子亦不及小說家者之言乎？或曰孫子
自來視爲兵家，兵者，不祥之器，既不論兵家，是以弗評及孫子。甚矣！其
惑也！自古及今，既有國家，必有兵備，欲論治道，必及兵備。何以避不言

及？豈好高鶩遠而掩耳盜鈴乎？

　　夫春秋戰國之際，封建解體，諸侯爭霸，戰爭迭起，有識之士奮起以思治，是以百家爭鳴，遂啓吾國學術之黃金時代。孫子者，亦察一得以自好，自亦成一家之言也。惟其與諸子相異者有二焉：諸子之學均能自成學派，師徒相授，聲勢浩大。孫子則飄然歸隱，無師徒之傳授，亦不能自成學派。《史記・孫吳列傳》所言「孫子既死，後百餘歲，有孫臏，臏生於阿鄄之間，臏亦孫武之後世子孫也。」蓋孫臏距孫子既遠，亦無直接師承痕迹。因此，韓非子雖言「今境內皆言兵，藏孫、吳之書家有之。」亦較難引起學者之論評，此其一也。諸子之學雖亦言及兵備，然非專言兵者也，均各自有其突出顯明之思想標的。若孔子言仁，孟子兼言仁義，荀子隆禮，墨子之言兼愛，道家之主無爲，法家之重法。孫子則不然，其思想哲理根乎易、老，以儒爲體，以法爲用，兼攝儒、道、法而專用之於兵道，是以無突出顯明之思想標的，然其兵道之用，則縝密完備，先秦諸子之中無出其右者。此其二也。因此，以孫子與諸子有此二異，兼之後世文武分道，學者忌言兵事，或陰習之而陽非之。是故，孫子雖亦稱子，後世之論諸子學術者，多闕而弗論焉，誠可嘆也。

第二節　前人對孫子之評價

　　《孫子》一書雖不爲學者所重視，然其於歷代兵書類中一直居於佼佼者，其所以然者，除《孫子》一書本身思想之縝密，體系之完備外，宜歸功於任宏之始校，曹操之首注，與乎宋之列爲《武經七書》。《漢志》云：「武帝時，軍政楊僕捃摭遺逸，紀奏兵錄，猶未能備。至於孝成，命任宏論次兵書爲四種。」又云：「成帝時，以書頗散亡，使謁者陳農求遺書於天下，詔光祿大夫劉向校經傳諸子詩賦，步兵校尉任宏校兵書。」案任宏論次之兵書四種爲一：兵權謀，二：兵形勢，三、兵陰陽，四：兵技巧。而列孫子兵法於兵權謀之首。因之，由任宏之校兵書，《漢志》首登錄《孫子》一書，後世經籍典志莫不依循而列之於兵書類。三國時曹操首爲孫子作注，啓注《孫子》書之權輿，後世之注孫子者莫不依曹注踵事增華。據晁公武《郡齊讀書志》之所載，宋元豐中頒布《六韜》、《孫子》、《吳子》、《司馬法》、《黃石公三略》、《尉繚子》、《李衛公問對》爲《武經七書》，〔註13〕以茲爲武學教本，其廣流傳之功，不

_____

〔註13〕案《武經七書》之次序後略有更動，宋、朱服首改其次序爲孫子、吳子、司

可不謂之大矣，因此，《孫子》一書經此三次校注與翼護，既奠定其兵學之地位，同時更廣受後人之注目而益流行焉。惟《孫子》一書後世對之褒貶不一，有美之者，有刺之者，亦有美刺互見者，今試分三端列述之：

（一）美之者

（1）曹操注孫子自序云：

吾觀兵書戰策多矣，孫武所著深矣。

曹操譽《孫子》書於兵策中旨意最深。

（2）杜牧注孫子序曰：

自古以兵著列於後世，可以教於後世者，凡十數家，且數萬言，其孫武所著十三篇自武死後，凡千歲，將兵者，有成者，有敗者，勘其事迹，皆與武所著書一一相抵，當猶印圈模刻，一不差跌，武之所論，大約用仁義，使機權。

杜氏譽《孫子》書為用兵典範，用之者成，違之者敗。

（3）鄭友賢《孫子遺說‧序》云：

求之而益深者，天下之備法也；叩之而不窮者，天下之能言也。為法立言，至於益深不窮，而後世可以垂教於當時，而傳諸後世矣。儒家者流，惟苦易之為書，其道深遠而不可窮；學兵之士，嘗患武之為說，微妙而不可究，則亦儒者之易乎？蓋易之言也，兼三才，備萬物，以陰陽不測為神，是以仁者見之謂仁，智者見之謂智，百姓日用而不知。武之為法也，包四種，籠百家，以奇正相生為變，是謀者見之謂之謀，巧者見之謂之巧，三軍由之而莫能知之。迨夫九師百氏之說興，而益見大易之義，如日月星辰之神，徒推步其輝光之迹，而不能考其所以為神之深，十家之註出而愈見十三篇之法，如五色之變，惟詳其耳目之所聞見，而不能悉其所以為變之妙，是則武之意，不得謂盡於十家之注也。

鄭友賢譽《孫子》兵法備而叩之不窮，亦如儒者之易也，故不可以言詮盡其變化之妙也。

（4）戚繼光《紀效新書》云：

馬法、尉繚子、李衛公問對、黃石公三略。又宋王應麟《小學紺珠》將三略、六韜置於尉繚子之後，李尉公問對之前。是以七書之次序雖有更動，但總列孫子於首。

兵法者，其武庫乎；用兵者，其取諸庫之器乎。兵法者，其藥肆乎；
用兵者，其取諸肆之材乎。及讀諸將之傳，悟曰：此固善握器而妙
於用材者乎。學者欲下手求著實工夫之門者，勿踰此。數年之間，
予承之於浙東，乃知，孫武之法綱領精微，無可復加。第下手於詳
細節目，則無一及，猶如禪家之所謂上乘也。

戚氏譽武之書綱領精微，猶如禪家之上乘也。

（二）刺之者

（1）蘇老泉云：

孫子十三篇，兵家譽以爲師，然以臣評之，其言兵之雄乎？今其書
論奇權密機，出入鬼神，自古以兵著書者，罕所及，以是而揣其爲
人，必謂有應敵無窮之才，不知武用兵者，乃不能必克，與書所言
遠甚矣。〔註14〕

老蘇之論，尙稱其書之出入鬼神，以爲自古以兵著書者，罕所及也。然老蘇又
以其人論其書，以爲武之用兵與其所言遠甚，故其下責其用兵三失，〔註15〕言
武不能自用其書，且以吳起與孫武相較，其書雖不如孫子，然用兵過之。其終
又總歸用兵無異術，能勿視其眾而已，渾然否定《孫子》書所言用兵之法。

（2）高子略云：

周衰則隳法蕩紀，政不克綱，強弱貳凌，一趨於武，侈兵圖霸，干
戈相尋，甚可畏也。其間謀帥行師，命意立制，猶知篤禮信，尙訓
齊，庶幾三代仁義之萬一焉耳，殊未至於毒也。兵流於毒，始於孫
武乎！武稱雄於言兵，往往舍正而鑿奇，背義而依詐，凡言其反覆，
其變無常，智術相高，氣驅力奪，故詩書所述，韜匱所傳，至此皆
索然無遺澤矣。〔註16〕

高氏兵流於毒始於孫子罪之，又非其舍正而鑿奇，背義而依詐，歷代之論評
孫子者莫有屬於高氏者。

（3）俞大猷《正氣堂集》卷一云：

「文王一怒而安天下之民，武王亦一怒而安天下之民，此無他，得文武

〔註14〕見《欽定四庫全書》卷二十二〈歷代名賢確論〉。
〔註15〕見第一章第二節所引蘇洵責武之三失。
〔註16〕見《中國歷代經籍典志》卷四百四十二孫子部。

中和之義也。」又曰：「武子之所謂安國全軍之道，其規模氣象之大小如何？吁！吾猶惜武子特以其所見之一偏者而言之，而未聞中庸之大道也。」

俞氏言文王、武王一怒而安天下之民，乃得文武中和之義也，然評孫子未能深得斯道也。

（三）美刺互見者

（1）歐陽修序梅堯臣孫子注云：

「然武嘗以其書干吳王闔閭，闔閭用之，西破楚，北服齊晉而霸諸侯。夫使自用其書，止用於強霸。……獨吾友聖俞不然，常評武之書曰：此戰國相傾之說也。三代王者之師，司馬九伐之法，武不及，然亦愛其文略而意深，其行師用兵，料敵制勝，亦皆有法，其言甚有次序。」

歐陽氏以為孫武自用其書，亦僅止於霸也。又引梅氏之言，以武之書雖不及三代王者之師、司馬九伐之法，然譽其文略而意深，而用兵料敵皆有法也。

（2）《蘇東坡文集・孫武論》一云：

> 古之言兵者，無出於孫子矣。利害之相權，奇正之相生，戰守攻圍之法，蓋以百數，而未知所以加之矣。然其所短者，智有餘而未知其所以用智，此豈其所大闕歟！

蘇東坡以古之言兵者，無出於孫子者，然其所闕者在於短於用智耳。夫孫子用兵，以智為用，何以蘇氏言孫子短於用智哉？蓋蘇氏以為智者難濟天下萬事變化之所窮，智及於東，則不及於西，故非用智之難，擇之為難也。因之，蘇氏以「深山大澤有天地之室，無意於室者得之；操舟於河，舟之逆順，與水之曲折，忘於水者見之。」喻智不可刻意用之，頗具禪家意味。

蘇氏於〈孫武論二〉又非孫子「將能而君不御者勝。」以為天子之兵莫善於御將。其云：

> 其書曰：將能而君不御者勝。為君而言者，有此而已。竊以為天子之兵，莫大於御將，……夫天下之患，不在於寇賊，亦不在於敵國，患在於將帥之不力，而以寇賊敵國之勢，內邀其君。是故將帥多而敵國愈強，兵愈加而寇賊愈堅，敵國愈強而寇賊愈堅，則將帥之權愈重；將帥之權愈重，則爵賞不得不加。夫如此，則是盜賊為君之患而將帥利之，敵國為君之仇，而將帥幸之。舉百倍之勢而立毫芒

之功，以藉其口而邀利於其上，如此而天下不亡者，特有所待耳。
蘇氏以將帥之權過重邀患於君，以之論評孫子，乃本於法家之言也。《韓非子・亡徵篇》云：「出軍命將太重，邊地任守太尊，專制擅命，逕爲所請者，可亡也。」法家大抵主崇君主專制，蘇氏以法家之言論評孫子未必得宜。

（3）《朱子語類》諸子云：

> 鄭厚藝圃折衷云：「孫子十三篇不惟武人之根本，文士亦當盡心焉。其詞約而縟，易而深，暢而可用，論語、易大傳之流，孟、荀、楊著書皆不及也。以正合，以奇勝，非善也。正變爲奇，奇變爲正；非善之善也。即奇爲正，即正爲奇，善之善也。」而余隱之辨曰：昔吾夫子對衛靈公以軍旅之事未之學，答孔文子以甲兵之事未之聞，乃觀夾谷之會，則以兵加萊人，而齊侯懼費人之亂，則命將士以伐之，而費人北，嘗曰：我戰則克。而冉有亦曰：聖人文武並用。孔子豈有眞未學未聞哉？特以軍旅甲兵之事，非所以爲訓也。乃謂孫子十三篇，不惟武人根本，文人所當盡心，其詞可用。論語易大傳之流，孟、荀、楊著書皆不及！是啓人君窮兵黷武之心，庸非過歟！叛吾夫子已甚矣！何立言之不審也。

朱熹針對鄭氏之言而論評孫子，贊同鄭氏所言「孫子十三篇，不惟武人根本，文人亦當盡心。」惟若言「論語、易大傳之流，孟、荀、楊著書皆不及。」則朱氏以爲啓人君窮兵黷武之心，其過甚矣。

第三節　結　語

　　總歸前人三種對孫子之論評，美之者以《孫子》一書乃用兵經典，用之則勝，違之則敗。刺之者或以孫武事譏評《孫子》書，或以爲《孫子》書乃機詐權謀書，兵之流於毒，《孫子》書爲罪魁也。此二者之論極端相異。至於美刺互見者，均認爲《孫子》書文略而意深，行師用兵之法無不備矣。惟其亦有疵纇，苟用之僅止於霸耳，不如王者之師，難登聖者之堂。綜之三說之見，譽爲兵法之備者，古今所同，殆無持異意者。摘其缺失疏漏者，或近中肯，或囿於一己之見而不明《孫子》一書之所以。至若刺孫子啓兵之流於毒者，無乃非之也屬乎！今則不憚鄙陋之見，試以前面諸章研究所得，參酌前人之論，試評析《孫子》書於左焉：

（1）就《孫子》一書之內容言，體系完備，思慮縝密，處處相互照應，語語彼此貫串，而其文精切簡當，與其內容相得而益彰，若日人山鹿素行於《孫子諺義》論之云：

> 始計一篇者，兵法之大綱大要也。作戰謀攻次之者，兵爭在戰與攻也；戰攻相通，以形制虛實，是所以軍形、兵勢、虛實并次，此三篇全在知己，治己而可軍爭；軍爭有變有行，故軍爭、九變、行軍次之；是料敵知彼也，知彼知己而後可知天知地，故地形、九地、火攻次之；地形、九地者地也，火攻因時者天也。自始計迄修功，未嘗不先知，是所以序用間於篇末，三軍所恃而動也。然始計用間篇二篇，爲知己知彼知天知地之綱領，軍旅之事，件件不可外之矣。作戰、謀攻可通讀，形勢、虛實一串也，九變、行軍一貫也，地形、九地一意也，火攻附水攻也。始計用間在首尾，通篇自有「率然」之勢。文章之奇不求，自有無窮之妙，讀者不可忽也。

以孫子十三篇論之，通篇自有「率然」之勢，徇爲的當之評。另日人佐藤堅司亦以具有機體之科學體系譽之。〔註17〕就以先秦諸子之著作言，能得體系之縝密，而篇篇有「率然」之照應者亦不多見也。

（2）《孫子》一書既有「率然」之照應，故研其書，用其法，慎忌持一偏之見以論之，蓋孫子用仁義，佐權謀；「常」「正」爲經，「奇」「變」爲緯；既具理想之玄幽性，亦有非徒託空言之現實性。〔註18〕是以《孫子》一書亦如魏源之論評老子，〔註19〕知用其法者，深得經權之變，而慎於用兵，故能保民以衛社稷；不知其法而恃用一偏者，舍正鑿奇，但使機詐，上焉者惟擴土掠地，而以霸者君臨天下，下焉者則兵流於毒，由此啓矣！是以《孫子》一書亦如水之載舟覆舟，端賴於用之者之慎當與否也。

（3）《孫子》一書確爲兵書中之聖者也，即以號稱《武經七書》而論，《孫子》一書亦居於領袖群倫之地位。故明茅元儀《武備志》云：「自古談兵者，必以孫武爲首。……先秦之言兵者六家，〔註20〕前於孫子者，不遺於孫子，後於孫子者，不能遺孫子，雖謂五家，爲孫子之註疏可也。」因此，允乎孫

〔註17〕見李君奭譯《孫子的體系的研究》，頁2。
〔註18〕日本史家賴山陽云：「莊妙於用虛，左妙於用實，兼之者，孫子之論兵也。」又參見第四章第二節所論。
〔註19〕見第三章第三節所引論。
〔註20〕案略去《太宗李衛公問對》，故爲六書。

子之稱兵聖，《孫子》書之稱兵經也。

（4）《孫子》一書雖稱爲兵經，然非專言兵者也。其哲理之根本，兼乎儒道，雜之以法，其之於吾國學術亦萬變不離其宗，乃所以圖思治以翼護蒼生也。自來研究孫子者，專注於兵道之用，豈非捨本逐末乎？今人南懷瑾曰：「孫武、孫臏亦皆道術之分化，豈能捨道而獨言兵事哉？」〔註21〕宜乎其言也。故研讀其書，必能沿葉以尋根，由兵而直探其深邃哲理之所在，庶可闡微孫子深意，而潛發其幽光也。

（5）《孫子》一書既非專言兵者，故其含蘊甚廣，成就多端。若其文章之蒼古雄勁，字字句句古色可掬，乃文學上之至品也。故《文心雕龍‧程器篇》云：「孫武兵經，辭如珠玉，豈以習武而不曉文也。」若其深含人生哲理，可爲處世指標；若其外交術上，亦爲萬世不易之定理也。故日人北村佳逸以爲古今用劍或有優於孫子者，但用筆則敵於孫子者實無一人，彼是兵法家、哲學者，更是東方第一流之大文豪。〔註22〕北村氏之論，洵非過譽。是以，《孫子》一書非武人之專用也，苟能盡心體察咀嚼，自有一得之妙用也。

〔註21〕見南懷瑾序陳行夫《孫子兵法白話句解》。
〔註22〕見北村佳逸《孫子解說自序》。

參考書目

一、孫子部

1. 《宋本十一家註孫子》，附：畢以珣：《孫子敍錄》，《吳王與孫子問答》，世界書局印。
2. 《竹簡兵法》，附：《今本十一家註孫子》，鄭友賢：《孫子遺說》，河洛圖書出版社。
3. 《武經七書》，王陽明手批，陸軍參大影印。
4. 《七子兵法》，大同書局印。
5. 《孫吳兵法直解》，大同書局印。
6. 《孫子書校解引類》，趙本學撰，中華書局印。
7. 《孫子音注》，何守法撰，世界兵學社。
8. 《孫子兵法之綜合研究》，李浴日著，河洛圖書出版。
9. 《孫子兵法總檢討》，李浴日著，世界兵學社。
10. 《孫子兵法校釋》，陳啓天著，中華書局。
11. 《孫子今註今釋》，魏汝霖註解，商務印書館。
12. 《孫子兵法白話解》，陳行夫著，幼獅文化事業公司。
13. 《孫子十三篇語文讀本》，姚季農編，商務印書館。
14. 《孫子》，田所義行著，東京・明德出版社。
15. 《孫子的體系的研究》，佐藤堅司著、李君奭譯，專心文庫。
16. 《孫臏兵法註釋》，徐培根、魏汝霖著，黎明文化事業公司。

二、一般參考書目

1. 《周易》，十三經注疏本，藝文印書館印。
2. 《左傳》，十三經注疏本，藝文印書館印。

3. 《論語》，十三經注疏本，藝文印書館印。

4. 《孟子》，十三經注疏本，藝文印書館印。

5. 《荀子》，中華書局印。

6. 《老子》，新興書局印。

7. 《莊子》，世界書局印。

8. 《墨子》，世界書局印。

9. 《管子》，世界書局印。

10. 《商君書》，世界書局印。

11. 《韓非子》，世界書局印。

12. 《呂氏春秋》，世界書局印。

13. 《淮南子》，世界書局印。

14. 《老子正詁》，高亨著，開明書局。

15. 《易經略說》，林師景伊著，師大易經講義。

16. 《周易鄭氏學》，胡師自逢著，嘉新水泥公司。

17. 《國語》，世界書局印。

18. 《史記》，中華書局印。

19. 《漢書》，中華書局印。

20. 《吳越春秋》，世界書局印。

21. 《越絕書》，世界書局印。

22. 《文史通義》，章學齋著，世界書局印。

23. 《太史公義法》，孫德謙著，中華書局。

24. 《欽定四庫全書歷代名賢確論》。

25. 《諸子考略》，姚永樸撰，廣文書局。

26. 《諸子卮言》，江瑔撰，泰順書局。

27. 《諸子學述》，羅焌著，河洛圖書出版社。

28. 《先秦諸子學》，嵇哲著，樂天出版社。

29. 《先秦諸子繫年考辨》，錢穆著，商務印書館。

30. 《中國歷代經籍典要》，中華書局。

31. 《中國古代哲學史》，胡適著，商務印書館。

32. 《中國政治哲學概要》，陳啓天著，商務印書館。

33. 《中國古代史》，夏曾佑著，商務印書館。

34. 《中國文化史》，楊幼烱著，臺灣書局。

35. 《支那哲學史》，高瀨武次郎著，東京·文盛堂書店。

36. 《支那思想史》，平原北堂著。

37. 《中國哲學史》，狩野直喜著，東京·岩波書店。

38. 《中國思想史》，武內義雄著，東京·岩波書店。

39. 《支那哲學概論》，宇野哲人著。

40. 《春秋會盟政治》，劉伯驥著，中華叢書編審委員會印行。

41. 《偽書通考》，張心澂編。

42. 《戰爭史論》，岩田豪雄著，東京·恒星社厚生閣。

43. 《近代各國戰略論》，王漢中等譯，文化出版事業委員會。

44. 《政治學引論》，王范荃譯，幼獅文化事業公司。

45. 《外交研究》，張道行、陳劍橫編著，商務印書館。

三、單篇論文

1. 〈孫子著作時代考〉，齊思和著，《燕京學報》第 26 期。

2. 〈周禮中的兵制〉，許倬雲著，《大陸雜誌》卷九。

3. 〈周禮兵制探源〉，石璋如著，《大陸雜誌》卷九。

4. 〈兵戎在易辭〉，李漢三著，《大陸雜誌》卷二十五。

5. 〈法家的前驅管子與子產〉，王曉波著，《大陸雜誌》卷四十九。

6. 〈貴因簡釋〉，馬起華著，《大陸雜誌》卷十四。